BUDGÉTISATION SENSIBLE AU DIVIDENDE DÉMOGRAPHIQUE

Principes, méthodes et applications

Latif DRAMANI

BUDGÉTISATION SENSIBLE AU DIVIDENDE DÉMOGRAPHIQUE

Principes, méthodes et applications

Préface du Dr Sennen HOUNTON

Postface du Pr Barthélémy BIAO

L'Harmattan
Sénégal

10 VDN, Sicap Amitié 3, Lotissement Cité Police, DAKAR

http://www.harmattansenegal.com
senharmattan@gmail.com
senlibrairie@gmail.com

ISBN : 978-2-336-56617-7
EAN : 9782336566177

SOMMAIRE

RÉSUMÉ

Le dividende démographique fait référence à une croissance économique accélérée résultant d'un changement favorable dans la structure par âge de la population, en particulier une augmentation des travailleurs effectifs par rapport aux personnes à charge. Pour réaliser ce potentiel, il faut investir dans le capital humain, la santé et l'éducation, la création d'emplois, les services de santé reproductive et la bonne gouvernance. Exploiter la transition démographique au profit du développement durable dans le contexte africain exige une budgétisation publique stratégique alignée sur les réalités démographiques. Ce document présente le concept de dividende démographique (DD) et introduit la budgétisation sensible au dividende démographique (BSDD) comme cadre pour optimiser les budgets nationaux pour une croissance inclusive et le bien-être social. Ce processus repose sur des cadres méthodologiques, des données empiriques et des simulations pour guider les décideurs politiques dans la transformation des changements démographiques en opportunités économiques. C'est aussi un outil de plaidoyer pour la mise en œuvre de la BSDD afin de transformer les budgets classiques en budgets fonctionnels alignés sur la capture du dividende démographique. Ce document souligne la nécessité d'allocations budgétaires équilibrées, en particulier dans les secteurs de l'éducation et de la santé. Le renforcement de l'interconnectivité territoriale, de la gouvernance et des infrastructures, ainsi que la réduction du secteur informel et la promotion des emplois décents sont des recommandations de politiques clés. L'intégration du suivi du dividende démographique dans la planification budgétaire et la simulation des politiques est essentielle pour le développement durable en Afrique.

PRÉFACE

À l'heure où l'Afrique subsaharienne et particulièrement les pays du Sahel font face à des défis démographiques sans précédent, l'outil Budgétisation Sensible au Dividende Démographique (BSDD) est conçu comme un levier stratégique devant contribuer de façon significative à la transformation de ces défis en opportunités de développement. C'est tout le sens de cet ouvrage qui propose des axes stratégiques favorisant un faisceau d'analyses approfondies et multidimensionnelles des politiques budgétaires. Mieux, à partir de ces axes, les pays disposent désormais de leviers solides pour repenser lesdites politiques.

L'ouvrage comporte neuf chapitres subdivisés en deux volumes. Le volume 1 décrit le cadre d'analyse de la Budgétisation sensible au dividende démographique, l'estimation du profil du dividende démographique, l'indice de suivi du dividende démographique (DDMI) ainsi que sa version sexospécifique. Ce premier volume comprend six chapitres. Le chapitre 1 porte sur l'analyse économique du budget et sert de cadre pour présenter la structure et la composante du budget de l'État. Il met également l'accent sur les instruments de politiques budgétaires. Il s'agit dans ce chapitre de montrer les effets des allocations budgétaires sur la croissance inclusive. Le chapitre 2 porte sur la Budgétisation Sensible au Genre et au Dividende Démographique. En partant de la définition du concept de DD, il se penche sur son intégration dans le budget public tout en veillant à la sensibilité genre. A travers ce chapitre, vous vous familiariserez avec les fondements conceptuels et méthodologiques du DDMI. L'objectif poursuivi est de favoriser une planification budgétaire intégrée, équitable et efficace.

Le chapitre 3 porte sur le profil du Dividende Démographique. Ici, l'accent est mis sur plusieurs pays de l'Afrique de l'Ouest et du Centre. Partant de données socio-économiques et à travers une méthodologie rigoureuse et innovante, ce chapitre procède à une analyse d'identification des opportunités et défis des pays.

Le chapitre 4 porte sur le Demographic Dividend Monitoring Index (DDMI). Il sert de cadre pour passer en revue la structure du DDMI ainsi que ses cinq (5) sous indices (ICDE, IQCV, ISSP, IDHE et ISRT). Ces derniers, permettent de mesurer la capacité des pays à exploiter le potentiel du DD. Mieux, ce chapitre met en évidence les disparités régionales ainsi que les dynamiques démographiques.

Le chapitre 5 porte sur la rétropolation du DDMI. Il présente la méthodologie et partant de là celle qui facilite la production de séries chronologiques tout en assurant leur cohérence. À travers cette méthodologie, une grande opportunité est offerte de combler certaines lacunes liées aux enquêtes et de procéder à l'analyse temporelle du DD.

Le chapitre 6 porte sur le profil du Dividende Démographique. A travers ce chapitre, il est proposé une méthode qui permet de transformer le budget classique de l'État en budget fonctionnel aligné sur les fonctions du DDMI. À cet effet, huit fonctions clés ont été identifiées : L'objectif poursuivi étant de gagner le pari de l'allocation stratégique et optimale des ressources publiques.

Le volume deux qui comprend trois chapitres, commence par la notion de politique budgétaire comme élément central de l'action gouvernementale et se termine par le modèle de simulations de politiques publiques via un modèle macro budgétaire où l'État est le principal pourvoyeur du bien-être collectif.

Le chapitre 7 présente un modèle de contrôle optimal du budget public, appliqué à la budgétisation sensible au dividende démographique (BSDD). Il s'agit d'identifier la meilleure allocation possible des ressources budgétaires de l'État en vue de maximiser les effets socio-économiques souhaités tout en respectant les contraintes financières. Le cadre méthodologique repose sur l'utilisation d'outils de l'optimisation dynamique, notamment le Gradient Réduit Généralisé (GRG) et le filtre de Kalman, appliqués à un système de huit équations structurelles sectorielles représentant les fonctions budgétaires sensibles au dividende démographique (éducation, santé, emploi, gouvernance, etc.). L'approche consiste à ajuster les paramètres budgétaires pour minimiser l'écart entre les valeurs cibles de l'indice DDMI (Demographic Dividend Monitoring Index) et les résultats obtenus par les politiques publiques. Le chapitre explore différentes solutions d'allocation optimisée du budget, mettant en évidence les arbitrages possibles entre les secteurs pour atteindre une efficacité maximale dans la capture du dividende démographique. Il insiste sur la nécessité de considérer les contraintes budgétaires globales tout en adaptant les niveaux d'investissement selon les élasticités spécifiques de chaque secteur.

Le chapitre 8 porte sur l'analyse de la sensibilité budgétaire en équilibre partiel et permet d'analyser la sensibilité du budget aux composantes du DDMI par secteur. Il s'agit dans ce chapitre de mettre l'accent sur l'efficacité des investissements publics multisectoriels. Le calcul des élasticités budgétaires permet d'identifier les secteurs prioritaires. Ainsi, ce chapitre met en évidence la nécessité de mettre en avant les priorités stratégiques pour maximiser le retour sur investissement.

Le chapitre 9 porte sur les simulations de politiques en équilibre global. Il sert de cadre pour évaluer les effets des différents chocs budgétaires sur la performance du DDMI. Les résultats qui en sont issus permettent d'anticiper les impacts des choix politiques en relation avec les dynamiques démographiques.

Ancré dans la Feuille de Route de l'Union Africaine pour la capture du Dividende Démographique (DD) adoptée en 2017, cet ouvrage est une réelle contribution à la réflexion sur le devenir des pays. Son articulation avec les quatre piliers fondamentaux notamment : santé et bien-être ; éducation et développement de compétences, emploi et entrepreneuriat des jeunes ; gouvernance et stabilité ; vient renforcer la dynamique de transformation structurelle des pays. C'est ainsi que cet ouvrage met en lumière la nécessité d'aligner les choix budgétaires sur ces priorités tout en mettant l'accent sur l'importance des investissements ciblés dans le capital humain, l'autonomisation des femmes et la création d'emplois pour la jeunesse.

A travers une approche rigoureuse, l'auteur démontre que la BSDD va au-delà de la répartition technique des ressources et constitue un véritable levier vers une réforme de la gestion publique. Il est important à ce titre, de s'assurer que chaque franc investi contribue réellement au bien-être des populations et surtout de maximiser les retombées économiques, sociales et structurelles. C'est pourquoi son articulation avec le Demographic Monitoring Index (DDMI), permet de disposer d'un outil innovant d'évaluation et de suivi de la dépense publique. L'objectif étant de gagner le pari d'une allocation efficiente des ressources publiques.

Cet ouvrage vient à point nommé et est destiné aux décideurs politiques, chercheurs, praticiens et acteurs du développement désireux de comprendre les mécanismes et enjeux de la budgétisation sensible au genre et au DD. Il plonge le lecteur dans les analyses comparatives et outils méthodologiques innovants et propose des recommandations concrètes visant à accompagner les pays vers la mise en œuvre de politiques publiques leur permettant de tirer véritablement profil du potentiel du DD.

L'ouvrage nous entraîne dans une réflexion sur la gestion budgétaire et se présente comme un outil de stratégique vers la transformation de nos sociétés. Il balise les voies permettant à chaque citoyen de contribuer pleinement à la construction d'un avenir plus lumineux et équitable.

Dr Sennen HOUNTON
Directeur Régional-UNFPA WCARO

Liste des tableaux

Liste des graphiques

Table des figures

Table des encadrés

INTRODUCTION GÉNÉRALE

Dans un contexte où les défis démographiques se mêlent aux ambitions de développement durable, la budgétisation sensible au genre et au dividende démographique s'impose comme une stratégie clé. En alignant les priorités économiques sur les réalités sociales, cette approche permet de transformer les aspirations de la feuille de route de l'Union africaine en actions concrètes pour un avenir inclusif et prospère.

Ainsi, la feuille de route de l'Union africaine pour la capture du Dividende démographique (DD), adoptée en 2017, réaffirme l'engagement des États membres à transformer la dynamique démographique de leurs populations en un levier de développement économique et social. Elle repose sur quatre piliers stratégiques qui, ensemble, visent à créer les conditions favorables à une croissance inclusive et durable. Le premier pilier, santé et bien-être, met l'accent sur l'amélioration des services de santé, en particulier en matière de santé reproductive, maternelle et infantile. L'objectif est de réduire la mortalité infantile, d'allonger l'espérance de vie et de garantir un accès universel aux soins de santé, autant de conditions essentielles pour favoriser une transition démographique réussie. Le second pilier, éducation et développement des compétences, souligne l'importance d'une éducation de qualité, particulièrement pour les jeunes, afin de développer des compétences techniques et professionnelles. Le renforcement du capital humain est fondamental pour préparer les jeunes à contribuer de manière efficace à l'économie et répondre aux exigences d'un marché du travail en constante mutation. Le troisième pilier, emploi et entrepreneuriat des jeunes, se concentre sur l'autonomisation économique de la jeunesse. Il promeut l'intégration des jeunes dans le marché formel de l'emploi, encourage l'entrepreneuriat et vise à stimuler la création d'emplois, notamment dans les secteurs à fort potentiel de croissance. Enfin, le quatrième pilier, gouvernance, paix et sécurité, met en avant l'importance de la gouvernance démocratique, de l'État de droit et de la stabilité politique, considérés comme des conditions préalables à la mise en œuvre efficace des politiques liées au dividende démographique. La paix et la sécurité sont en effet indispensables pour instaurer un environnement propice au développement socio-économique.

Ces quatre piliers sont étroitement liés et s'inscrivent dans une vision intégrée du développement à long terme. Leur mise en œuvre vise à permettre aux pays africains de maximiser les bénéfices démographiques et d'atteindre leurs objectifs de développement à l'horizon 2063, conformément à l'Agenda 2063 de l'Union africaine. Cette stratégie ambitieuse, articulée autour de la capture du dividende démographique (DD), repose sur la transformation des dynamiques démographiques en atouts pour le développement économique et social. Mais pour que cette vision devienne réalité, un cadre d'action concret est nécessaire, où la budgétisation sensible au genre et au dividende démographique (DD) joue un rôle fondamental.

À cet égard, plusieurs pays ont élaboré leurs propres feuilles de route nationales pour atteindre cet objectif. Cependant, la réalisation du dividende démographique n'est ni automatique ni garantie. Elle dépend de la mise en œuvre d'investissements stratégiques et bien ciblés dans des domaines clés tels que l'éducation, la santé, l'emploi des jeunes, et l'autonomisation des femmes. La budgétisation sensible au DD, en intégrant les besoins spécifiques des populations et en assurant une répartition équitable des ressources, devient alors un levier crucial pour orienter les dépenses publiques vers les secteurs qui maximiseront les retombées de la transition démographique.

En Afrique subsaharienne, particulièrement dans la région du Sahel, la croissance rapide de la population engendre des taux élevés de dépendance, accentuant la pression sur les ressources publiques et familiales. Cette situation se traduit souvent par un déséquilibre budgétaire, où une grande partie des fonds est allouée à la satisfaction des besoins sociaux immédiats, au détriment des investissements à long terme dans le capital humain et la création d'emplois pour les jeunes. Dans ce contexte, la budgétisation sensible au DD permet d'inverser cette tendance en favorisant une gestion plus rationnelle et prospective des ressources financières, en alignant les dépenses publiques sur les priorités liées au dividende démographique.

La transition démographique offre néanmoins une opportunité unique pour promouvoir une croissance économique accélérée et inclusive. À mesure que le ratio de dépendance des jeunes diminue, des ressources budgétaires et familiales se libèrent, permettant leur réaffectation stratégique dans des secteurs cruciaux comme l'accumulation de capital humain et physique. Si ces ressources sont efficacement investies, le dividende démographique peut être capturé, avec des bénéfices économiques, sociaux et structurels. La capacité d'un pays à maximiser ce dividende repose principalement sur sa capacité à générer suffisamment d'emplois pour les cohortes de jeunes entrant chaque année sur le marché du travail, ce qui souligne l'importance d'une allocation budgétaire cohérente et adaptée.

Les retombées du dividende démographique ne se limitent pas au seul domaine économique. Elles influencent également des secteurs tels que l'amélioration des conditions de vie, la réduction de la pauvreté, la mobilité territoriale et l'inclusion sociale. L'utilisation d'outils comme le Demographic Dividend Monitoring Index (DDMI), un indice composite fondé sur les théories de l'économie générationnelle, permet de suivre et d'évaluer les progrès réalisés dans la capture du dividende démographique. Cet indice offre une vision claire des progrès accomplis ou des lacunes à combler, en identifiant les secteurs nécessitant des investissements accrus pour créer un environnement propice à l'optimisation du dividende et à la réalisation des Objectifs de Développement durable (ODD).

Dans ce cadre, la budgétisation sensible au dividende démographique devient un instrument stratégique pour s'assurer que les ressources allouées sont effectivement orientées vers les secteurs capables de déclencher ces changements transformationnels. Le rôle du budget national est crucial. En tant qu'outil principal d'allocation des ressources, il détermine la réussite des politiques publiques visant à maximiser le dividende démographique. Sa taille et sa composition influent directement sur la capacité d'un pays à financer des programmes multisectoriels dans l'éducation, la santé, l'emploi, et l'autonomisation des jeunes et des femmes. Une budgétisation sensible au dividende démographique implique non seulement une gestion efficace et équitable des ressources publiques, mais aussi une approche intégrée qui priorise les secteurs clés. Cela garantit que les investissements réalisés aujourd'hui produisent les effets transformateurs attendus sur le long terme, notamment en matière de développement humain, de création d'emplois et de bien-être général.

Ainsi, la budgétisation sensible au genre et au dividende démographique ne se limite pas à un simple réajustement technique des ressources financières. Elle représente une véritable refonte de la gestion publique, orientée vers un développement inclusif, équitable et durable. Pour mieux saisir les enjeux de cette refonte stratégique, il est essentiel de comprendre les concepts clés qui la sous-tendent, notamment le dividende démographique, la budgétisation sensible au dividende démographique, ainsi que l'approche inclusive et équitable qu'offre la budgétisation sensible au genre.

➢ Concepts et Fondements du Dividende démographique

Le dividende démographique se réfère à la croissance économique découlant de la transformation de la structure par âge de la population (Bloom et al., 2007). Pour que ce potentiel soit réalisé, cette transformation doit s'accompagner d'investissements dans le capital humain (santé et éducation), la création d'emplois et la bonne gouvernance. Ce concept est central dans l'analyse du développement économique et social d'un pays. Il provient de la transition démographique, où une population jeune et dépendante évolue vers une population avec une proportion plus élevée de personnes en âge de travailler par rapport aux personnes dépendantes, telles que les enfants et les personnes âgées. Cette transition peut ouvrir une fenêtre d'opportunité pour une croissance économique rapide, à condition que des politiques adéquates soient mises en place pour tirer parti de ce potentiel.

Il est important de souligner que le dividende démographique ne se concrétise pas automatiquement avec le changement de structure démographique ; il nécessite des investissements stratégiques dans plusieurs domaines clés. En premier lieu, les investissements dans le capital humain sont essentiels. Cela inclut l'amélioration de la santé maternelle et infantile, l'accès à une éducation de qualité à tous les niveaux, et le renforcement des compétences et capacités de la main-d'œuvre. Un capital humain solide est crucial pour maximiser le potentiel économique des travailleurs. De plus, la création d'emplois est fondamentale pour capturer le dividende démographique. Bien que la croissance démographique rapide puisse exercer une pression sur le marché du travail, des politiques favorables à la création d'emplois peuvent transformer cette main-d'œuvre abondante en moteurs de croissance économique. Cela nécessite des politiques qui encouragent l'entrepreneuriat, favorisent l'investissement dans les secteurs productifs, et stimulent l'innovation et la productivité.

Enfin, la bonne gouvernance est indispensable pour réaliser le dividende démographique. Des institutions efficaces et transparentes, des politiques fiscales et budgétaires prudentes, ainsi que des mécanismes de régulation et de supervision adéquats sont nécessaires pour garantir une allocation efficace et équitable des ressources, et assurer une distribution inclusive des bénéfices de la croissance économique. Le processus de capture du dividende démographique peut être mesuré à l'aide de l'Indice synthétique du Suivi du Dividende démographique (DDMI). Cet indice permet de suivre les évolutions positives ou négatives de ses dimensions et d'identifier les secteurs nécessitant des investissements accrus pour créer les conditions propices à l'optimisation du dividende démographique et à la réalisation des objectifs de développement durable. Pour optimiser la capture du dividende démographique, il est crucial que les pays renforcent l'efficacité de leurs politiques budgétaires en restructurant leurs budgets pour les aligner aux dimensions de l'I2S2D (Indice synthétique du Suivi du Dividende démographique, ou DDMI). Une planification stratégique budgétaire améliorée permettra de rendre le budget de l'État sensible au dividende démographique.

➢ Concepts et Fondements de la budgétisation sensible au Dividende démographique

La budgétisation sensible au dividende démographique représente une approche de gestion des finances publiques axée sur la maximisation des avantages économiques et sociaux liés aux évolutions de la structure démographique d'un pays. Ce dividende désigne les gains potentiels sur le plan économique qui surviennent lorsque la proportion de la population en âge de travailler augmente par rapport aux personnes à charge (enfants et personnes âgées). En intégrant ces considérations dans le processus budgétaire, les gouvernements peuvent mieux planifier et répartir les ressources afin de stimuler la croissance économique et d'améliorer le bien-être social, tout en garantissant l'égalité entre les sexes.

Cette intégration du dividende démographique dans le processus budgétaire revêt une importance cruciale pour plusieurs raisons. Tout d'abord, elle permet de tirer pleinement parti des opportunités offertes par une population active en expansion, ce qui peut stimuler la croissance économique. En investissant dans l'éducation, la santé et l'emploi, les gouvernements peuvent renforcer les compétences et la productivité de la main-d'œuvre. Deuxièmement, cette approche aide à anticiper et à relever les défis associés aux changements démographiques, comme le vieillissement de la population. En planifiant, les gouvernements peuvent élaborer des politiques de protection sociale et des systèmes de santé adaptés aux besoins futurs. Troisièmement, la budgétisation sensible au dividende démographique favorise l'équité intergénérationnelle en veillant à ce que les ressources soient allouées de manière à bénéficier à toutes les tranches d'âge de la population, tout en prenant en compte les besoins spécifiques des hommes et des femmes. Cette approche contribue ainsi à la stabilité sociale et à la cohésion nationale. Enfin, cette approche améliore la planification à long terme et la durabilité des finances publiques. En tenant compte des tendances démographiques, les gouvernements peuvent éviter les crises fiscales et assurer une gestion plus stable et prévisible des ressources publiques. Cet ouvrage vise à fournir une compréhension approfondie des principes et des facteurs influençant le dividende démographique, en mettant particulièrement en lumière les aspects liés au genre. Il montre comment les objectifs démographiques, notamment en matière d'équité entre les hommes et les femmes, peuvent être alignés avec les politiques budgétaires nationales et locales, illustrant ainsi l'intégration du dividende démographique dans le processus budgétaire.

➢ **Budgétisation sensible au Genre : Une Approche inclusive et équitable**

L'intégration de la perspective de genre dans l'élaboration du budget est essentielle pour répondre aux aspirations et aux besoins de l'ensemble de la population, qu'il s'agisse des hommes, des femmes, des garçons ou des filles. Un budget axé sur l'équité entre les sexes répartit les fonds gouvernementaux en fonction de leur impact sur différents groupes, en prenant en compte les dynamiques sociales, les rôles de genre et l'accès aux ressources. Cette approche vise à garantir des avantages équitables pour tous. Les budgets sensibles à l'équité entre hommes et femmes répondent aux divers besoins de tous les secteurs de la société, améliorant ainsi l'efficacité des choix budgétaires. Les politiques neutres en matière de genre peuvent entraîner des répercussions divergentes sur les femmes et les hommes en raison de leurs rôles distincts dans l'économie et la société. Une gestion publique efficace nécessite de comprendre ces impacts différenciés et d'ajuster les politiques pour répondre équitablement aux attentes de tous les groupes socio-économiques. Les budgets sensibles à l'équité entre hommes et femmes contribuent à accroître l'efficacité économique et à promouvoir le bien-être social. Ignorer les rôles spécifiques des femmes dans l'économie et la société, ainsi que leurs besoins particuliers, compromet l'efficacité de certaines politiques publiques. Les inégalités de genre, outre leur injustice, entraînent des coûts économiques significatifs, affectant la productivité, le développement des compétences et le bien-être global. Ainsi, une budgétisation sensible au genre vise à optimiser l'utilisation des ressources pour améliorer la qualité de vie de tous les individus.

Ces budgets visent à réduire les écarts de genre et les inégalités, en soulignant les contributions distinctes, mais cruciales des femmes et des hommes à l'économie, y compris dans le domaine des soins. Ils encouragent des solutions novatrices pour reconnaître, valoriser et répartir équitablement le travail non rémunéré des femmes, menant à une allocation plus juste des ressources. Les budgets sensibles à l'équité entre hommes et femmes sont plus efficaces dans la lutte contre la pauvreté, reconnaissant que les femmes et les hommes vivent la pauvreté différemment et nécessitent des approches spécifiques. Pour être justes et efficaces, les stratégies, politiques et budgets de réduction de la pauvreté doivent tenir compte de ces différences. De plus, ces budgets aident les gouvernements à respecter leurs engagements en matière d'égalité, tels que définis dans le Programme d'action de Beijing, la Convention sur l'élimination de toutes les formes de discrimination à l'égard des femmes et les Objectifs de développement durable. Ils renforcent également le rôle du Parlement dans le processus budgétaire, améliorant les allocations de ressources aux personnes pauvres, qu'elles soient femmes ou hommes, et renforçant les liens entre résultats économiques et sociaux.

L'intégration de la perspective de genre dans le processus budgétaire renforce la transparence et la responsabilité, permettant un contrôle plus rigoureux des dépenses et une meilleure allocation des ressources pour répondre aux besoins de toute la société. En contrôlant les dépenses en fonction des engagements en matière de genre et de développement, la transparence du processus budgétaire est améliorée. Les mécanismes et outils permettant d'élaborer des budgets sensibles à l'équité entre hommes et femmes sont essentiels pour une gestion budgétaire efficace et équitable, assurant que les ressources disponibles sont utilisées pour améliorer la qualité de vie de tous les citoyens. Adopter cette approche représente un pas crucial vers une société plus juste et prospère. Les fondements de la budgétisation sensible au genre reposent sur des principes essentiels tels que la participation inclusive, la transparence et la responsabilité, qui se traduisent par des pratiques visant à garantir l'équité et l'efficacité des politiques publiques.

La participation inclusive implique l'engagement actif des femmes et des hommes dans le processus budgétaire. Selon Diane Elson, une figure de proue de l'économie féministe, l'inclusion des femmes dans les discussions budgétaires permet une meilleure identification et prise en compte de leurs besoins spécifiques. En Afrique du Sud, par exemple, la participation des groupes de femmes à l'élaboration du budget national a conduit à une répartition plus équitable des ressources dans les secteurs de la santé et de l'éducation. Selon Budlender (2005), cette approche a permis une distribution plus juste des ressources, répondant ainsi aux besoins distincts des femmes et des hommes.

La transparence budgétaire garantit que les décisions financières sont prises de manière ouverte et accessibles à tous les citoyens. Transparency International souligne que la publication de données budgétaires ventilées par genre permet aux citoyens de surveiller et d'évaluer l'impact des dépenses publiques. En Suède, par exemple, les rapports budgétaires annuels incluent des analyses détaillées sur l'impact des politiques économiques sur les femmes et les hommes, renforçant ainsi la confiance du public dans les institutions gouvernementales (SIDA, 2016). Cette pratique favorise l'équité et responsabilise les décideurs publics. La responsabilité exige que les gouvernements rendent compte de l'utilisation des fonds publics et de leurs impacts sur les différents genres. Selon Elson (2002), la responsabilité dans la budgétisation de genre oblige les décideurs à considérer les conséquences de leurs politiques sur l'égalité des genres et à ajuster leurs actions en conséquence. Par exemple, l'Australie a mis en place des audits de genre pour évaluer les impacts des politiques fiscales et budgétaires sur les femmes, menant à des réformes significatives pour améliorer l'équité (Sharp, 2003). Ces audits ont permis de dévoiler des inégalités cachées et de promouvoir des politiques plus justes. Des méthodologies et outils d'analyse pour la budgétisation sensible au genre sont essentiels pour évaluer l'impact des politiques budgétaires. Un audit de genre, comme proposé par Budlender et Sharp (1998), est une évaluation systématique des politiques, programmes et allocations budgétaires visant à identifier les inégalités de genre et proposer des ajustements. Au Royaume-Uni, les audits de genre ont révélé des disparités significatives dans le financement des services de santé reproductive, conduisant à des réallocations budgétaires en faveur des services destinés aux femmes (UN Women, 2015).

Le suivi et l'évaluation permanents des politiques budgétaires axées sur le genre sont essentiels pour évaluer leur efficacité et leur impact. Des outils tels que les indicateurs de genre et les tableaux de bord sont utilisés pour suivre les progrès réalisés et apporter les ajustements nécessaires. Par exemple, en Inde, l'utilisation de tableaux de bord de genre a permis de surveiller les investissements dans l'éducation des filles, entraînant une augmentation notable des taux de scolarisation et de rétention (UNDP, 2014). Ces outils de suivi et d'évaluation permettent une adaptation continue des politiques pour répondre aux besoins évolutifs de la société.

Ainsi, les principes de participation inclusive, de transparence et de responsabilité, appuyés par des méthodologies rigoureuses et des outils d'analyse, sont cruciaux pour une budgétisation sensible au genre efficace. Ces principes visent à créer des politiques publiques plus équitables et à améliorer le bien-être social et économique de l'ensemble de la population. Ainsi, ces principes fondamentaux de participation inclusive, transparence, et responsabilité ne se limitent pas uniquement à la budgétisation sensible au genre. Ils jouent également un rôle central dans la Budgétisation sensible au Dividende démographique (BSDD), en soutenant des politiques publiques orientées vers la maximisation des bénéfices économiques et sociaux. En s'appuyant sur des méthodologies rigoureuses et des outils d'analyse avancés, la BSDD permet d'aligner les ressources financières sur des priorités stratégiques, contribuant à un développement durable et inclusif. C'est dans cette optique que la mise en œuvre de la BSDD s'inscrit dans un processus structuré, que nous détaillerons dans les étapes suivantes.

➢ **Mise en Œuvre de la Budgétisation sensible au Dividende démographique**

La mise en œuvre de la Budgétisation sensible au Dividende démographique (BSDD) repose sur un processus structuré en plusieurs étapes, chacune correspondant à un module de travail précis. Ce processus intègre une approche analytique et méthodologique basée sur les Comptes de Transferts nationaux (NTA), la création d'indices spécifiques, la transformation budgétaire et l'optimisation des ressources publiques. Chaque module contribue à la construction d'une stratégie budgétaire cohérente, alignée sur les objectifs de capture du dividende démographique et de développement inclusif.

- ***Module 1 : Développement des Profils NTA***

Le premier module consiste à développer les profils des Comptes de Transferts nationaux (NTA) pour les années d'enquête disponibles. Cette méthodologie permet d'analyser la répartition des ressources économiques entre les différents groupes d'âge, en mesurant ce que chaque individu produit, consomme, épargne et transfère tout au long de son cycle de vie. Ces profils NTA sont essentiels pour comprendre la demande sociale en fonction des groupes d'âge et sont un outil clé de planification pour les décideurs. Les étapes du processus incluent : la construction des profils NTA pour les années où des enquêtes sont disponibles ; l'estimation de ces profils pour les années sans enquête, permettant de constituer une série temporelle continue d'au moins 20 ans ; l'estimation de l'indice de couverture de la dépendance économique (ICDE) sur les 20 à

25 dernières années, avec une analyse des séries temporelles afin d'identifier les tendances économiques liées au cycle de vie.

- ***Module 2 : Développement des Indices DDMI***

Le deuxième module se concentre sur le développement des Indices de Suivi du Dividende démographique (DDMI) sur une période de 20 à 25 ans. Ces indices permettent de suivre les progrès réalisés dans la capture du dividende démographique à travers des indicateurs clés, tels que les niveaux d'investissement dans l'éducation, la santé et l'emploi. Les principales actions incluent : le calibrage des indices DDMI pour les années d'enquête. L'estimation des indices pour les années sans enquête, afin de constituer une série temporelle cohérente. Ces indices offrent une vision claire des efforts réalisés par les gouvernements pour maximiser le dividende démographique et identifier les secteurs nécessitant des ajustements.

- ***Module 3 : Transformation fonctionnelle du Budget***

Dans ce module, l'objectif est de transformer le budget classique en un budget fonctionnel, en accord avec les objectifs de la BSDD. Cette transformation s'effectue sur une période d'au moins 20 ans, avec une nomenclature harmonisée par secteur économique. Les secteurs concernés par cette transformation sont : les Affaires économiques, les Bâtiments et Travaux Publics (BTP) et l'Énergie, l'Éducation, la Santé, les Institutions, la Sécurité, le Réseau social, le Réseau professionnel. Cette réorganisation budgétaire permet une meilleure allocation des ressources vers les secteurs critiques pour le dividende démographique, en facilitant une gestion plus fonctionnelle et plus transparente des finances publiques.

- ***Module 4 : Détermination de l'Allocation optimale du Budget***

Le quatrième module se concentre sur l'optimisation de l'allocation budgétaire en utilisant des techniques de contrôle optimal, telles que le Filtre de Kalman et le Gradient réduit généralisé (GRG). Le but est de minimiser l'écart entre les prévisions du DDMI et les contraintes budgétaires, tout en maximisant les retombées économiques. Le système à contrôler inclut huit équations structurelles sectorielles, toutes soumises à une enveloppe d'équations budgétaires plus large. Cette approche permet de déterminer les niveaux d'investissement sectoriel qui génèrent le plus de bien-être, contribuant ainsi à maximiser le dividende démographique.

- *Module 5 : Arrimage et Estimation des Élasticités sectorielles*

Le cinquième module vise à calculer les élasticités budgétaires sectorielles, c'est-à-dire l'effet de l'augmentation du budget dans un secteur donné sur le bien-être global produit par ce secteur. Ces élasticités permettent d'identifier les secteurs où l'augmentation des investissements génère le plus grand impact économique et social.

- *Module 6 : Simulations de Politiques économiques*

Enfin, le sixième module consiste à effectuer des simulations de politiques économiques, en analysant les effets directs et induits d'une augmentation du budget dans un secteur particulier. Ces simulations permettent d'examiner les canaux de transmission des chocs entre les secteurs et d'évaluer les conséquences potentielles de différents scénarios d'investissement.

➢ **Plan de l'ouvrage**

L'introduction précède une analyse détaillée, articulée autour de plusieurs chapitres clés, qui visent à approfondir les concepts fondamentaux liés au dividende démographique et à son intégration dans la gestion budgétaire. Chaque chapitre se penche sur des aspects spécifiques de ce phénomène, allant de la caractérisation du dividende démographique, aux outils de suivi comme le DDMI (Demographic Dividend Monitoring Index) et le GDDI (Gender Demographic Dividend Index), jusqu'à la mise en place de stratégies budgétaires optimales. Cette structure permettra de mieux comprendre comment les politiques publiques et la gestion des ressources financières peuvent être alignées pour maximiser les avantages économiques et sociaux découlant de la transition démographique. L'objectif est d'offrir une vue d'ensemble cohérente et rigoureuse des mécanismes qui sous-tendent la capture du dividende démographique, tout en fournissant des pistes concrètes pour orienter les décisions budgétaires des gouvernements, en particulier dans un contexte de croissance démographique rapide. Chaque chapitre propose une approche méthodologique précise et des outils analytiques pour évaluer les politiques existantes, identifier les domaines nécessitant des ajustements, et explorer les voies pour une allocation plus efficiente des ressources publiques en faveur d'une croissance inclusive et durable.

Le chapitre 1 se concentrera sur l'analyse économique du budget national en présentant la structure et la composition du budget de l'État, les instruments de politiques budgétaires et leurs rôles dans la stabilité économique puis l'impact social de la politique budgétaire.

Le chapitre 2 traitera du principe de budgétisation sensible au genre et au dividende démographique en mettant un accent particulier sur les concepts clés et fondements du dividende démographique, son processus de mise en œuvre et les principes qui encadrent le retraitement des dépenses budgétaires selon l'indice de suivi du dividende démographique (DDMI).

Dans le chapitre 3, il sera question d'étudier la notion de profil du dividende démographique, la méthodologie de recherche et la présentation des profils des pays d'Afrique de l'Ouest et du Centre.

Dans le chapitre 4, il sera question d'examiner les résultats de l'indice du DDMI ainsi que le GDDI dans les pays d'Afrique de l'Ouest et du Centre.

Le chapitre 5, présentera la méthodologie de la rétropolation du DDMI, l'analyse des séries de DDMI rétropolées des pays d'Afrique de l'Ouest et du Centre ainsi que la discussion des résultats.

Dans le chapitre 6, il sera question d'étudier en détail la méthodologie de la transformation du budget classique de l'État en budget fonctionnel selon les sous-composantes du DDMI.

Le chapitre 7 introduira un modèle de contrôle optimal pour l'allocation du budget de l'État, en proposant des méthodes d'optimisation des ressources publiques pour maximiser les bénéfices du dividende démographique.

Dans le chapitre 8, l'accent sera mis sur l'arrimage sectoriel du budget au DDMI, avec une analyse de la sensibilité du budget de l'État à l'indice du dividende démographique dans un modèle d'équilibre partiel.

Enfin, le chapitre 9 proposera des simulations de politiques économiques dans un contexte d'équilibre global, en illustrant les effets potentiels de différentes stratégies sur la capture du dividende démographique et l'équilibre budgétaire.

CHAPITRE 1

ANALYSE ÉCONOMIQUE DU BUDGET NATIONAL

Introduction

Ces dernières années, de nouveaux termes tels que « budget national » ou « budget de la Nation » ont fait leur apparition, principalement dans les pays anglo-saxons, aux Pays-Bas et en Suède. Ces expressions, utilisées à la fois en complément et en opposition à la notion classique de « budget de l'État », font référence à un processus de prévision englobant tous les résultats économiques anticipés de la Nation, incluant les recettes et les dépenses (J. Marczewski, 1948). Ce processus, qui est l'acte organisant et validant les dépenses et les recettes d'une entité publique pour une période d'un an, repose principalement sur des prévisions anticipant les dépenses et les recettes pour l'année suivante. Préparé par le pouvoir exécutif, ce budget est ensuite adopté par une institution représentative démocratiquement élue, comme le Parlement (Moysan, 2017). L'approbation du budget par un vote confère au pouvoir exécutif l'autorité nécessaire pour mettre en œuvre les dépenses et collecter les recettes prévues, établissant ainsi une séquence où l'autorisation budgétaire précède systématiquement son exécution.

Le budget constitue donc l'outil essentiel de la politique économique du gouvernement. Bien plus qu'une simple liste de recettes et de dépenses, il se présente comme le cadre directeur de la politique sociale et économique pour chaque exercice budgétaire. En effet, le budget national traduit les intentions et les objectifs du Gouvernement, en exposant ses programmes de financement sur une période définie et en établissant les grandes priorités nationales. Au-delà des chiffres, le budget représente un plan d'action concret, déterminant les domaines d'investissement gouvernemental nécessaires pour atteindre les objectifs de développement. Il spécifie quels secteurs économiques seront mis à contribution pour financer ces initiatives, comment le Gouvernement réagira aux fluctuations économiques à court terme, et qui bénéficiera directement ou indirectement aux services publics. En somme, le budget concerne l'ensemble de la population et doit répondre aux attentes de la majorité. Il permet au gouvernement d'articuler ses stratégies visant le bien-être de la population, conformément à la Constitution, aux chartes des droits nationales, ainsi qu'à divers instruments et normes internationaux, tels que les agendas de développement. Par ailleurs, il reflète les orientations générales du gouvernement en matière de politique.

En tant que principal cadre directeur de la politique économique et sociale du gouvernement, le budget national guide les décisions relatives aux dépenses publiques et à la répartition des ressources. Comme l'ont mis en évidence les travaux de John Maynard Keynes (1936) et de Paul Samuelson (1948), en définissant et en hiérarchisant les objectifs nationaux dans des domaines cruciaux tels que le développement économique, l'éducation, la santé et les infrastructures, le budget, structurent de manière efficace les efforts gouvernementaux. Il revêt également une importance capitale dans la planification financière, en permettant de prévoir les recettes et les dépenses pour l'année à venir, comme l'ont démontré Richard Musgrave (1959) et James M. Buchanan (1962). Cette prévision facilite une gestion proactive des finances publiques. En planifiant avec rigueur l'allocation des ressources, le gouvernement garantit que les fonds nécessaires sont disponibles pour les projets prioritaires et les services essentiels, assurant ainsi une administration efficace qui répond aux besoins de la société.

Le budget national renforce la responsabilité et la transparence des actions gouvernementales. Soumis à l'approbation du parlement et rendu public, il permet un contrôle démocratique des finances publiques. De plus, il facilite l'audit et l'évaluation des dépenses, garantissant que les fonds publics sont utilisés conformément aux objectifs fixés et permettant de détecter et de corriger les éventuelles inefficacités. Le budget national joue un rôle clé dans la régulation de l'économie. Par le biais des dépenses et des recettes, le gouvernement peut influencer la demande globale, lutter contre les cycles économiques et stabiliser l'économie. En période de crises économiques ou de fluctuations conjoncturelles, le budget peut être ajusté pour fournir des mesures de relance ou de stabilisation, soutenant ainsi la résilience économique du pays.

Le budget est un outil essentiel pour promouvoir l'équité sociale. Il permet d'allouer des fonds aux programmes sociaux, de réduire les inégalités et de soutenir les groupes vulnérables. En intégrant des considérations de genre, le budget peut également contribuer à l'égalité entre les sexes, en finançant des initiatives qui améliorent l'accès des femmes à l'éducation, à la santé et à l'emploi. En orientant les investissements vers des secteurs stratégiques, le budget favorise une croissance inclusive et durable, contribuant à un développement équilibré.

En tenant compte du dividende démographique, il peut également maximiser les avantages économiques d'une population jeune en âge de travailler, en investissant dans l'éducation, la formation professionnelle et la création d'emplois. Le budget national est crucial pour la mise en œuvre des politiques publiques. Il fournit les ressources nécessaires pour les programmes gouvernementaux et les initiatives politiques. Grâce aux lois de finances complémentaires ou rectificatives, le budget permet au gouvernement de s'adapter aux nouvelles priorités ou aux contraintes économiques imprévues, assurant ainsi la flexibilité et l'efficacité des politiques publiques. Dans ce chapitre, nous procéderons à une analyse économique approfondie du budget national. Cette analyse sera structurée en trois points. La partie 1 : Structure et composition du Budget national, se concentrera sur l'examen de la répartition des ressources et des dépenses, ainsi que sur la classification des différents postes budgétaires. La partie 2 : Politiques budgétaires et Stabilité économique, abordera les diverses politiques budgétaires mises en œuvre pour maintenir la stabilité économique, en évaluant leur efficacité et leurs impacts sur l'économie nationale. Enfin, la partie 3 : Impact social des Politiques budgétaires analysera les effets des politiques budgétaires sur la société, en mettant l'accent sur les différents groupes démographiques et les implications en matière de bien-être et d'inégalités sociales.

Section 1 : Structure et Composition du Budget national

Cette section se focalisera sur l'analyse de la répartition des ressources et des dépenses, ainsi que sur la classification des divers postes budgétaires.

Recettes

Les principales sources de revenus du budget national sont constituées des recettes fiscales et non fiscales. Les recettes fiscales sont générées par les impôts et les taxes imposés aux individus et aux entreprises, et se subdivisent en deux catégories : les impôts directs et les impôts indirects. Les impôts directs, tels que l'impôt sur le revenu et l'impôt sur les sociétés, sont prélevés directement sur les revenus et les patrimoines. Quant aux impôts indirects, comme la TVA et les droits d'accise, ils sont prélevés sur la consommation de biens et de services. Les taxes, telles que les taxes foncières et les taxes de circulation, représentent des contributions obligatoires collectées par le gouvernement pour financer des services spécifiques. Les droits de douane, imposés sur les importations et parfois sur les exportations, visent à protéger les industries nationales et à générer des revenus pour l'État. En outre, les revenus non fiscaux proviennent des entreprises publiques, des dividendes d'investissements, des amendes et pénalités, ainsi que des revenus du patrimoine de l'État, générés par les activités et les actifs détenus par le gouvernement.

Recette fiscale

Les recettes fiscales désignent les fonds perçus par le gouvernement d'un pays grâce à la taxation des individus et des entreprises. Ces fonds sont collectés sous forme d'impôts, de taxes et d'autres prélèvements obligatoires. Les recettes fiscales sont essentielles pour financer les dépenses publiques, telles que les services gouvernementaux, les infrastructures, l'éducation, la santé et la sécurité.

Dans la littérature, les contraintes de la mobilisation fiscale ont récemment été revitalisées en tenant compte de facteurs tels que la corruption et les compétences limitées des administrations fiscales dans la gestion des impôts. Traditionnellement, les études économiques se sont concentrées sur les politiques fiscales, laissant de côté l'examen détaillé de l'efficacité des administrations fiscales dans la mobilisation des recettes fiscales. Cependant, cette tendance a changé, notamment avec la création en 2015 du Journal of Tax Administration, une revue scientifique dédiée à ce domaine. Cette évolution a permis d'incorporer les dimensions politiques et administratives dans l'analyse des systèmes fiscaux, soulignant l'importance de comprendre comment les impôts sont collectés et gérés.

En réponse à une prise de conscience accrue des inefficacités fiscales, de nombreuses réformes ont été mises en place pour renforcer l'efficacité des administrations fiscales et douanières, en particulier dans les pays en développement. Une des principales initiatives a été la réorganisation des services fiscaux, notamment par la création de divisions spécifiques comme la Direction des Grandes Entreprises (DGE), destinée à mieux cibler les contribuables selon leur chiffre d'affaires ou leur secteur d'activité. Cependant, malgré les bénéfices potentiels de ces réformes, des études récentes montrent que des défis subsistent, notamment les stratégies d'évitement fiscal utilisées par certaines entreprises pour échapper à une surveillance accrue.

Une autre réforme significative a été l'attribution de la collecte des recettes fiscales à des agences semi-autonomes. Bien que cette méthode soit coûteuse, elle a été adoptée par de nombreux pays et a conduit à une amélioration notable de la mobilisation des recettes intérieures. Ces agences, grâce à leur autonomie, témoignent d'un engagement gouvernemental en faveur d'une collecte fiscale plus efficace et équitable.

En outre, des recherches, telles que celles menées par Best et al. (2015), ont exploré des solutions innovantes pour contrer l'évasion fiscale, comme la mise en place d'un impôt minimum sur le chiffre d'affaires. Ces études, à la fois théoriques et empiriques, contribuent à orienter les politiques fiscales et administratives, mettant en évidence la nécessité de concevoir des systèmes fiscaux qui soient non seulement efficaces, mais aussi justes pour l'ensemble des citoyens.

La fiscalité indirecte

La fiscalité indirecte, souvent désignée sous le terme de « taxation indirecte", repose sur la taxation de la consommation de biens et de services plutôt que sur les revenus des individus ou des entreprises. Contrairement à la fiscalité directe, qui impose les contribuables en fonction de leurs revenus ou de leurs bénéfices, la fiscalité indirecte se matérialise principalement à travers des taxes sur les produits et services achetés par les consommateurs. Un exemple emblématique de cette forme de taxation est la TVA (taxe sur la valeur ajoutée), considérée comme un élément clé de la réforme fiscale initiale dans les pays en développement (Baunsgaard et Keen, 2010 ; MAAE, 2011). La TVA a été introduite dans le but de diversifier les sources de revenus et de réduire la dépendance aux impôts directs. Son adoption à grande échelle à travers le monde a été envisagée comme une solution visant à améliorer l'efficacité fiscale. Cependant, des études récentes ont révélé un écart significatif entre les prévisions théoriques et la mise en œuvre pratique de la TVA dans les pays en développement. Ces recherches mettent en lumière les écarts entre la TVA "effective", telle qu'elle est appliquée, et la TVA "idéale", qui serait théoriquement plus efficace et équitable (James, 2015 ; Gendron, 2016).

Après plus de cinq décennies d'application, les systèmes de TVA sont désormais mieux compris en termes économiques et budgétaires. Les analystes s'intéressent aujourd'hui à divers aspects tels que les taux de TVA, les bases fiscales, les seuils d'imposition et la gestion efficace des systèmes, y compris le remboursement des crédits de TVA (Bodin, 2012 ; Keen, 2012). Les outils d'évaluation de la TVA ont évolué pour inclure ces dimensions, permettant de décomposer l'efficacité de la TVA en deux composantes : l'écart de politique, qui mesure la différence entre la base théorique de la TVA et la base réelle en raison de décisions politiques, et l'écart de conformité, qui évalue l'impact des manquements administratifs et de la fraude sur les recettes fiscales.

Initialement développées dans les pays de l'OCDE, les évaluations des écarts de TVA sont désormais également utilisées dans les pays en développement. Ces analyses complètent les estimations des dépenses fiscales, offrant une vision plus complète de l'efficacité des systèmes fiscaux et facilitant l'identification des réformes nécessaires (Barbone et al., 2013). Cependant, la mise en œuvre de la TVA dans les pays en développement rencontre souvent des défis uniques, tels que des infrastructures administratives limitées, une évasion fiscale élevée et une faible culture de conformité fiscale parmi les contribuables. Malgré ces obstacles, la TVA reste un outil potentiellement puissant pour améliorer les recettes publiques et soutenir le développement économique, à condition que des réformes soient mises en place pour renforcer l'administration fiscale et réduire les écarts de conformité.

Les dépenses publiques

Les dépenses publiques se décomposent en deux grandes catégories : les dépenses courantes et les dépenses en capital. Les dépenses courantes englobent les coûts essentiels à la gestion quotidienne de l'administration publique, comprenant les rémunérations des fonctionnaires, les frais de fonctionnement des services publics, les acquisitions de biens et de services, ainsi que les subventions et les transferts sociaux. En revanche, les dépenses en capital sont orientées vers les investissements dans les infrastructures telles que la construction de routes, de ponts, d'écoles et d'hôpitaux, visant à stimuler la croissance économique à long terme.

Les dépenses sociales englobent le financement des institutions éducatives telles que les écoles et les universités, ainsi que les subventions et les programmes de formation. Elles englobent également le financement des établissements de santé comme les hôpitaux, les initiatives de santé publique et l'assurance maladie. Les dépenses militaires et de défense englobent les coûts associés aux forces armées, y compris les salaires et les avantages sociaux des membres, l'acquisition et l'entretien de l'équipement militaire, ainsi que les dépenses liées aux opérations militaires et aux missions à l'étranger. Enfin, le service de la dette publique comprend le remboursement des emprunts arrivant à échéance et le paiement des intérêts sur la dette existante. Ces paiements sont essentiels pour maintenir la solvabilité du gouvernement et sa capacité à contracter de nouveaux emprunts dans des conditions favorables à l'avenir.

Une dépense fiscale se réfère à un transfert de ressources publiques résultant d'une réduction des obligations fiscales par rapport à une norme prédéfinie, plutôt que d'une dépense directe (OCDE, 2010). Cette définition souligne deux conditions caractérisant une dépense fiscale : (1) une diminution des recettes de l'État, et (2) une déviation par rapport à la norme fiscale établie, également connue sous le nom de système de référence. Les dépenses fiscales offrent une alternative à la dépense publique.

L'évaluation des dépenses fiscales et leur publication en annexe de la loi de finances renforcent la transparence budgétaire (FMI, 2007) et rationalisent le système fiscal, améliorant ainsi la mobilisation des recettes intérieures. Il est important de reconnaître que certaines mesures dérogatoires, qui constituent des dépenses fiscales, résultent de décisions discrétionnaires, souvent méconnues du grand public. L'analyse de ces dépenses fiscales contribue également à élargir la base imposable, favorisant une répartition plus équitable des charges fiscales et tenant compte des besoins spécifiques des différents groupes de la population, notamment en intégrant des perspectives de genre et de dividende démographique.

Pour évaluer les dépenses fiscales, une méthode en trois étapes est généralement suivie : définir un système fiscal de référence (SFR), examiner toutes les mesures dérogatoires par rapport à ce SFR en vigueur dans le pays, et estimer le coût de ces mesures. Il est également essentiel d'incorporer l'analyse des écarts fiscaux, qui évaluent la différence entre les recettes réellement perçues et celles prévues, afin de garantir une utilisation efficace des ressources publiques tout en favorisant l'inclusion sociale et la participation équitable de tous les citoyens au développement économique et social.

Les dépenses fiscales peuvent être catégorisées en fonction de leurs objectifs : encourager l'investissement ou soutenir la consommation des ménages. Les premières englobent des incitations à l'investissement, tandis que les secondes mettent l'accent sur l'équité et la redistribution. Il est primordial que ces mesures soient conçues pour favoriser l'autonomisation économique des femmes, en facilitant leur accès à l'éducation, à la santé et à d'autres services sociaux de base, afin de maximiser le potentiel du dividende démographique. De plus, il est crucial de veiller à ce que la conception des politiques fiscales ne renforce pas les inégalités de genre, mais au contraire, contribue à les atténuer et à promouvoir l'égalité des chances pour tous.

Le déficit budgétaire se produit lorsque les dépenses publiques dépassent les recettes sur une période donnée, nécessitant des emprunts ou l'utilisation de réserves pour combler la différence. À l'inverse, un excédent budgétaire se produit lorsque les recettes sont supérieures aux dépenses, permettant au gouvernement de réduire sa dette, d'augmenter ses réserves ou d'investir dans de nouveaux projets.

Dépenses sociales

Les dépenses sociales, au cœur des politiques budgétaires, regroupent une variété de mesures telles que les prestations en espèces, les biens et services fournis directement, ainsi que les allègements fiscaux à des fins sociales. Elles sont destinées à différents groupes démographiques tels que les ménages à faible revenu, les personnes âgées, les personnes handicapées, les malades ou les jeunes. Ces programmes sociaux impliquent une redistribution des ressources entre les ménages ou une participation obligatoire. Les prestations sociales sont qualifiées de publiques lorsque les administrations, qu'elles soient centrales, locales ou liées à la Sécurité sociale, en contrôlent les flux financiers. En revanche, celles non fournies par les administrations publiques sont considérées comme privées. À noter que les transferts privés entre ménages ne sont pas inclus dans cette catégorie.

D'après Harris (2013), les dépenses sociales nettes totales englobent à la fois les dépenses publiques et privées, tenant compte des effets de la fiscalité directe et indirecte ainsi que des allègements fiscaux à visée sociale. Ces dépenses sont souvent mesurées en pourcentage du PIB ou en dollars US par habitant. Investir dans les dépenses sociales est crucial pour assurer un accès équitable aux services de base et promouvoir le bien-être général de la population, comme le soulignent également Andrews et al. (2012).

Par exemple, les dépenses de santé garantissent l'accès aux soins médicaux et améliorent leur qualité, contribuant ainsi à réduire les taux de morbidité et de mortalité. De même, les dépenses d'éducation sont essentielles pour offrir une éducation de qualité à tous les citoyens, favorisant le développement des compétences individuelles et ouvrant la voie à des opportunités économiques et sociales équitables (Harris, 2013).

Les dépenses sociales jouent également un rôle crucial dans la réduction des inégalités et de la pauvreté. Ortiz (2017) et Samson et Charrier (2009) mettent en évidence l'importance des programmes de protection sociale, tels que les transferts monétaires directs, les allocations familiales, les pensions de retraite et les programmes de sécurité alimentaire, qui visent à atténuer les effets de la pauvreté et à fournir un soutien financier aux ménages les plus démunis. En garantissant un niveau de vie décente et en favorisant l'inclusion sociale, ces initiatives renforcent la cohésion sociale et promeuvent un développement durable.

Ainsi, un engagement soutenu en faveur des dépenses sociales est indispensable pour construire des sociétés inclusives, résilientes et prospères, comme le note également Ortiz (2017). Les gouvernements doivent continuer à investir dans ces domaines prioritaires, en veillant à une allocation efficace et équitable des ressources pour répondre aux besoins diversifiés de la population. En renforçant les dépenses sociales, les États peuvent contribuer significativement à la réalisation des objectifs de développement durable et à la construction d'un avenir meilleur pour tous.

Déficit et Dette publique

Dans les pays en développement, la politique budgétaire et la gestion macroéconomique se heurtent à des défis de financement durable à moyen et long terme. Ces nations font face à divers obstacles, notamment une base d'imposition limitée, des capacités restreintes de collecte des impôts, une dépendance excessive au financement monétaire et des niveaux élevés de dette publique. Contrairement aux pays industrialisés, elles disposent de moins de possibilités pour attirer l'épargne étrangère afin de financer leurs déficits publics et rencontrent des difficultés à émettre de la dette intérieure en raison de l'épargne locale limitée et des marchés financiers peu développés (Baunsgaard et Keen, 2010). Ces contraintes accroissent leur recours au seigneuriage, c'est-à-dire à la création monétaire, les exposant ainsi à une plus grande instabilité macroéconomique et financière (Keen et Lockwood, 2010). De plus, la dette publique élevée exerce une pression sur les taux d'intérêt réels, augmentant ainsi la volatilité économique.

Cette situation a incité les théoriciens libéraux et néolibéraux à critiquer les politiques budgétaires déficitaires, préconisant une intervention minimale de l'État dans l'économie, se limitant aux fonctions régaliennes telles que le maintien de l'ordre public (Crawford et al., 2010). Pour les pays en développement, souvent tributaires de l'assistance des institutions de Bretton Woods, cela se traduit par des injonctions visant à équilibrer durablement les recettes et les dépenses publiques.

Cependant, d'autres écoles de pensée, telles que les approches keynésiennes et postkeynésiennes, avancent que les dépenses publiques peuvent dynamiser l'économie à court terme et favoriser la croissance à moyen et long terme (Berthomieu et Ehrhart, 2000). Les analyses néo-structuralistes partagent cette perspective en mettant en avant le rôle crucial des dépenses publiques dans la promotion de la croissance économique (Berthomieu, Ehrhart et Hernandez Bielma, 2005, 2006). Dans ce contexte théorique, les recherches sur le financement des déficits budgétaires dans les pays qui ne peuvent pas accéder au financement extérieur se concentrent principalement sur deux options : la création monétaire et l'emprunt sur le marché intérieur. Cependant, pour de nombreux pays en développement qui suivent les recommandations du FMI et de la Banque mondiale, et qui ont adopté le principe de l'indépendance de la banque centrale, l'épargne domestique reste la principale source de financement (Martinez-Vasquez, 2010).

L'intervention de l'État dans l'économie par le biais de l'emprunt public peut engendrer divers effets sur le secteur privé. Par exemple, l'effet d'éviction peut réduire l'investissement privé, tandis que l'effet d'entraînement peut stimuler l'activité économique (James, 2015). Une augmentation du déficit budgétaire peut ainsi influencer d'autres variables macroéconomiques telles que le taux d'intérêt et le volume de la production. Les fluctuations du crédit bancaire et de l'investissement public jouent également un rôle crucial dans les décisions d'investissement du secteur privé, ce qui souligne la complexité des interactions économiques liées à la gestion des déficits budgétaires (Gendron, 2016).

Section 2 : Politiques budgétaires et Stabilité économique

Les politiques budgétaires désignent les décisions du gouvernement en matière de dépenses publiques et de recettes fiscales. Selon Keynes (1936), elles jouent un rôle crucial dans la régulation de l'économie, l'allocation des ressources, et la stabilisation économique. Ces politiques peuvent être expansionnistes, visant à stimuler l'économie en augmentant les dépenses ou en réduisant les impôts, ou restrictives, visant à freiner une économie en surchauffe en réduisant les dépenses ou en augmentant les impôts.

Rôle des Politiques budgétaires dans la Stabilité économique

Les politiques budgétaires jouent un rôle crucial dans la stabilisation de l'économie à court terme et la promotion d'une croissance durable à long terme. En période de récession, l'adoption de mesures expansionnistes, telles qu'une augmentation des dépenses publiques ou une réduction des impôts, peut stimuler la demande globale et relancer l'activité économique, comme l'ont démontré Auerbach et Gorodnichenko (2012). À l'inverse, en période de choc économique, des politiques budgétaires restrictives, visant à réduire la demande globale, peuvent aider à contrôler l'inflation. Les travaux de Blanchard et Perotti (2002) montrent que de telles interventions peuvent atténuer les cycles économiques et promouvoir la stabilité macroéconomique.

Les gouvernements utilisent les politiques budgétaires pour diriger les ressources vers des secteurs stratégiques tels que l'éducation, la santé, les infrastructures, et la recherche et développement. Selon Barro (1990), ces investissements sont essentiels pour le développement à long terme et la compétitivité économique d'un pays. En outre, les politiques budgétaires jouent un rôle crucial dans la réduction des inégalités économiques et sociales. Les programmes de protection sociale, les subventions ciblées, et la progressivité du système fiscal permettent de redistribuer les revenus et d'offrir un filet de sécurité aux segments les plus vulnérables de la population (Atkinson, 2015).

Les instruments des politiques budgétaires comprennent les dépenses publiques et les recettes fiscales. Les dépenses publiques se divisent en dépenses courantes et en dépenses en capital. En ajustant ces dépenses, le gouvernement peut influencer le niveau de la demande globale et l'activité économique (Römer, 2012). Les recettes fiscales proviennent principalement des impôts directs et indirects. En modifiant les taux d'imposition et en élargissant l'assiette fiscale, le gouvernement peut réguler les recettes et, par conséquent, la demande globale.

Par ailleurs, les politiques budgétaires peuvent servir à stimuler l'innovation et à accroître la compétitivité économique. Les injections de fonds dans la recherche et le développement, encouragées par des incitations fiscales telles que les crédits d'impôt pour la recherche, ont le potentiel de dynamiser l'innovation technologique et de favoriser une croissance économique à long terme (Hall et Soskice, 2001). De façon similaire, les avantages fiscaux accordés aux entreprises qui investissent dans la formation et le perfectionnement de leurs employés peuvent améliorer la productivité et renforcer la compétitivité sur les marchés mondiaux. Ainsi, les politiques budgétaires sont des leviers importants pour créer un environnement favorable à l'innovation et à une croissance économique durable. En outre, ces politiques peuvent être conçues pour promouvoir l'égalité des genres et exploiter le dividende démographique en encourageant spécifiquement les investissements dans la formation et le développement des compétences des femmes, contribuant ainsi à réduire les disparités de genre sur le marché du travail et à renforcer l'autonomisation économique des femmes.

Allocation des Ressources et équité

L'efficacité des politiques budgétaires peut être compromise par divers défis. Souvent, il existe un décalage entre la mise en œuvre de ces politiques et leurs effets économiques, ce qui rend difficile la synchronisation parfaite des mesures avec les cycles économiques. De plus, certaines dépenses publiques, comme les pensions ou les intérêts sur la dette publique, sont difficiles à ajuster rapidement en raison de leur caractère obligatoire, ce qui limite la flexibilité des politiques budgétaires. Les niveaux élevés de dette publique peuvent également entraver la capacité du gouvernement à adopter des politiques budgétaires expansionnistes en période de récession. L'analyse tenant compte du genre et du dividende démographique révèle que les politiques budgétaires peuvent avoir des implications différenciées sur les hommes et les femmes, ainsi que sur les différentes tranches d'âge de la population. Par exemple, les dépenses publiques orientées vers des secteurs tels que l'éducation et la santé peuvent bénéficier de manière disproportionnée aux femmes et aux jeunes, renforçant ainsi leur inclusion économique et sociale. De même, une gestion prudente de la dette publique est essentielle pour garantir que les politiques budgétaires ne compromettent pas les opportunités économiques futures des générations à venir.

L'histoire offre des exemples éclairants sur l'impact des politiques budgétaires sur la stabilité économique. Le New Deal aux États-Unis dans les années 1930 a démontré l'efficacité des politiques budgétaires expansionnistes pour stimuler la reprise économique. En revanche, les politiques budgétaires restrictives adoptées par certains pays européens après la crise financière de 2008 ont parfois freiné la croissance économique. Ces cas soulignent l'importance de concevoir des politiques budgétaires adaptées aux circonstances économiques spécifiques et de les ajuster en fonction des besoins changeants de la société.

En résumé, les politiques budgétaires sont des outils essentiels pour la gestion macroéconomique. Leur élaboration et leur application doivent tenir compte des réalités économiques, sociales et démographiques propres à chaque pays. Une approche prudente et stratégique est nécessaire pour s'assurer que ces politiques contribuent à une stabilité économique durable et à un développement inclusif, en prenant en compte les besoins et les perspectives de tous les segments de la population.

Section 3 : Impact social des Politiques budgétaires

Cette section examine les répercussions des politiques budgétaires sur la société en mettant l'accent sur les divers groupes démographiques et les conséquences en matière de bien-être et d'inégalités sociales.

Comprendre l'Impact social des Politiques budgétaires

L'incidence sociale des politiques budgétaires englobe les diverses conséquences et répercussions qu'elles entraînent sur la société et ses diverses composantes démographiques. Cela englobe les changements dans les conditions de vie, les opportunités économiques, l'accès aux services sociaux essentiels tels que l'éducation et la santé, ainsi que les niveaux de pauvreté et d'inégalité. Il est crucial de reconnaître que les décisions budgétaires prises par l'État vont au-delà de leurs impacts économiques immédiats, influençant profondément la structure sociale et le bien-être des citoyens. Ainsi, l'analyse de l'impact social vise à évaluer comment ces décisions affectent les conditions de vie et les perspectives de divers segments de la population, en particulier les plus vulnérables.

L'État, en tant qu'acteur économique majeur, exerce une influence significative sur l'économie et la société à travers son budget. Comprendre l'impact social des politiques budgétaires revêt une importance cruciale pour plusieurs raisons. Tout d'abord, ces politiques peuvent entraîner des conséquences disproportionnées sur différents groupes sociaux en raison de facteurs tels que le niveau de revenu, le lieu de résidence, le genre et l'âge. Il est donc primordial d'évaluer si ces politiques contribuent à atténuer ou à aggraver les inégalités sociales et économiques.

De plus, les décisions budgétaires influent directement sur la qualité de vie des citoyens, notamment en affectant leur accès aux services sociaux essentiels tels que l'éducation, la santé et le logement. Comprendre l'impact de ces politiques sur le bien-être des citoyens permet d'orienter les choix budgétaires vers des mesures visant à améliorer la qualité de vie de la population. Enfin, les politiques budgétaires peuvent également entraîner des répercussions sur la stabilité sociale, en influençant des aspects tels que le taux de chômage, la cohésion sociale et la confiance dans les institutions publiques. Une analyse de l'impact social permet d'anticiper les éventuels effets négatifs sur la stabilité sociale et de mettre en place des mesures préventives pour y remédier.

Stratégies de Réaffectation budgétaire pour une Protection sociale renforcée

La réaffectation des dépenses publiques pour renforcer la protection sociale est une stratégie largement adoptée pour adapter les budgets gouvernementaux aux besoins prioritaires de la société. Cette approche se déploie principalement en deux volets. Premièrement, elle implique le transfert de ressources initialement allouées à des secteurs moins critiques vers le financement de programmes de protection sociale. Deuxièmement, elle vise à accroître l'efficacité de la collecte des ressources ou des dépenses, permettant ainsi d'optimiser l'utilisation des fonds disponibles et de dégager des moyens supplémentaires pour la protection sociale. Cette amélioration de l'efficience peut comprendre des mesures telles que la lutte contre la corruption et une réévaluation des dépenses publiques à travers des analyses approfondies.

Malgré ses avantages potentiels, la réaffectation des dépenses budgétaires est confrontée à divers défis. Il peut s'avérer difficile de prioriser les dépenses en fonction de leur impact social, notamment dans les pays en développement où les dépenses publiques sont souvent non discrétionnaires. Cette contrainte rend la réaffectation vers des secteurs comme la protection sociale plus complexe.

Plusieurs pays ont déjà mis en œuvre avec succès des stratégies de réaffectation budgétaire en faveur de la protection sociale. Par exemple, le Costa Rica et la Thaïlande ont réduit leurs dépenses militaires après la crise financière asiatique de 1997 pour investir dans des programmes de santé universelle. De même, l'Égypte a mis en place une unité spéciale au sein de son ministère des finances pour examiner les priorités budgétaires après le printemps arabe.

Parallèlement à la réaffectation des dépenses, la suppression des subventions peu ciblées constitue une autre stratégie pour renforcer la protection sociale. Par exemple, au Sénégal, les subventions généralisées des denrées alimentaires et du carburant ont été critiquées pour leur inefficacité à atteindre les populations les plus vulnérables. Une réorientation de ces ressources vers des programmes de protection sociale mieux ciblés, prenant en compte les besoins spécifiques des femmes et des jeunes, pourrait avoir un impact plus significatif sur la réduction de la pauvreté et de l'inégalité.

Conclusion

Dans ce chapitre, nous avons exploré en profondeur le rôle essentiel du budget national en tant que cadre directeur de la politique économique et sociale du gouvernement. À travers ses différentes dimensions, le budget national joue un rôle central dans l'organisation des finances publiques, la définition des priorités nationales et la promotion du bien-être général. Nous avons vu comment il oriente les décisions relatives aux dépenses publiques et à la répartition des ressources, influençant ainsi directement la dynamique économique et sociale du pays. En analysant la structure et la composition du budget national, nous avons examiné la répartition des ressources et des dépenses, ainsi que la classification des différents postes budgétaires. Cette première étape nous a permis de comprendre comment les fonds sont alloués et quels secteurs bénéficient d'un financement prioritaire.

Dans la deuxième section, nous avons abordé les politiques budgétaires et leur impact sur la stabilité économique. En évaluant différentes approches, nous avons examiné comment ces politiques peuvent influencer la croissance économique, l'inflation et d'autres aspects de la santé économique nationale. Enfin, dans la troisième section, nous avons analysé les effets des politiques budgétaires sur la société, en mettant particulièrement l'accent sur les différents groupes démographiques et les implications en matière de bien-être et d'inégalités sociales. En intégrant des considérations de genre et de dividende démographique, nous avons exploré comment le budget peut être utilisé pour promouvoir l'équité sociale et maximiser les avantages économiques d'une population diversifiée.

En conclusion, le budget national demeure un outil essentiel pour guider les politiques publiques, promouvoir la croissance économique et sociale, et assurer la stabilité à long terme. Son analyse approfondie est cruciale pour comprendre comment il peut être utilisé de manière efficace pour répondre aux besoins de la société et réaliser les objectifs de développement durable.

Références bibliographiques

Émilie Moysan, dans Les indispensables du droit des finances publiques (2017), pages 11 à 16. Fiche 1. La notion de budget

Bloom, D. E., Canning, D., & Sevilla, J. (2003). The Demographic Dividend: A New Perspective on the Economic Consequences of Population Change. RAND Corporation.

Becker, G. S., Glaeser, E. L. & Murphy, K. M. (1999). Population and Economic Growth. American Economic Review, 89(2), 145-149.

Cleland, J., Bernstein, S., Ezeh, A., Faundes, A., Glasier, A., & Innis, J. (2006). Family planning: the unfinished agenda. Lancet, 368 (9549), 1810-1827.

Acemoglu, D., Johnson, S. & Robinson, J. A. (2001). The Colonial Origins of Comparative Development: An Empirical Investigation. American Economic Review, 91(5), 1369-1401.

Arnstein, S. R. (1969). A Ladder of Citizen Participation. Journal of the American Institute of Planners, 35(4), 216-224.

Barro, R. J. & Sala-i-Martin, X. (1995). Economic Growth. McGraw-Hill.

Behn, R. D. (2003). Why Measure Performance? Different Purposes Require Different Measures. Public Administration Review, 63(5), 586-606.

Becker, G. S., Glaeser, E. L. & Murphy, K. M. (1999). Population and Economic Growth. American Economic Review, 89(2), 145-149.

Bloom, D. E., Canning, D. & Sevilla, J. (2003). The Demographic Dividend: A New Perspective on the Economic Consequences of Population Change. RAND Corporation.

Bloom, D. E. & Williamson, J. G. (1998). Demographic Transitions and Economic Miracles in Emerging Asia. World Bank Economic Review, 12(3), 419-455.

Bloom, D. E. & Canning, D. (2000). The Health and Wealth of Nations. Science, 287 (5456), 1207-1209.

Bongaarts, J. & Casterline, J. (2013). Fertility Transition: Is Sub-Saharan Africa Different? Population and Development Review, 38 (Supplement), 153-168.

Cleland, J., Bernstein, S., Ezeh, A., Faundes, A., Glasier, A., & Innis, J. (2006). Family Planning: The Unfinished Agenda. Lancet, 368 (9549), 1810-1827.

Gertler, P. J., Martinez, S., Premand, P., Rawlings, L. B., & Vermeersch, C. M. (2011). Impact Evaluation in Practice. The World Bank.

Hanushek, E. A. & Kimko, D. D. (2000). Schooling, Labor-Force Quality, and the Growth of Nations. American Economic Review, 90(5), 1184-1208.

Kolsaker, A. & Lee-Kelley, L. (2008). Citizens' Attitudes Towards E-Government and E-Governance: A UK Study. International Journal of Public Sector Management, 21(7), 723-738.

Lee, R. & Mason, A. (2006). What is the Demographic Dividend? Finance and Development, 43(3).

Mishan, E. J. (1982). Cost-Benefit Analysis: An Informal Introduction. George Allen & Unwin.

Power, M. (1997). The Audit Society: Rituals of Verification. Oxford University Press.

Smith, J. P. (2004). Unraveling the SES-Health Connection. Population and Development Review, 30 (Supplement), 108-132.

Weil, D. N. & Galor, O. (1999). From Malthusian Stagnation to Modern Growth.

Acemoglu, D., Johnson, S. & Robinson, J. A. (2001). The Colonial Origins of Comparative Development: An Empirical Investigation. American Economic Review, 91(5), 1369-1401.

CHAPITRE 2

LE PRINCIPE DE BUDGÉTISATION SENSIBLE AU GENRE ET AU DIVIDENDE DÉMOGRAPHIQUE

Introduction

La budgétisation sensible au dividende démographique représente une approche de gestion des finances publiques axée sur la maximisation des avantages économiques et sociaux liés aux évolutions de la structure démographique d'un pays. Ce dividende désigne les gains potentiels sur le plan économique qui surviennent lorsque la proportion de la population en âge de travailler augmente par rapport aux personnes à charge (enfants et personnes âgées). En intégrant ces considérations dans le processus budgétaire, les gouvernements peuvent mieux planifier et répartir les ressources afin de stimuler la croissance économique et d'améliorer le bien-être social, tout en garantissant l'égalité entre les sexes.

Cette intégration du dividende démographique dans le processus budgétaire revêt une importance cruciale pour plusieurs raisons. Tout d'abord, elle permet de tirer pleinement parti des opportunités offertes par une population active en expansion, ce qui peut stimuler la croissance économique. En investissant dans l'éducation, la santé et l'emploi, les gouvernements peuvent renforcer les compétences et la productivité de la main-d'œuvre. Deuxièmement, cette approche aide à anticiper et à relever les défis associés aux changements démographiques, comme le vieillissement de la population. En planifiant, les gouvernements peuvent élaborer des politiques de protection sociale et des systèmes de santé adaptés aux besoins futurs. Troisièmement, la budgétisation sensible au dividende démographique favorise l'équité intergénérationnelle en veillant à ce que les ressources soient allouées de manière à bénéficier à toutes les tranches d'âge de la population, tout en prenant en compte les besoins spécifiques des hommes et des femmes. Cette approche contribue ainsi à la stabilité sociale et à la cohésion nationale.

Enfin, cette approche améliore la planification à long terme et la durabilité des finances publiques. En tenant compte des tendances démographiques, les gouvernements peuvent éviter les crises fiscales et assurer une gestion plus stable et prévisible des ressources publiques. Ce chapitre vise à fournir une compréhension approfondie des principes et des facteurs influençant le dividende démographique, en mettant particulièrement en lumière les aspects liés au genre. Il montre comment les objectifs démographiques, notamment en matière d'équité entre les hommes et les femmes, peuvent être alignés avec les politiques budgétaires nationales et locales, illustrant ainsi l'intégration du dividende démographique dans le processus budgétaire.

Section 1 : Budgétisation sensible au genre

Le genre, tout comme la classe sociale, représente une dimension sociale essentielle. L'analyse de genre est un outil indispensable dans la planification visant à répondre aux besoins de l'ensemble de la société, en tenant compte des femmes et des hommes. L'égalité des sexes se traduit par un accès équitable aux ressources, aux opportunités et à la représentation. Malgré l'importance des contributions des femmes et des hommes à l'économie, ils occupent souvent des positions et reçoivent des rémunérations différentes (Esther Duflo et Abhijit Banerjee, 2019). Lorsqu'on examine la participation des hommes et des femmes à l'activité économique, on peut distinguer trois principaux secteurs. Premièrement, l'économie structurée englobe les activités rémunérées dans les secteurs public et privé, où les hommes dominent généralement. Deuxièmement, l'économie non structurée comprend des activités à petite échelle, souvent caractérisées par un travail non rémunéré effectué par des femmes et des hommes. Enfin, l'économie des soins se concentre sur les tâches de reproduction, de maintien de la main-d'œuvre et de soins à la famille et à la communauté, un travail principalement assumé par les femmes et souvent non rémunéré.

La distinction entre le travail dans la sphère publique (économie de marché et secteur public) et celui dans la sphère privée (travail domestique et communautaire) crée une division artificielle qui occulte l'importance et la contribution de l'économie des soins. Cette division prive souvent les femmes de la reconnaissance de leurs efforts et entraîne une allocation inefficace des ressources. Il est essentiel de reconnaître que le budget n'est pas neutre. Les orientations stratégiques qui le guident reflètent les intérêts et les préoccupations de l'ensemble de la société, y compris les hommes, les femmes, les garçons et les filles. Intégrer la budgétisation sensible au genre permet de remédier à ces inégalités et de promouvoir une répartition plus équitable des ressources et des opportunités.

Budgétisation sensible au Genre : Une Approche inclusive et équitable

L'intégration de la perspective de genre dans l'élaboration du budget est essentielle pour répondre aux aspirations et aux besoins de l'ensemble de la population, qu'il s'agisse des hommes, des femmes, des garçons ou des filles. Un budget axé sur l'équité entre les sexes répartit les fonds gouvernementaux en fonction de leur impact sur différents groupes, en prenant en compte les dynamiques sociales, les rôles de genre et l'accès aux ressources. Cette approche vise à garantir des avantages équitables pour tous.

Les budgets sensibles à l'équité entre hommes et femmes répondent aux divers besoins de tous les secteurs de la société, améliorant ainsi l'efficacité des choix budgétaires. Les politiques neutres en matière de genre peuvent avoir des répercussions divergentes sur les femmes et les hommes en raison de leurs rôles distincts dans l'économie et la société. Une gestion publique efficace nécessite de comprendre ces impacts différenciés et d'ajuster les politiques pour répondre équitablement aux attentes de tous les groupes socio-économiques. Les budgets sensibles à l'équité entre hommes et femmes contribuent à accroître l'efficacité économique et à promouvoir le bien-être social. Ignorer les rôles spécifiques des femmes dans l'économie et la société, ainsi que leurs besoins particuliers, compromet l'efficacité de certaines politiques publiques. Les inégalités de genre, outre leur injustice, entraînent des coûts économiques significatifs, affectant la productivité, le développement des compétences et le bien-être global. Une budgétisation sensible au genre vise à optimiser l'utilisation des ressources pour améliorer la qualité de vie de tous les individus.

Ces budgets visent à réduire les écarts de genre et les inégalités, en soulignant les contributions distinctes, mais cruciales des femmes et des hommes à l'économie, y compris dans le domaine des soins. Ils encouragent des solutions novatrices pour reconnaître, valoriser et répartir équitablement le travail non rémunéré des femmes, menant à une allocation plus juste des ressources. Les budgets sensibles à l'équité entre hommes et femmes sont plus efficaces dans la lutte contre la pauvreté, reconnaissant que les femmes et les hommes vivent la pauvreté différemment et nécessitent des approches spécifiques. Pour être justes et efficaces, les stratégies, politiques et budgets de réduction de la pauvreté doivent tenir compte de ces différences.

Ces budgets aident les gouvernements à respecter leurs engagements en matière d'égalité, tels que définis dans le Programme d'action de Beijing, la Convention sur l'élimination de toutes les formes de discrimination à l'égard des femmes et les Objectifs de développement durable. Ils renforcent également le rôle du Parlement dans le processus budgétaire, améliorant les allocations de ressources aux personnes pauvres, qu'elles soient femmes ou hommes, et renforçant les liens entre résultats économiques et sociaux.

L'intégration de la perspective de genre dans le processus budgétaire renforce la transparence et la responsabilité, permettant un contrôle plus rigoureux des dépenses et une meilleure allocation des ressources pour répondre aux besoins de toute la société. En contrôlant les dépenses en fonction des engagements en matière de genre et de développement, la transparence du processus budgétaire est améliorée. Les mécanismes et outils permettant d'élaborer des budgets sensibles à l'équité entre hommes et femmes sont essentiels pour une gestion budgétaire efficace et équitable, assurant que les ressources disponibles sont utilisées pour améliorer la qualité de vie de tous les citoyens. Adopter cette approche représente un pas crucial vers une société plus juste et prospère.

Principes directeurs de la Budgétisation sensible au Genre

Les fondements de la budgétisation sensible au genre reposent sur des principes essentiels tels que la participation inclusive, la transparence et la responsabilité, qui se traduisent par des pratiques visant à garantir l'équité et l'efficacité des politiques publiques.

La participation inclusive implique l'engagement actif des femmes et des hommes dans le processus budgétaire. Selon Diane Elson, une figure de proue de l'économie féministe, l'inclusion des femmes dans les discussions budgétaires permet une meilleure identification et prise en compte de leurs besoins spécifiques. En Afrique du Sud, par exemple, la participation des groupes de femmes à l'élaboration du budget national a conduit à une répartition plus équitable des ressources dans les secteurs de la santé et de l'éducation. Selon Budlender (2005), cette approche a permis une distribution plus juste des ressources, répondant ainsi aux besoins distincts des femmes et des hommes.

La transparence budgétaire garantit que les décisions financières sont prises de manière ouverte et accessibles à tous les citoyens. Transparency International souligne que la publication de données budgétaires ventilées par genre permet aux citoyens de surveiller et d'évaluer l'impact des dépenses publiques. En Suède, par exemple, les rapports budgétaires annuels incluent des analyses détaillées sur l'impact des politiques économiques sur les femmes et les hommes, renforçant ainsi la confiance du public dans les institutions gouvernementales (SIDA, 2016). Cette pratique favorise l'équité et responsabilise les décideurs publics.

La responsabilité exige que les gouvernements rendent compte de l'utilisation des fonds publics et de leurs impacts sur les différents genres. Selon Elson (2002), la responsabilité dans la budgétisation de genre oblige les décideurs à considérer les conséquences de leurs politiques sur l'égalité des genres et à ajuster leurs actions en conséquence. Par exemple, l'Australie a mis en place des audits de genre pour évaluer les impacts des politiques fiscales et budgétaires sur les femmes, menant à des réformes significatives pour améliorer l'équité (Sharp, 2003). Ces audits ont permis de dévoiler des inégalités cachées et de promouvoir des politiques plus justes. Des méthodologies et outils d'analyse pour la budgétisation sensible au genre sont essentiels pour évaluer l'impact des politiques budgétaires. Un audit de genre, comme proposé par Budlender et Sharp (1998), est une évaluation systématique des politiques, programmes et allocations budgétaires visant à identifier les inégalités de genre et proposer des ajustements. Au Royaume-Uni, les audits de genre ont révélé des disparités significatives dans le financement des services de santé reproductive, conduisant à des réallocations budgétaires en faveur des services destinés aux femmes (UN Women, 2015).

Les analyses coûts-bénéfice différenciées par genre évaluent les coûts et les bénéfices des politiques publiques en fonction de leur impact sur les hommes et les femmes. Un rapport de la Banque Mondiale (2012) souligne l'importance de telles analyses pour garantir que les investissements publics bénéficient équitablement à tous les genres. Au Canada, par exemple, l'analyse des politiques de congé parental a montré que des congés parentaux partagés entre les mères et les pères favorisent l'égalité des genres dans le marché du travail et au sein des foyers (OECD, 2016). Ces analyses permettent d'orienter les politiques pour maximiser les avantages pour tous les membres de la société.

Le suivi et l'évaluation permanents des politiques budgétaires axées sur le genre sont essentiels pour évaluer leur efficacité et leur impact. Des outils tels que les indicateurs de genre et les tableaux de bord sont utilisés pour suivre les progrès réalisés et apporter les ajustements nécessaires. Par exemple, en Inde, l'utilisation de tableaux de bord de genre a permis de surveiller les investissements dans l'éducation des filles, entraînant une augmentation notable des taux de scolarisation et de rétention (UNDP, 2014). Ces outils de suivi et d'évaluation permettent une adaptation continue des politiques pour répondre aux besoins évolutifs de la société.

Ainsi, les principes de participation inclusive, de transparence et de responsabilité, appuyés par des méthodologies rigoureuses et des outils d'analyse, sont cruciaux pour une budgétisation sensible au genre efficace. Ces principes visent à créer des politiques publiques plus équitables et à améliorer le bien-être social et économique de l'ensemble de la population.

Impacts à Long Terme sur le Développement durable

Les impacts à long terme de la budgétisation sensible au genre sur le développement durable sont vastes et multidimensionnels. Une répartition équitable des ressources ne se contente pas de promouvoir l'égalité des genres, elle catalyse également la croissance économique durable, réduit la pauvreté et renforce la résilience des communautés.

Assurer une répartition équitable des ressources est un élément clé de la promotion de l'égalité des genres, garantissant que les femmes et les hommes bénéficient de manière équitable des investissements publics. Cela englobe l'accès à des services tels que l'éducation, les soins de santé, l'emploi et les infrastructures. Par exemple, investir dans l'éducation des filles présente des effets multiplicateurs significatifs : selon l'UNESCO, chaque année supplémentaire de scolarisation d'une fille peut augmenter son revenu futur de 10 à 20 %, ce qui influe directement sur la croissance économique globale. De plus, la budgétisation sensible au genre favorise une croissance économique durable. Des recherches démontrent que lorsque les femmes sont pleinement intégrées dans l'économie, les avantages sont considérables. Selon le McKinsey Global Institute, l'égalité économique entre les sexes pourrait ajouter jusqu'à 28 000 milliards de dollars au PIB mondial d'ici 2025. Un exemple concret est la Suède, où des politiques intégrées axées sur le genre ont entraîné une hausse significative de la participation des femmes sur le marché du travail, contribuant ainsi à une économie plus solide et plus résiliente.

Par ailleurs, la réduction de la pauvreté est intrinsèquement liée à l'égalité des genres. Les femmes représentent une part disproportionnée des pauvres dans le monde, et les politiques budgétaires qui ciblent les besoins spécifiques des femmes et des filles sont cruciales pour lutter contre la pauvreté. Un exemple probant est le programme Bolsa Familia au Brésil, qui a utilisé des transferts monétaires conditionnels pour améliorer la santé et l'éducation des enfants, avec une attention particulière aux mères. Un programme similaire est effectué au Sénégal avec les bourses de sécurité familiale.

En dernier lieu, la budgétisation sensible au genre renforce la résilience des communautés en reconnaissant et en valorisant le rôle des femmes dans la gestion des ressources et la prise de décisions locales, ce qui les rend plus capables de faire face aux chocs économiques et environnementaux. Par exemple, dans de nombreuses communautés rurales en Afrique, les femmes assument souvent un rôle central dans la gestion des ressources naturelles. Des initiatives visant à intégrer les perspectives de genre dans la gestion de l'eau ont ainsi conduit à une utilisation plus durable et efficace de cette ressource vitale.

En résumé, la budgétisation sensible au genre, en incorporant des perspectives équitables dans la répartition des ressources publiques, ne favorise pas seulement l'égalité des sexes, mais contribue également à renforcer les économies, à réduire la pauvreté et à rendre les communautés plus résilientes. Des politiques budgétaires inclusives et transparentes sont indispensables pour atteindre les objectifs de développement durable et garantir un avenir prospère pour tous les membres de la société.

Les Avantages de la Budgétisation sensible au Genre

La Banque mondiale qualifie l'égalité des genres de "stratégie économique intelligente". Élargir les opportunités économiques pour les femmes et les filles profite non seulement à elles, mais à l'ensemble de la société. La budgétisation sensible au genre présente de nombreux avantages en permettant aux personnes discriminées d'accéder plus équitablement aux opportunités économiques. Un des principaux bénéfices est l'augmentation de la participation des femmes sur le marché du travail et l'amélioration de leurs revenus, ce qui réduit la pauvreté et stimule la croissance économique. Les recherches montrent qu'une intégration efficace du genre peut accélérer le taux de croissance annuel du PIB.

En outre, l'analyse budgétaire sensible au genre crée des opportunités pour réformer la gestion des finances publiques, renforçant ainsi les systèmes de planification et de budgétisation. Elle exige également une présentation détaillée des budgets et des activités, améliorant ainsi la transparence budgétaire et renforçant la responsabilité financière en matière de dépenses publiques. Cette approche nécessite des indicateurs de performance sensibles au genre et une gestion axée sur les résultats. Enfin, l'intégration efficace des questions de genre a un impact positif sur l'amélioration des conditions de vie des hommes et des femmes, augmentant leur longévité. Grâce à une meilleure allocation budgétaire, les populations ciblées bénéficient d'une meilleure alimentation, d'un accès à de l'eau de qualité et d'une meilleure maîtrise des maladies transmissibles, entre autres effets positifs.

Les Contraintes majeures en matière de Budgétisation sensible au Genre

La mise en œuvre de la budgétisation sensible au genre nécessite un changement de perspectives et de pratiques, ce qui engendre inévitablement des obstacles à surmonter. Bien que l'introduction de cette approche soit relativement simple, le véritable défi réside dans son maintien et sa durabilité.

L'un des principaux obstacles est l'inefficacité des systèmes de budgétisation et de planification, qui manquent souvent de données nécessaires pour une analyse de genre approfondie. Les données désagrégées par genre et les statistiques de référence pour de nombreux indicateurs sont souvent absentes. De plus, l'expertise en analyse et intégration de genre est limitée. Même si la budgétisation sensible au genre est fréquemment discutée, sa mise en pratique reste complexe. Elle requiert un personnel bien formé avec des compétences spécifiques dans ce domaine.

La budgétisation sensible au genre nécessite des efforts soutenus et constants. Dans de nombreuses agences gouvernementales, la mobilité du personnel peut nuire à la continuité et à l'efficacité de cette initiative. Les pratiques et attitudes enracinées depuis des décennies, voire des siècles, ne changent pas rapidement. Le principal défi est de transformer les mentalités et les perceptions des relations de pouvoir entre les sexes. Sans le soutien décisif de l'équipe dirigeante, l'adhésion à l'égalité des genres reste difficile à obtenir.

La collaboration avec des mécanismes institutionnels solides pour le genre est cruciale pour transformer les mentalités. En l'absence de telles institutions ou si elles sont faibles, l'efficacité de la budgétisation sensible au genre en souffre. Cette budgétisation doit être intégrée aux fonctions de planification et de budgétisation, idéalement au sein du ministère des Finances et du Plan. Un manque de coordination peut créer de la confusion et affaiblir les efforts. L'absence de données précises et pertinentes limite la capacité à évaluer et orienter efficacement les politiques. Pour éviter les problèmes liés à la mobilité des points focaux, il est nécessaire de créer des cellules genre stables.

En conclusion, bien que la budgétisation sensible au genre offre des avantages considérables pour l'égalité des sexes et le développement socio-économique, elle nécessite des systèmes robustes, une expertise adéquate et des efforts continus pour surmonter les défis inhérents à sa mise en œuvre.

Section 2 : Concepts et Fondements du Dividende démographique

Dans cette section, nous plongerons dans les fondements du dividende démographique en examinant sa définition et en développant une compréhension approfondie de ses nuances.

Définition et compréhension du dividende démographique

Le dividende démographique se réfère à la croissance économique découlant de la transformation de la structure par âge de la population (Bloom et al., 2007). Pour que ce potentiel soit réalisé, cette transformation doit s'accompagner d'investissements dans le capital humain (santé et éducation), la création d'emplois et la bonne gouvernance. Ce concept est central dans l'analyse du développement économique et social d'un pays. Il provient de la transition démographique, où une population jeune et dépendante évolue vers une population avec une proportion plus élevée de personnes en âge de travailler par rapport aux personnes dépendantes, telles que les enfants et les personnes âgées. Cette transition peut ouvrir une fenêtre d'opportunité pour une croissance économique rapide, à condition que des politiques adéquates soient mises en place pour tirer parti de ce potentiel.

Il est important de souligner que le dividende démographique ne se concrétise pas automatiquement avec le changement de structure démographique ; il nécessite des investissements stratégiques dans plusieurs domaines clés. En premier lieu, les investissements dans le capital humain sont essentiels. Cela inclut l'amélioration de la santé maternelle et infantile, l'accès à une éducation de qualité à tous les niveaux, et le renforcement des compétences et capacités de la main-d'œuvre. Un capital humain solide est crucial pour maximiser le potentiel économique des travailleurs.

De plus, la création d'emplois est fondamentale pour capturer le dividende démographique. Bien que la croissance démographique rapide puisse exercer une pression sur le marché du travail, des politiques favorables à la création d'emplois peuvent transformer cette main-d'œuvre abondante en moteurs de croissance économique. Cela nécessite des politiques qui encouragent l'entrepreneuriat, favorisent l'investissement dans les secteurs productifs, et stimulent l'innovation et la productivité.

Enfin, la bonne gouvernance est indispensable pour réaliser le dividende démographique. Des institutions efficaces et transparentes, des politiques fiscales et budgétaires prudentes, ainsi que des mécanismes de régulation et de supervision adéquats sont nécessaires pour garantir une allocation efficace et équitable des ressources, et assurer une distribution inclusive des bénéfices de la croissance économique.

Le processus de capture du dividende démographique peut être mesuré à l'aide de l'Indice synthétique du Suivi du Dividende démographique (DDMI). Cet indice permet de suivre les évolutions positives ou négatives de ses dimensions et d'identifier les secteurs nécessitant des investissements accrus pour créer les conditions propices à l'optimisation du dividende démographique et à la réalisation des objectifs de développement durable.

Pour optimiser la capture du dividende démographique, il est crucial que les pays renforcent l'efficacité de leurs politiques budgétaires en restructurant leurs budgets pour les aligner aux dimensions de l'I2S2D (Indice synthétique du Suivi du Dividende démographique, ou DDMI). Une planification stratégique budgétaire améliorée permettra de rendre le budget de l'État sensible au dividende démographique.

La Budgétisation sensible au Dividende démographique (BSDD) est un processus de planification en cinq étapes distinctes visant cet objectif. D'abord, on procède à la rétropolation, l'étalonnage et le calage du DDMI (Indice synthétique du Suivi du Dividende démographique). Ensuite, la restructuration du budget classique en un budget fonctionnel est effectuée. Chaque fonction budgétaire est alors alignée sur les dimensions (ou sous-dimensions) du DDMI. La troisième étape consiste en une analyse de la sensibilité budgétaire pour évaluer les élasticités budgétaires et identifier les fonctions auxiliaires nécessaires à une allocation budgétaire optimale. Enfin, la programmation dans le budget national ajuste les fonctions budgétaires pour qu'elles deviennent sensibles au dividende démographique.

Les Fondements et les voies du Dividende démographique

Le potentiel du dividende démographique repose sur une multitude de facteurs interconnectés qui influencent la capacité d'une société à tirer parti des changements dans sa structure par âge. Ces facteurs comprennent la transition démographique, les investissements dans le capital humain, l'accès aux services de santé reproductive, les politiques d'emploi et de protection sociale, ainsi que les infrastructures économiques.

La transition démographique marque le début du processus d'exploitation du dividende démographique. Ce processus implique le passage d'un régime à haute natalité et mortalité à un régime à faible natalité et mortalité, entraînant ainsi une modification de la structure par âge de la population. Selon Bloom et al. (2007), ce changement peut réduire le ratio de dépendance, c'est-à-dire le nombre de personnes inactives par rapport aux personnes actives, créant ainsi une proportion plus élevée de personnes en âge de travailler.

Les investissements dans la santé et l'éducation jouent un rôle crucial dans la maximisation du dividende démographique. Becker, Glaeser et Murphy (1999) soulignent que l'amélioration de la santé publique, en particulier la santé maternelle et infantile, augmente l'espérance de vie et la productivité de la population active. De même, une éducation de qualité renforce les compétences de la main-d'œuvre, rendant les travailleurs plus adaptables et innovants.

L'accès accru aux services de santé reproductive, tels que la planification familiale, contribue à contrôler les taux de natalité et à améliorer la santé globale des populations. Cleland et al. (2006) montrent que la disponibilité de ces services favorise la réduction de la taille des familles, permettant aux parents d'investir davantage dans chaque enfant et à la société de bénéficier d'une population en âge de travailler mieux éduquée et en meilleure santé.

La création d'emplois est essentielle pour absorber l'augmentation de la population en âge de travailler. Bloom et Canning (2004) indiquent que des politiques favorables à l'emploi, telles que les incitations fiscales pour les entreprises, la promotion de l'entrepreneuriat et les programmes de formation professionnelle, sont indispensables pour concrétiser le potentiel économique du dividende démographique. En outre, des systèmes de protection sociale robustes assurent aux travailleurs un filet de sécurité, réduisant ainsi la pauvreté et les inégalités.

Des infrastructures économiques bien développées, telles que les réseaux de transport, les systèmes de communication et les services financiers, sont nécessaires pour soutenir une économie dynamique. Selon Bloom et al. (2012), l'amélioration de ces infrastructures favorise l'augmentation de la productivité, facilite les échanges commerciaux et stimule l'innovation, des éléments cruciaux pour maximiser les avantages du dividende démographique. La gouvernance et les institutions jouent également un rôle central dans la réalisation du dividende démographique. Des institutions efficaces et transparentes sont nécessaires pour créer un environnement propice aux investissements et à la croissance économique. Acemoglu, Johnson et Robinson (2001) soulignent que la qualité des institutions est l'un des déterminants les plus importants du développement économique. Des politiques fiscales et budgétaires prudentes, une régulation efficace et des mécanismes de supervision adéquats sont essentiels pour assurer une allocation efficace des ressources et une croissance inclusive.

En résumé, la réalisation du dividende démographique dépend d'une approche intégrée qui englobe des investissements dans le capital humain, des politiques de santé reproductive, la création d'emplois, des infrastructures économiques solides et une gouvernance efficace. En combinant ces éléments, les sociétés peuvent transformer les changements démographiques en moteurs de croissance économique et de développement durable.

Section 3 : Mise en Œuvre de la Budgétisation sensible au Dividende démographique

Processus et étapes de la mise en œuvre

Selon les paramètres du dividende démographique, huit principales fonctions budgétaires de convergence, réparties en quatre composantes distinctes, ont été établies afin d'harmoniser le budget traditionnel avec le DDMI.

Tableau 1 : Composante budgétaire et fonctions DDMI

Composante budgétaire	Fonction budgétaire/DDMI
Capital humain	Éducation
	Santé
Gouvernance	Institution
	Sécurité
Structure de l'économie	Affaires économiques
	BTP & Énergie
Réseaux professionnels et sociaux	Réseau social
	Réseau professionnel

Source : CREG 2023

Selon l'approche fonctionnelle du budget, trois (3) catégories de nature des dépenses ont été définies :

1. Dépenses d'investissement (INV) : les dépenses d'investissement sont considérées comme la valeur des montants des acquisitions d'actifs fixes d'un producteur au cours de la période comptable, augmentée de certaines dépenses spécifiques consacrées aux services qui ajoutent de la valeur aux actifs non produits. Dans le cas de DDMI, les charges de la dette sont comptées comme des dépenses d'investissement.

2. Dépenses de fonctionnement (FON) : Les dépenses de fonctionnement sont mesurées par la valeur des biens et des services et celle des rémunérations versées aux salariés dans un processus d'un bien ou service.

3. Transferts & subventions (TRF) : Un transfert ou une subvention est une opération dans laquelle une unité institutionnelle fournit un bien, un service ou un actif à une autre unité, sans recevoir de cette dernière en contrepartie directe un bien, un service ou un actif.

La définition des différentes fonctions DDMI est consignée dans le tableau suivant :

Tableau 2 : Définition des fonctions DDMI

Composantes	Fonctions DDMI	Définition
Capital humain	Éducation	Ensemble des dépenses qui visent la production des biens et services pour la construction des compétences
	Santé	Toutes les dépenses qui servent la santé des personnes
Gouvernance	Institution	Dépenses destinées à produire des biens et services déterminant l'environnement juridique et institutionnel de rattachement de l'individu
	Sécurité	Dépenses pour la production des biens et services visant à assurer la quiétude de l'individu et du peuple
Structure de l'Économie	BTP et Énergie	Dépenses liées à la production des biens et services marchands et non marchands
	Affaires économiques	Dépenses budgétaires concourant à la production des biens et services marchands
Réseaux	Réseau professionnel	Dépenses visant l'interaction en matière de changement de comportement
	Réseau social	Dépenses en lien avec la production de tout bien et service visant à cimenter les relations sociales

Source : CREG 2023

Principes

D'après le processus de transition du budget classique de l'État vers le budget fonctionnel, l'attribution d'une fonction principale DDMI à une institution se base sur sa mission principale. En d'autres termes, lorsque le libellé de l'institution couvre plusieurs domaines, le premier domaine mentionné guide la désignation de la fonction DDMI correspondante. Par exemple, le ministère des Affaires foncières, de l'Habitat et de l'Urbanisme se voit attribuer la fonction principale DDMI "Affaires économiques", tout comme le ministère du Pétrole et de l'Énergie.

Procédures

Au terme des travaux de toilettage, une liste des Institutions et sous Institutions a été obtenue. Elle a servi à affecter les fonctions principales DDMI aux Institutions.

Figure 1 : Illustration du mode d'affectation de la fonction principale DDMI

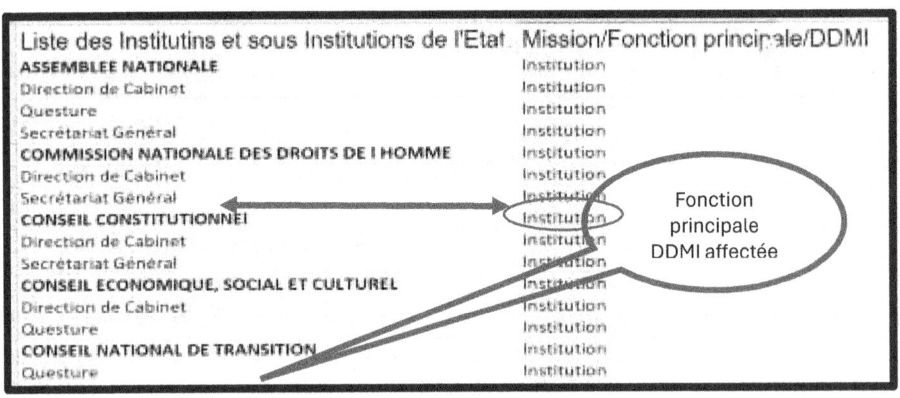

Source : CREG 2023

Fonctions secondaires des sous-institutions (chapitres budgétaires)

Principes

Dans cette phase de la transformation fonctionnelle du budget dans son étape 2, il s'agit d'affecter à chaque ligne budgétaire la fonction DDMI correspondante selon l'objet de la dépense.

Par exemple, les principaux organes que son Secrétariat général, Direction de Cabinet, DAAFM, Inspection générale, Direction des Ressources humaines sont rattachés directement à la fonction principale de l'institution de tutelle. Un traitement cas par cas est opéré pour le reste de sous-institutions ou chapitres. En effet, quelle que soit l'institution ou sous-institution, l'affectation de la fonction secondaire DDMI à chaque ligne de dépense budgétaire se fait sur la base de l'objet de la dépense. Autrement dit, la fonction DDMI peut ne pas être forcément la fonction principale de l'institution, elle est conforme à la ligne budgétaire de la sous-institution.

Exemple : dans le cadre du ministère de la Défense, à travers le chapitre « Direction générale de l'Intendance militaire », pour la ligne de dépense "Évacuation sanitaire", il lui sera affecté la fonction secondaire DDMI « santé » et non « Sécurité ». Le tableau suivant illustre le passage entre lignes budgétaires et fonctions secondaires DDMI.

Tableau 3 : Grille de passage entre lignes budgétaires et fonctions secondaires DDMI

N°	Lignes budgétaires	Fonctions DDMI
01	Évacuation sanitaire, matériels chirurgicaux et médicaux, frais médicaux, fournitures aux laboratoires, etc.	Santé
02	Allocations familiales, CNRT & CNPS, Charges sociales, Capital décès, Bourses et Fêtes et cérémonies, aides et secours	Réseau social
03	Communication & Télécommunication, presses diverses	Réseau professionnel
04	Rémunération militaire, Agence Nationale de Sécurité (ANS), Sureté, État-Major, Prime globale institutionnelle d'Alimentation (PGIA), Équipements militaires	Sécurité
05	Stage de formation, Écoles, instituts et universités	Éducation
06	Construction, réhabilitation, ouvrage, édifice, Construction	BTP & Énergie

Source : CREG 2023

Procédure

Les techniques de filtrage sont utilisées dans ce cas pour faire correspondre chaque ligne de dépense à une fonction secondaire DDMI. Le but est d'identifier les lignes de dépense pouvant correspondre à une fonction secondaire DDMI donnée. Ainsi, on filtre la colonne « libellé Lignes budgétaires » pour identifier systématiquement toutes les lignes de dépenses budgétaires correspondantes à une fonction secondaire DDMI fixée.

Tableau 4 : Table de passage budget classique en budget fonctionnel

		Fonctions DDMI							
		Affaires Économiques	BTP & Energie	Éducation	Institution	Réseau Professionnel	Réseau Social	Santé	Sécurité
Fonctions définies dans le Budget	Acquisition Equip Médico-Chirurgicaux							■	
	ADP * Allocations familiales					■			
	ADP * Capital Décès					■			
	Bourses extérieures						■		
	Bourses extérieures						■		
	Capital de décès						■		
	Carburants et lubrifiant	■							
	COA * Construction d'Ouvrages hydrauliques		■						
	Communications et Télécommunications					■			
	SA * Charges sociales CNPS						■		
	SA * Charges Sociales CNRT						■		
	DA * Rémunération de base pers décisionnaires			■					
	Direction de Cabinet				■				
	Eau et électricité	■							
	Entrepôts militaires								■

Source : CREG 2023

Section 4 : Dépenses budgétaires selon la nature économique

Principe

Dans le cadre du processus de Budgétisation sensible au Dividende démographique, plusieurs étapes sont à suivre, dont la classification des dépenses budgétaires selon leur nature économique. Cela implique l'utilisation d'une grille permettant de passer des dépenses budgétaires à leur nature fonctionnelle DDMI. En général, dans ce processus de transformation fonctionnelle, les dépenses budgétaires (telles que les dépenses de personnel, les biens et services, les transferts et subventions, et les investissements) sont réparties en trois catégories DDMI :

- Fonctionnement
- Investissement
- Transfert & subvention

Dans ce cadre, les dépenses de « personnel » et de « biens et services » sont classées sous la catégorie « fonctionnement », les transferts et subventions sous « transfert », et les dépenses d'investissement et d'équipement sous « investissement ». De plus, toutes les dettes, y compris les charges financières, sont considérées comme des investissements.

Tableau 5 : Correspondance entre catégorie de nature de dépense du budget classique et nature DDMI

Numéro	Nature budgétaire	Nature DDMI
01	Charges financières	Investissements
05	Investissements	
02	Personnel	Fonctionnement
03	Biens et Services	
04	Transferts et subventions	Transferts

Source : CREG 2023

Procédures

La procédure impliquait de passer de cinq (5) natures de dépenses de la nomenclature budgétaire à trois natures DDMI. Dans la colonne "Titre des dépenses", les charges financières (code 1) et les investissements (code 5) ont été regroupés sous la nature de dépenses DDMI "Investissement". Les dépenses de personnel (code 2) et les biens et services ont été classés dans la catégorie de dépenses "Fonctionnement"

DDMI. Enfin, les transferts et subventions ont été regroupés sous la catégorie "Transfert" DDMI. Les lignes de dépenses désignées "Fourniture, petits matériels de bureau" ont été considérées comme des investissements pour un certain niveau de dépenses (supérieur à 10 millions). Toutes les dettes, tant le principal que les intérêts, ont été systématiquement considérés comme des dépenses d'investissement. Ce processus est représenté dans le tableau ci-dessous :

Tableau 6 : Table de passage classification budgétaire selon la nature budgétaire

Dépenses budgétaires	Nature DDMI		
	FON	INV	TRF
Acquisition de véhicules terrestres		■	
Acquisition d'équipement médico-technique		■	
Acquisition Matériel Informatique		■	
Bourses			■
Capital de décès			■
Carburants et lubrifiants	■		
COA * Construction Lignes téléphoniques		■	
COA * Construction d'édifice & Immeuble		■	
Consommation d'eau	■		
Consommation de gaz	■		
Dépenses globales (Transport étudiant)	■		
EI * Équipements Divers		■	
Entretien et réparation de matériel de bureau	■		
FE * Rémunération de base du personnel civil	■		
FF * Primes d'assurances	■		
Frais de Mission	■		
Habillement	■		
Intérêts – Dette extérieure multilatérale		■	
Intérêts – Dette intérieure		■	
Salaire de base du personnel civil – personnel contractuel de l'État	■		
SUB * Dépenses globales			■
SUB * Transport étudiant			■

Source : CREG, 2023

Conclusion

La budgétisation sensible au dividende démographique représente une approche prometteuse pour optimiser les retombées économiques et sociales des changements démographiques. En incluant les considérations de genre dans ce processus, les gouvernements peuvent non seulement favoriser l'équité entre les sexes, mais également augmenter l'efficacité et l'impact des politiques budgétaires. Cependant, cette intégration du genre dans la budgétisation sensible au dividende démographique est confrontée à plusieurs défis. La persistance des stéréotypes de genre, les disparités d'accès aux ressources et aux opportunités, ainsi que les structures socioculturelles rigides, peuvent entraver la mise en œuvre efficace de ces politiques. De plus, le manque de données ventilées par sexe et le manque de capacités institutionnelles pour analyser les impacts différenciés sur les hommes et les femmes peuvent constituer des obstacles supplémentaires.

Malgré ces défis, l'intégration du genre dans la budgétisation sensible au dividende démographique ouvre des perspectives importantes. En reconnaissant et en répondant aux besoins spécifiques des hommes et des femmes dans la planification et l'allocation des ressources, les gouvernements peuvent contribuer à réduire les inégalités de genre, à promouvoir l'autonomisation des femmes et à renforcer la cohésion sociale. De plus, une approche sensible au genre peut favoriser une croissance économique plus inclusive et durable, en exploitant pleinement le potentiel de toute la population active.

En conclusion, l'intégration du genre dans la budgétisation sensible au dividende démographique est essentielle pour réaliser pleinement les bénéfices de cette approche. Cela nécessite un engagement continu des gouvernements à surmonter les obstacles et à promouvoir une approche inclusive et équitable de la gestion des finances publiques. En investissant dans l'autonomisation des femmes, en éliminant les discriminations de genre et en renforçant l'analyse sexospécifique dans le processus budgétaire, les pays peuvent véritablement exploiter le potentiel du dividende démographique pour un développement durable et équitable.

Références bibliographiques

Émilie Moysan, Dans les indispensables du droit des finances publiques (2017), pages 11 à 16. Fiche 1. La notion de budget.

Bloom, D. E., Canning, D., & Sevilla, J. (2003). The Demographic Dividend: A New Perspective on the Economic Consequences of Population Change. RAND Corporation.

Becker, G. S., Glaeser, E. L. & Murphy, K. M. (1999). Population and Economic Growth. American Economic Review, 89(2), 145-149.

Cleland, J., Bernstein, S., Ezeh, A., Faundes, A., Glasier, A., & Innis, J. (2006). Family planning: the unfinished agenda. Lancet, 368 (9549), 1810-1827.

Acemoglu, D., Johnson, S. & Robinson, J. A. (2001). The Colonial Origins of Comparative Development: An Empirical Investigation. American Economic Review, 91(5), 1369-1401.

Arnstein, S. R. (1969). A Ladder of Citizen Participation. Journal of the American Institute of Planners, 35(4), 216-224.

Barro, R. J. & Sala-i-Martin, X. (1995). Economic Growth. McGraw-Hill.

Behn, R. D. (2003). Why Measure Performance? Different Purposes Require Different Measures. Public Administration Review, 63(5), 586-606.

Becker, G. S., Glaeser, E. L. & Murphy, K. M. (1999). Population and Economic Growth. American Economic Review, 89(2), 145-149.

Bloom, D. E., Canning, D. & Sevilla, J. (2003). The Demographic Dividend: A New Perspective on the Economic Consequences of Population Change. RAND Corporation.

Bloom, D. E. & Williamson, J. G. (1998). Demographic Transitions and Economic Miracles in Emerging Asia. World Bank Economic Review, 12(3), 419-455.

Bloom, D. E. & Canning, D. (2000). The Health and Wealth of Nations. Science, 287 (5456), 1207-1209.

Bongaarts, J. & Casterline, J. (2013). Fertility Transition: Is Sub-Saharan Africa Different? Population and Development Review, 38 (Supplement), 153-168.

Cleland, J., Bernstein, S., Ezeh, A., Faundes, A., Glasier, A., & Innis, J. (2006). Family Planning: The Unfinished Agenda. Lancet, 368 (9549), 1810-1827.

Gertler, P. J., Martinez, S., Premand, P., Rawlings, L. B., & Vermeersch, C. M. (2011). Impact Evaluation in Practice. The World Bank.

Hanushek, E. A. & Kimko, D. D. (2000). Schooling, Labor-Force Quality, and the Growth of Nations. American Economic Review, 90(5), 1184-1208.

Kolsaker, A. & Lee-Kelley, L. (2008). Citizens' Attitudes Towards E-Government and E-Governance: A UK Study. International Journal of Public Sector Management, 21(7), 723-738.

Lee, R. & Mason, A. (2006). What is the Demographic Dividend? Finance and Development, 43(3).

Mishan, E. J. (1982). Cost-Benefit Analysis: An Informal Introduction. George Allen & Unwin.

Power, M. (1997). The Audit Society: Rituals of Verification. Oxford University Press.

Smith, J. P. (2004). Unraveling the SES-Health Connection. Population and Development Review, 30 (Supplement), 108-132.

Weil, D. N. & Galor, O. (1999). From Malthusian Stagnation to Modern Growth.

Acemoglu, D., Johnson, S. & Robinson, J. A. (2001). The Colonial Origins of Comparative Development: An Empirical Investigation. American Economic Review, 91(5), 1369-1401.

CHAPITRE 3

LE PROFIL DU DIVIDENDE DÉMOGRAPHIQUE

Introduction

Le dividende de la jeunesse, ou dividende démographique (DD), est défini par les experts des Nations Unies comme la croissance économique qui se produit lorsqu'il y a plus de personnes en âge de travailler, entre 15 et 64 ans, que de personnes inactives, âgées de moins de 14 ans et de plus de 65 ans. C'est la croissance économique rapide résultant de la baisse de la mortalité et de la fécondité d'un pays donné et de l'évolution de la pyramide des âges de la population. En d'autres termes, il s'agit d'un avantage transitoire dont dispose un pays lors de la transition démographique avec une population active importante et peu d'enfants et de personnes âgées.

Le dividende démographique est, d'après la PRB (Population Reference Bureau), l'accélération de la croissance économique qui peut résulter d'une baisse rapide de la fécondité d'un pays et l'évolution ultérieure de la structure par âge de la population. Pour le dire autrement, cela correspond à une phase démographique dans laquelle les enfants du boom démographique sont devenus adultes, font moins d'enfants, et ne sont pas encore des personnes âgées : la classe pleine de la pyramide des âges correspond à la population active entre 18 et 65 ans. Le terme de dividende est ici à entendre au sens financier comme le bénéfice, le fruit économique, de l'augmentation de la part de la population active. Il représente la chance économique offerte par la situation dans laquelle un pays atteindrait son optimum dans le rapport entre la population « non-dépendante » (active) et la population « dépendante » (les plus jeunes et les plus âgés).

D'après l'ONU, le DD est le moment idéal pour « investir dans la santé et l'éducation », c'est-à-dire dans le « capital humain », à un moment où il y a relativement peu de bénéficiaires des systèmes de santé et d'éducation comparativement à ceux qui les financent. Mais le dividende démographique est aussi un défi : celui de la création d'emplois pour la population active, sans quoi les espoirs de développement qu'il suscite ne peuvent que rester vains.

Selon l'UNFPA, il est décrit comme une hausse de la productivité économique qui se produit lorsque le ratio de la population active par rapport au nombre de personnes à charge s'accroît. À un moment où la pyramide des âges en Afrique atteint ce stade, il s'agit de ne pas rater le rendez-vous de la démographie avec l'économie. Car la capture de ce dividende démographique permettra d'atteindre un développement durable et inclusif partout sur le continent, et plus particulièrement dans la zone sahélienne, la plus vulnérable. Le bureau régional de l'UNFPA pour l'Afrique de l'Ouest et du centre (Braoc) a œuvré sans relâche pour qu'il devienne un élément central du cadre axé sur «la Position commune africaine » dans l'Agenda de développement post 2015. Cette reconnaissance a abouti à son inclusion dans l'Agenda 2030 des Nations Unies pour le développement durable ainsi que dans l'Agenda 2063 pour la transformation de l'Afrique avant d'être adopté, à l'unanimité, au sommet de l'UA à Addis-Abeba ; les 54 chefs d'États africains ont également concrétisé les modalités de sa mise en œuvre.

Il existe différentes définitions du dividende démographique, parmi lesquelles celle qui est donnée par l'Union africaine (UA) dans sa Feuille de route : Tirer pleinement profit du Dividende démographique, comme étant « l'avantage susceptible d'émerger lorsqu'un pays jouit d'une proportion relativement grande de sa population en âge de travailler en raison de la baisse du taux de fécondité, et investit efficacement dans sa santé, son autonomisation, son éducation et son emploi à travers l'action publique et l'engagement du secteur privé ».

Selon les démographes, le dividende est susceptible de se produire dans un pays lorsqu'il y a une baisse des taux de fécondité. Survient alors une phase de transition dans laquelle la proportion de la population en âge de travailler (15-64 ans) commence à augmenter. En général, cette situation ne se produit qu'une fois, au cours d'une période d'environ 30 à 50 ans. À ce titre, elle est également appelée « fenêtre d'opportunité démographique ». Durant cette période, les individus et les familles disposent de plus de ressources pour améliorer leurs conditions de vie et investir dans la santé et l'éducation (capital humain) de leurs enfants, ainsi que dans des équipements et des bâtiments qui permettent de produire des biens et des services (capital physique).

Ainsi, on entend par dividende démographique, la croissance économique rapide résultant de la baisse de la mortalité et de la fécondité d'un pays donné, et de l'évolution de la pyramide des âges de la population. La baisse du taux annuel de natalité entraîne des changements dans la distribution par âge d'une population ; les jeunes dépendants sont moins nombreux par rapport à la population en âge de travailler, ce qui signifie que moins d'investissements sont nécessaires pour ces jeunes dépendants. Ce phénomène crée une opportunité de croissance économique plus rapide à condition de mettre en œuvre des politiques sociales et économiques et des investissements adaptés.

Les changements dans la structure de la population et les modifications corrélatives du rapport de dépendance entraînent des conséquences économiques. L'entrée d'une forte proportion de jeunes dans la population active peut accroître la production et l'épargne par habitant en fonction de la taille des autres tranches d'âge ainsi que des effets comportementaux. Ces avantages constituent le premier dividende démographique.

Le dividende ne se termine pas avec l'absorption d'une main-d'œuvre jeune. Au fur et à mesure que cette population en âge de travailler murit, la perspective de la retraite peut fournir une plus grande motivation à épargner pour une sécurité financière. En fonction du nombre des autres personnes à charge, les épargnes supplémentaires peuvent être soit dépensées, soit utilisées pour prolonger la croissance économique. Cette dernière étape de la croissance économique a été appelée le deuxième dividende démographique.

De manière générale, le dividende démographique se produit quand un pays parvient à tirer un bénéfice économique de sa pyramide des âges. Pour cela, il faut que le ratio population active/nombre de personnes à charge s'accroisse.

Section 1 : Les piliers du dividende démographique

Pendant des décennies, la relation entre l'évolution démographique et la croissance économique a été étudiée et débattue largement en mettant l'accent sur la taille et la croissance de la population. Cependant, le débat n'a pas prêté suffisamment attention à la question critique de la structure par âge de la population, qui peut changer radicalement à mesure que changent les taux de fécondité et de mortalité. Le changement dans la structure par âge peut avoir des effets significatifs sur la croissance économique en fonction de la proportion des enfants et des personnes âgées (dépendantes) par rapport à la population en âge de travailler qui contribue directement à la productivité économique.

Le dividende démographique fait référence à l'avantage économique qui découle d'une augmentation significative de la proportion d'adultes en âge de travailler par rapport aux jeunes personnes à charge, résultant de la baisse rapide de la fécondité si ce changement est accompagné par des investissements durables dans l'éducation et le développement des compétences, la santé, la création d'emplois et la bonne gouvernance. Lorsque la fécondité et la mortalité diminuent de façon significative, la structure par âge change de façon qu'il y ait plus d'adultes en âge de travailler par rapport aux jeunes personnes à charge dans la population. Ce changement peut accélérer la croissance économique grâce à une productivité accrue de la relative forte population en âge de travailler si l'économie génère suffisamment d'emplois décents, les travailleurs bien formés, compétents et en bonne santé. Un nouvel élan de croissance économique est généré par l'accroissement de l'épargne des ménages et des investissements, qui résultent de la réduction des coûts pour les besoins de base d'enfants en nombre réduit et d'une population jeune dont la taille est relativement moins importante. Les études sur le développement socio-économique connu par les pays d'Asie de l'Est comme la Malaisie, la Corée du Sud et la Thaïlande ont montré qu'entre un quart et un tiers de la croissance économique que ces pays ont connue entre 1970 et 2000 peut être attribuée au dividende démographie (Bloom & AMP ; Williamson, 1998 ; Mason, 2001).

Il est essentiel de souligner que le DD n'est ni automatique ni garanti, même pour les pays dont la baisse de la fécondité est notoire. Afin de récolter le dividende démographique, les pays devraient mettre en œuvre des politiques qui non seulement permettent d'accélérer le déclin de la fécondité, mais aussi veiller à ce que la main-d'œuvre excédentaire qui en résulte soit instruite, qualifiée, en bonne santé et économiquement active, et assurer la responsabilité et l'efficacité dans l'utilisation des ressources publiques et dans la prestation de services publics. Les réformes complètes que les pays doivent adopter et mettre en œuvre afin d'exploiter le dividende démographique peuvent être regroupées sous les cinq piliers ou roues illustrées ci-dessous :

Figure 2 : Les cinq piliers du dividende démographique

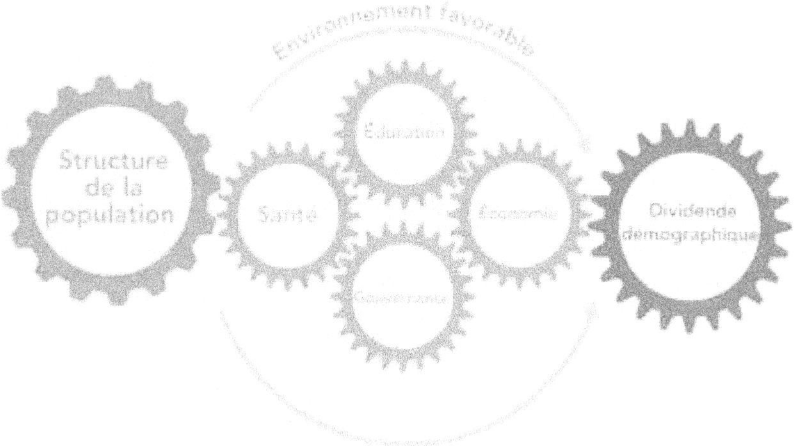

Source : CREG 2023

Le point essentiel est que tous les cinq piliers ou roues stratégiques sont interdépendants ; ils se renforcent les uns les autres ; et devraient être mis en œuvre simultanément afin de conduire le pays vers la prospérité économique qui peut découler du dividende démographique. Comme les éléments d'un engrenage, chacune des roues concourt au fonctionnement et au succès des autres. Si une tombe en panne ou est dysfonctionnelle, toutes les autres roues seront ralenties, limitant ainsi les possibilités pour un pays d'exploiter le dividende démographique. En outre, le dividende démographique n'est pas un événement qui se produit ou est atteint au cours d'une année donnée. C'est une accumulation de gains économiques qui profitent au pays pendant de nombreuses années à mesure que la structure par âge de la population change en faveur de la population en âge de travailler et les investissements nécessaires soient réalisés pour le développement du capital humain et pour des réformes économiques axées sur l'emploi.

Le **dividende démographique** fait référence à la croissance économique qui peut résulter des changements dans la structure de l'âge d'un pays. Il se produit lorsqu'il y a une augmentation du nombre de personnes de l'âge ouvrier par rapport au nombre de personnes à charge, conduisant à une productivité accrue et à la croissance économique. Cependant, ce **dividende démographique** ne peut être réalisé que s'il y a des politiques appropriées en place pour garantir que la population de l'âge ouvrant est saine, éduquée et employée.

Les bénéfices économiques du dividende démographique peuvent être appréciés au niveau microéconomique avec les ménages et les individus et au niveau macroéconomique avec les pays. Tous deux tirent leur source de la même croissance économique.

➢ **Les bénéfices au niveau microéconomique**

Une croissance de la population en âge de travailler, une explosion de la population de jeunes, impliquent des rendements économiques et des revenus plus importants par ménage, en supposant que toute personne qui atteint l'âge de travailler est employée de façon productive. En plus des faibles coûts de l'entretien des personnes dépendantes, les ménages peuvent voir leurs revenus disponibles croître. Une croissance du revenu par ménage affecte aussi bien les dépenses que les épargnes liées au capital humain. Avec moins d'enfants par ménage et une croissance du revenu disponible, chaque ménage a la capacité d'investir le revenu additionnel dans l'éducation, la nutrition et les soins sanitaires de chaque enfant. Avec le temps, une croissance du revenu par ménage pourrait susciter une croissance de l'épargne, spécialement lorsque les chefs de famille sont dans la tranche 40 et 65 ans. Les investissements au compte des grands enfants pourraient être remplacés par l'épargne due aux perspectives de la retraite et la baisse de la capacité à compter sur une progéniture moindre pour le soutien dans la vieillesse. Il y aura une croissance des investissements du fait d'une meilleure santé et de la longévité des adultes.

➢ **Les bénéfices au niveau macroéconomique**

Au niveau du pays, lorsque la croissance dans la population en âge de travailler est suffisamment utilisée comme main-d'œuvre, cela induit une croissance de la production par individu pour le pays. Une croissance de l'épargne des ménages a des ramifications sur le plan national. L'épargne privée des ménages est souvent investie, contribuant ainsi à une accumulation des capitaux au niveau national ; ce qui pourrait être utilisé pour financer la croissance économique. Une croissance de l'épargne crée un environnement financier favorable aux investissements extérieurs, c'est-à-dire, aux Investissements directs étrangers (IDE). Par voie de conséquence, une croissance de l'épargne engendre une croissance économique et agit aussi comme un stimulant pour un financement externe. Finalement, autant les ménages peuvent investir plus de ressources par enfant, autant au niveau national, un plus faible ratio de dépendance et une productivité accrue des travailleurs permet à l'État d'utiliser l'épargne pour investir dans le capital humain de qualité ou pour rediriger leurs dépenses vers les autres secteurs de l'économie.

Section 2 : Évolution du concept de dividende démographique

La revue détaillée de la littérature sur le dividende démographique a permis d'identifier les politiques et les stratégies ayant permis à certains pays d'exploiter le dividende démographique. Il s'agit d'identifier les bonnes pratiques qu'un pays peut adopter pour récolter le DD. Afin de contextualiser la littérature sur le DD, nous avons également examiné les politiques et stratégies nationales de développement pour comprendre les buts et objectifs de développement à court, moyen et long terme, les principaux goulots d'étranglement, les solutions recommandées et comment tout cela est en adéquation avec la problématique de la capture du DD et l'atteinte des ODD. Nous avons également exploré les expériences internationales sur les options de politiques et de programmes qui pourraient stimuler les progrès et les transformations possibles.

Les indicateurs et données secondaires ont été compilés et des analyses plus poussées des données existantes ont été effectuées pour combler les lacunes des études antérieures afin de déterminer les tendances des différents phénomènes démographiques et socio-économiques. Ces tendances, tout comme le cadre politique en vigueur et les indicateurs démographiques et socio-économiques des pays auxquels le Sénégal veut se comparer, ont été utilisées pour déterminer les objectifs de développement que le Sénégal devrait s'efforcer d'atteindre pour exploiter le DD. Les données utilisées proviennent essentiellement de séries de données nationales et des statistiques officielles. Elles ont été complétées par des données internationales compilées à partir des statistiques des Nations Unies (ONU), de la Banque mondiale et de l'Organisation internationale du Travail (OIT) lorsque les données nationales n'étaient pas disponibles. Les données nationales proviennent des recensements de la population et de l'habitat, des enquêtes démographiques et de santé, des rapports économiques et d'autres sources officielles.

➢ Modélisation du dividende démographique

Pour évaluer le potentiel DD au Sénégal et identifier les politiques et investissements multisectoriels requis pour l'exploiter, l'outil de modélisation DemDiv a été utilisé. DemDiv est développé par le Health Policy Project (HPP) sur financement de l'USAID au Futur Group (HPP & USAID, 2014). Il est structuré comme un modèle à deux volets qui projette et intègre les changements démographiques et économiques. Le modèle est basé sur des projections et scénarios visant à montrer les différentes tendances de développement possibles suivant les options de politiques publiques adoptées. En particulier, Demdiv permet la conception de plusieurs scénarios montrant comment la combinaison des investissements dans la planification familiale, la santé, l'éducation et l'économie peut aider à générer un DD.

Le modèle DemDiv peut faire des projections pour une période de quarante ans avec la possibilité d'extraire des estimations pour chaque année au cours de cette période. Par conséquent, ce modèle est adapté pour donner un aperçu sur le dividende démographique puisque l'exploitation du DD n'est pas un événement ponctuel ou un placement à court terme dont un pays peut attendre un retour rapide sur investissement. En fait, les rendements complets des investissements dans les secteurs de l'éducation et de la santé sont obtenus sur des périodes plus longues qui peuvent prendre aussi longtemps qu'une génération ou plus. Grâce à l'outil DemDiv, une projection et analyse de scénarios sur une période de quarante ans peut informer sur les stratégies que le pays a besoin de mettre en place immédiatement pour maximiser le dividende sur une longue période. Ces projections sont en ligne avec les visions et plans de développement à long terme comme le PSE, que les pays africains sont en train de mettre en place à travers les plans de développement à moyen terme. L'Agenda 2063 de l'Union africaine est une vision à long terme qui projette la situation du continent dans 50 ans. Nous reconnaissons cependant que la précision des projections est d'autant plus réduite que la durée de la période est longue. D'autre part, les estimations pour chaque année entre la période de base et la dernière année de la projection peuvent être extraites pour informer les tendances possibles pour chaque scénario. Dans le cas de cette étude, l'année de référence est 2013 et la dernière année est 2053. Pour les principaux résultats, les estimations ont été présentées à la fois pour 2053 et 2035, ce dernier étant l'année cible du PSE.

Au Sénégal, on peut notamment citer la méthodologie des comptes de transferts nationaux (NTA), qui a été utilisée pour analyser l'impact et les conséquences des cycles de vie économique sur le DD. Ce travail a été principalement mis en œuvre par le Centre de recherche en économie appliquée et des finances à Thiès (CREFAT).

Section 3 : Les comptes nationaux de transferts (NTA)

Les comptes nationaux de transferts (NTA) constituent un outil d'analyse des échanges intervenant entre des individus d'une même société. L'objectif des NTA est de mesurer comment, à chaque âge, les ressources économiques s'acquièrent et s'utilisent (Lee et Mason, 2011).

Les NTA s'appuient sur une démarche internationale unifiée qui consiste à introduire l'âge dans la comptabilité nationale. Ils sont destinés à comprendre la façon dont les flux économiques circulent entre les différents groupes d'âge d'une population pour un pays et pour une année donnée. Ils indiquent notamment à chaque âge les différentes sources de revenus et les différents usages de ces revenus en matière de consommation, que celle-ci soit privée ou publique, et d'épargne (d'Albis et al. 2015). Ils permettent ainsi d'étudier les conséquences liées aux modifications de la structure par âge de la population.

L'approche des NTA n'est au fond qu'une manière de schématiser le cycle de vie, tout en permettant de le quantifier. Elle est fondée sur une identité fondamentale qui stipule que, pour un âge donné, l'ensemble des flux sortants de revenus est égal à l'ensemble des flux entrants de revenus. C'est en partant de cette équation que Lee (1994) a introduit l'indicateur du déficit du cycle de vie qui devient l'élément central dans la méthodologie des NTA.

Équation fondamentale des NTA et la notion du déficit du cycle de vie

Les NTA sont fondés sur une équation comptable qui stipule que, à chaque âge, les ressources doivent être égales aux usages qui en sont faits (United Nations, 2013) :

$$\underbrace{Y^l(a) + Y^k(a) + Y^p(a) + \tau^+(a)}_{\textit{Flux entrants}} = \underbrace{C(a) + S(a) + \tau^-(a)}_{\textit{Flux sortants}}$$

Le membre de gauche se compose de toutes les entrées courantes du groupe d'âge a : le revenu du travail Y^l (a), le revenu du capital Y^K (a), le revenu du patrimoine Y^p (a) et les transferts reçus τ^+(a). Le membre de droite est constitué de tous les flux sortants du groupe d'âge a : la consommation C (a), l'épargne S (a) et les transferts versés τ^- (a). Ainsi, selon cette équation, la somme du revenu du travail, du revenu du capital, du revenu du patrimoine et des transferts reçus doit être égale à la somme de la consommation, de l'épargne et des transferts versés. Cette identité est obtenue aussi bien pour les valeurs agrégées que pour les valeurs par habitant à chaque âge. L'équation ci-dessous montre toutes les valeurs indicées par l'âge a, mais l'identité est également valable pour les agrégats nationaux, en d'autres termes, tous les groupes d'âge combinés.

En réarrangeant les termes des flux entrants et sortants de manière à correspondre aux fondements conceptuels des NTA, l'équation permet de mettre en évidence le cycle de vie économique et les mécanismes économiques utilisés pour réaffecter les ressources entre les âges. Le cycle de vie économique est représenté sur le côté gauche (de l'équation ci-dessous) par le déficit de cycle de vie qui correspond, pour un âge donné a, à la différence entre la consommation et le revenu du travail (LCD [a]=C [a] — Y^l [a]). Ce déficit du cycle de vie donne lieu à des réallocations de ressources entre les âges qui prennent la forme soit de transferts publics ou privés nets ($\tau[a]=\tau^+[a]+\tau^-$ [a]), soit de réallocations d'actifs (Y^K [a] +Y^p [a] — S [a]). Cela est matérialisé à droite de l'équation suivante :

$$\underbrace{C(a) - Y^l(a)}_{\textit{Déficit du cycle de vie}} = \underbrace{\underbrace{Y^k(a) + Y^p(a) - S(a)}_{\textit{Réaffectation de l'actif}} + \underbrace{\tau^+(a) - \tau^-(a)}_{\textit{Transferts nets}}}_{\textit{Réaffectation basée sur l'âge}}$$

N. B. Chaque flux de l'équation est désagrégé de façon à distinguer le public et le privé.

Ratio de soutien économique et dividende démographique

Au-delà de l'analyse du cycle de vie économique, les NTA permettent de déterminer le ratio de soutien économique (RSE) et de mesurer le dividende démographique. Le RSE est un indicateur conçu pour capter le poids que ressentent les travailleurs de la part des consommateurs à prendre en charge (United Nations, 2013). Il est déterminé en divisant le nombre de travailleurs effectifs (L) par le nombre de consommateurs effectifs (N.) :

$$RSE = \frac{L}{N} = \frac{\sum_a \varphi(a) * P(a)}{\sum_a \rho(a) * P(a)}$$

Section 4 : Profils du dividende démographique en Afrique

➢ Rapport de dépendance en fonction de l'âge

Le rapport de dépendance en fonction de l'âge est le rapport entre les personnes dont l'âge les qualifie de dépendantes (moins de 15 ans et plus de 65 ans) et les personnes qui appartiennent aux tranches économiquement actives (15 à 64 ans) de la population. Le rapport de dépendance en fonction de l'âge est un important indicateur permettant d'évaluer le fardeau économique du segment productif de la population. La figure III compare l'évolution de cet indicateur entre l'Afrique de l'Ouest, l'Afrique et le monde. En 2020, le rapport de dépendance en fonction de l'âge en Afrique de l'Ouest devrait être de 85. Un ratio de 85 personnes dépendantes pour 100 personnes âgées de 15 à 64 ans signifie que 1,2 personne en âge de travailler prend en charge une personne dépendante. Ce ratio devrait baisser à 64,26 en 2050, puis à 52,26 en 2100.

Figure 3 : Évolution du dividende démographique en Afrique de l'Ouest et dans le monde

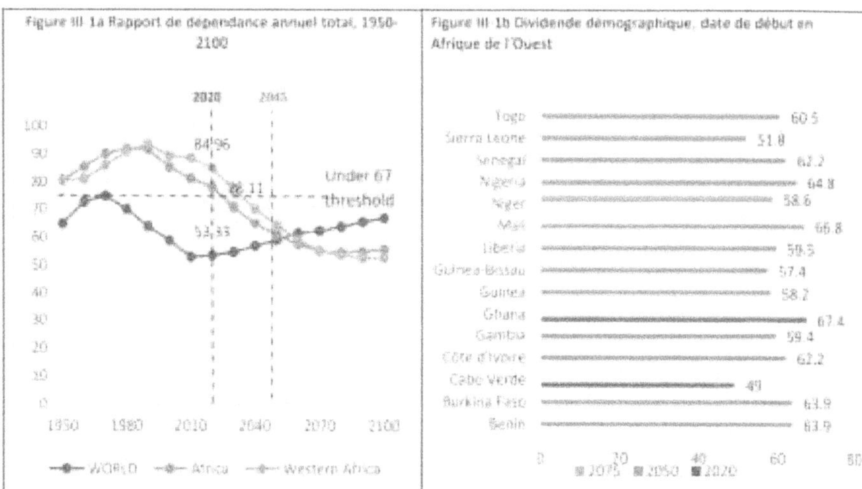

Source : Calculs de la CEA, selon le rapport World Population Prospects 2019

Selon certaines études, le dividende démographique se produit lorsque le rapport total de dépendance n'excède pas 67 personnes à charge pour 100 personnes en âge de travailler. Dans ce cas, au moins 3 personnes en âge de travailler prennent en charge 2 personnes dépendantes (Hayes et Setyonaluri, 2015). On peut donc en déduire que la fenêtre d'opportunités pour l'Afrique de l'Ouest s'ouvrira dès 2045, lorsque le rapport de dépendance chutera à 67. La figure 3 montre que le Ghana et le Cabo Verde réalisent déjà leur dividende démographique, tandis que la plupart des pays de la sous-région devront attendre 2050. Comparativement à la majorité des pays de l'Afrique de l'Ouest, le Niger prendra 25 années de plus pour atteindre la date de début de son dividende démographique.

➢ **Résultats de profils moyens et agrégés (consommation, revenu, LCD) du Sénégal**

➢ **SÉNÉGAL**

Profil moyen de consommation totale

Le profil de consommation présente une allure fortement croissante à la jeunesse allant de 300 000 FCFA à plus de 760 000 FCFA pour la tranche d'âge 0 – 24 ans. Cela témoigne un fort besoin de consommation de la jeunesse et qui nécessite donc d'importantes ressources pour prendre en charge leur niveau de consommation. Au-delà de 24 ans, le profil de consommation prend une tendance relativement baissière jusqu'à 60 ans correspondant à l'âge de la retraite au Sénégal puis remonte jusqu'à 71 ans avant de reprendre la tendance baissière pour le reste du cycle de vie.

Graphique 1 : Profil moyen de consommation totale

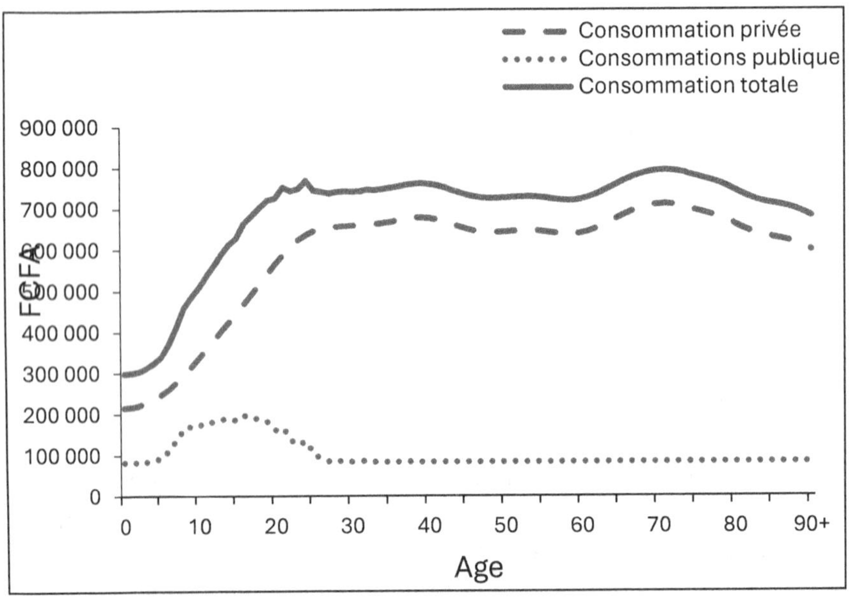

Source : Calculs Équipe Nationale et CREG 2022

Profil agrégé de consommation totale

La consommation agrégée des enfants de zéro an, passe de 112 à 140 milliards de 2011 à 2019 ; en revanche, elle va de 78 milliards pour les individus de 40 ans à 109 milliards de 2011 à 2019, et de 34 milliards pour les personnes de 60 ans à 54 milliards de 2011 à 2019.

Il faut également souligner que le groupe d'âge 12-22 ans qui possédait le niveau le plus élevé de consommation agrégée en 2011 avec un niveau avoisinant les 160 milliards de francs pour chaque âge est remplacé par la tranche d'âge 8-14 en 2019 allant de 217 209 à 236 608 milliards.

Graphique 2 : Profils agrégés de consommation totale

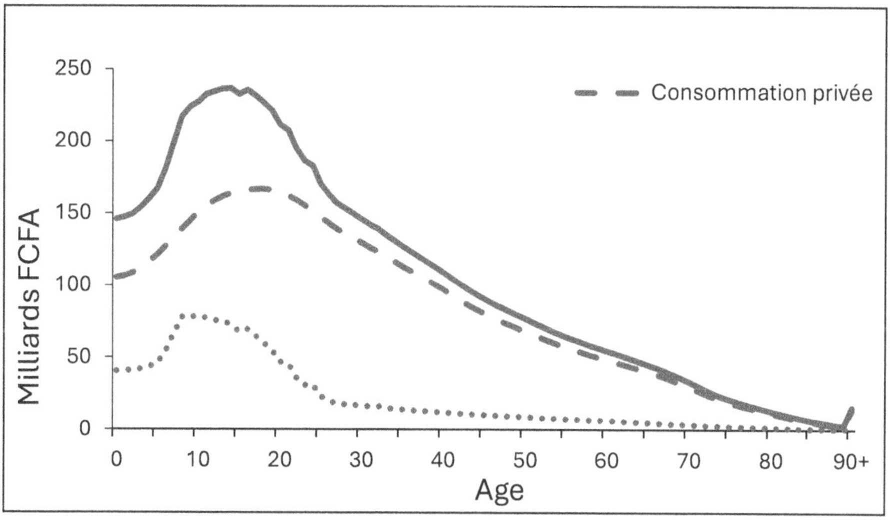

Source : Calculs Équipe Nationale et CREG 2022

Profil moyen de revenu total du travail

L'allure du graphique du revenu total du travail reflète quasiment celle obtenue précédemment entre le revenu salarial et celui de l'auto-emploi. Il ressort du graphique qu'à partir de 10 ans seulement, le revenu du travail s'élève à 6 145 FCFA. Au-delà, il s'accroît exponentiellement pour atteindre son niveau maximal de 1 489 593 FCFA à l'âge de 50 ans. En considérant la tranche d'âge 31 à 56 ans, le revenu du travail est plus important à ce niveau avec des revenus variant entre 1 054 863 FCFA et 1 608 709 FCFA détenus par les individus âgés de 47 ans. S'agissant des individus qui sont à la retraite (60 ans et plus), ils détiennent un revenu du travail moyen équivalent à 741 682 FCFA.

Graphique 3 : Profil moyen de revenu total du travail

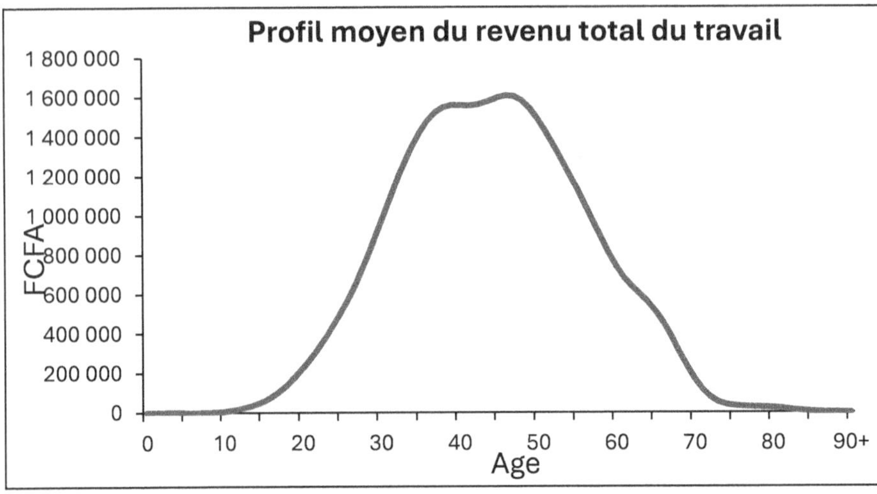

Source : équipe nationale et CREG, 2022

Profils agrégés du revenu total du travail

Concernant le profil agrégé du revenu du travail salarié, elle présente une forme en U renversé. En effet, le revenu du travail salarié passe de 1 milliard FCFA à l'âge de 1 an pour atteindre 108 milliards FCFA (valeur maximale) à 10 ans. Allant de ce pic, le revenu de l'auto-emploi va progressivement baisser jusqu'à 1 milliard pour les 73 ans et plus.

Comparé au revenu de l'auto-emploi, le revenu du travail salarié reste relativement plus bas à partir de 30 ans pour tout le reste. De la naissance à l'âge de 30 ans, le revenu du travail salarié est légèrement plus élevé.

Graphique 4 : Profil agrégé de revenu total du travail

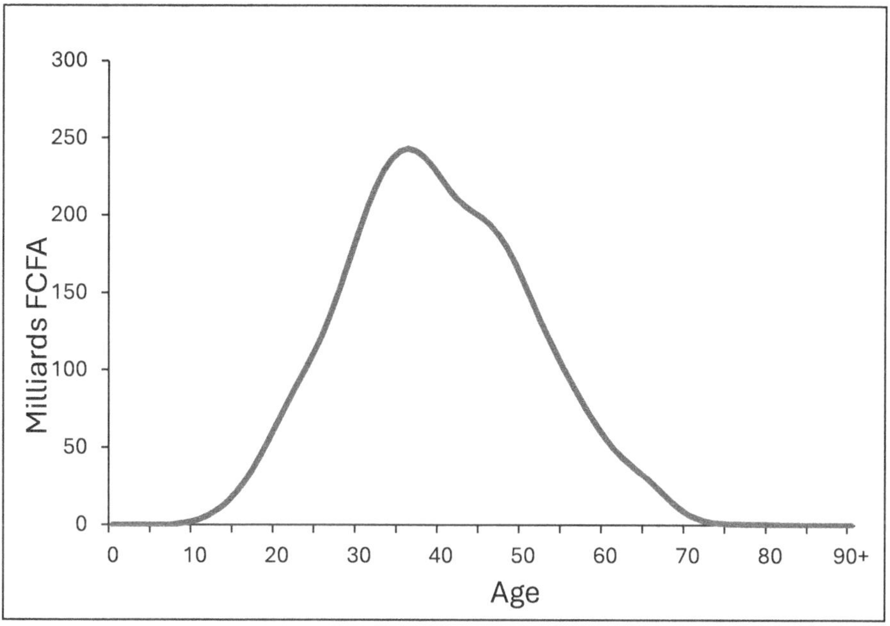

Source : équipe nationale et CREG, 2022

Déficit du cycle de vie moyen

En ce qui concerne le LCD moyen, il est positif entre les groupes d'âge 0-35 ans et 60 ans et plus. Dans le premier groupe d'âge, le LCD moyen a atteint son pic à l'âge de 18 ans avec plus de 200 000 FCFA alors que dans le dernier groupe d'âge, le pic est noté entre 79-82 ans avec 400 000 FCFA. Le LCD moyen négatif concerne le groupe d'âge 36-59 ans et le pic est atteint à 49 et 52 ans avec environ 200 000 FCFA.

Graphique 5 : Profils moyens de consommation et de revenu du travail

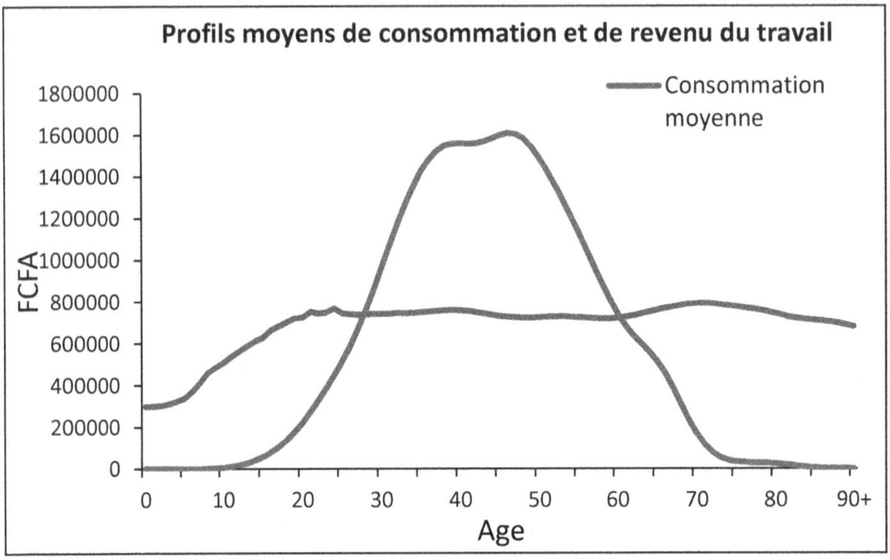

Source : équipe nationale et CREG, 2022

Graphique 6 : Profil moyen du déficit du cycle de vie

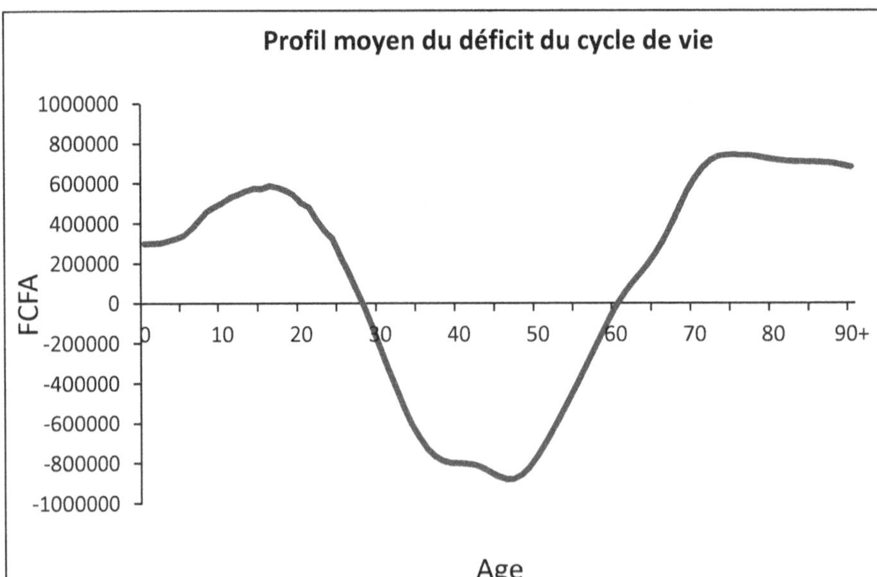

Source : équipe nationale et CREG, 2022

Déficit du cycle de vie agrégé

Graphique 7 : Profil agrégé de consommation et de revenu

Profil agrégé de consommation et de revenu

- Poids du déficit des jeunes de 0-29 ans : 496,30 milliards UM, soit 28,7 % du PIB
- Poids du déficit des personnes de 69 ans et plus : 10,64 milliards UM, soit 0,6 % du PIB
- La demande sociale s'établit à 506,9 milliards, soit 29,4 % du PIB.

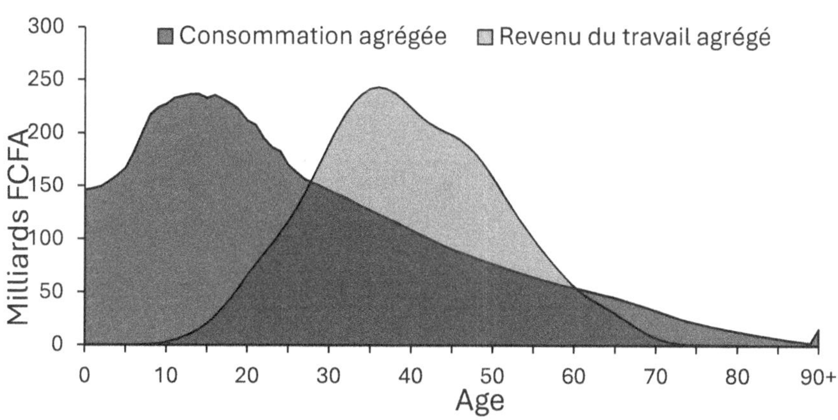

Graphique 8 : Déficit agrégé du cycle de vie

Déficit agrégé de cycle de vie

- **Poids du déficit des jeunes de 0–29 ans : 496,30 milliards UM, soit 28,7 % du PIB**

- **Poids du déficit des personnes de 69 ans et plus : 10,64 milliards UM, soit 0,6 % du PIB**

- **La demande sociale s'établit à 506,9 milliards, soit 29,4 % du PIB.**

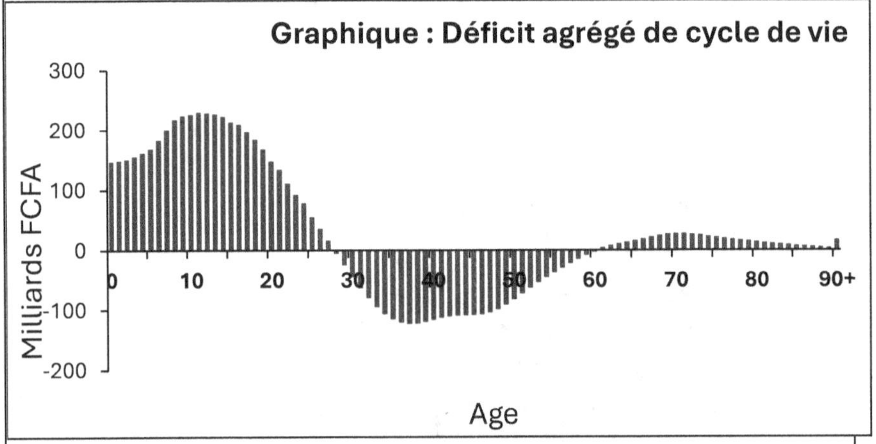

Source : équipe nationale et CREG, 2022

➢ **Analyse factorielle du ratio LCD sur PIB des pays**

Graphique 8 : Résultat Analyse des Correspondances Multiples (ACM)

Figure 4 : Analyse des correspondances multiples (ACM)

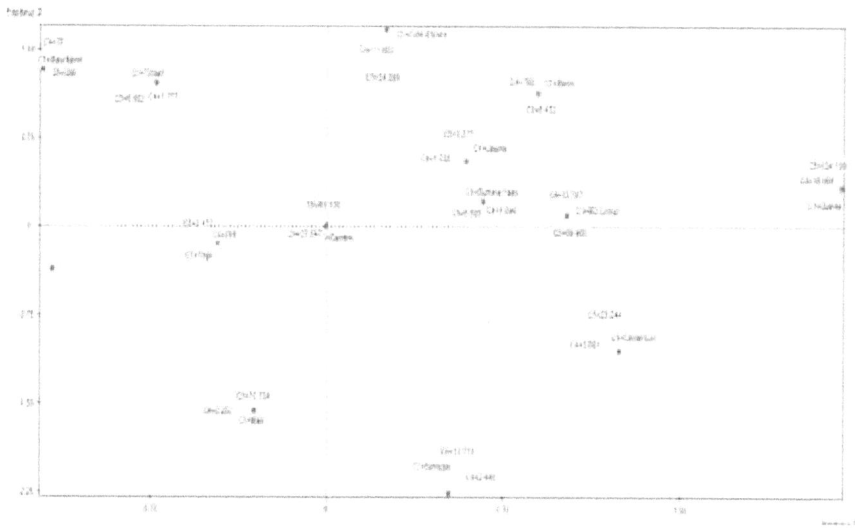

L'analyse factorielle des résultats de l'ACM donne un premier aperçu du positionnement des pays par rapport aux facteurs. Les résultats montrent d'abord que la Gambie se positionne au centre comme point de référence avec un LCD et un PIB très élevé. Ensuite, les pays comme Côte d'Ivoire, Bénin, Libéria, Burkina Faso, Congo et Guinée sont plus proches et sont sur la même plage en haut à droite. Le Cameroun et le Sénégal sont plus proches et se positionnent en bas à droite par rapport à la Gambie. Enfin, nous remarquons que la Mauritanie et le Tchad sont plus proches et se trouvent en haut à gauche par rapport à la Gambie. Le Togo et le Mali sont plus proches et se positionnent en bas à gauche du pays de la Gambie.

En somme le positionnement des pays s'est effectué de manière générale par rapport au PIB. Le constat montre que les pays avec les PIB les plus élevés se sont regroupés à droite et les pays à PIB faibles à gauche.

Section 5 : Que retenir des données probantes sur les profils pays du dividende démographique ?

La consommation dans les NTA se compose de la consommation publique et privée. La contrepartie des agrégats du système des comptes nationaux (SCN) est la dépense de consommation finale de laquelle sont retranchées les taxes sur la valeur ajoutée et d'autres taxes sur la consommation.

La consommation publique : la consommation publique distingue trois postes de dépenses : la santé, l'éducation et les autres biens et services publics. Les dépenses publiques de santé et d'éducation sont affectées par l'âge, ceci, en s'appuyant principalement sur les dossiers administratifs. On utilise les données budgétaires pour établir des estimations de l'éducation par élève, mais aussi des dépenses par niveau d'éducation. Ces données sont ensuite combinées avec l'âge et le taux de scolarisation pour estimer la consommation de l'éducation publique par tête et par âge. Les méthodes utilisées pour répartir les dépenses publiques de santé sont plus variées et plus sujettes à l'erreur. Dans certains pays, par exemple, les profils d'âge des patients hospitalisés et des patients extérieurs sont utilisés et combinés avec les estimations de coûts par patient hospitalisé ou non. Dans d'autres, des estimations très détaillées des dépenses publiques de santé par âge sont disponibles auprès des agences de gouvernement ou des instituts de sondages. Le profil par tête et par âge des dépenses publiques de consommation des autres biens et services, comme les forces militaires, les routes ou encore les égouts, est supposé être constant selon l'âge (Lee et Mason, 2011).

La consommation privée : De façon symétrique, la consommation privée est composée de trois postes, avec les dépenses liées à l'éducation, celles liées à la santé, et enfin les autres dépenses privées en dehors de la santé et de l'éducation. L'allocation des dépenses privées d'éducation repose sur l'estimation d'un modèle de régression expliquant les dépenses d'éducation du ménage en fonction des nombres d'enfants scolarisés de chaque âge. Une procédure similaire est utilisée pour les dépenses de santé qui sont estimées par un modèle linéaire en fonction du nombre d'individus de chaque âge dans le ménage. Les autres dépenses de consommation privée suivent une règle d'allocation discrétionnaire qui consiste à fixer des poids exogènes à chaque individu du ménage en fonction de l'âge (United Nations, 2013). L'échelle d'équivalence utilisée attribue une valeur de 0,4 aux enfants jusqu'à l'âge de 4 ans inclus, ensuite cette valeur augmente proportionnellement à l'âge jusqu'à 20 ans où elle devient égale à 1, et enfin elle reste constante au-delà de cet âge.

Profils de revenu du travail

Le revenu du travail est la somme du revenu salarial et du revenu de l'auto-emploi. Le revenu du travail salarié est constitué par les salaires et cotisations sociales à la charge des employeurs. Le revenu de l'auto-emploi désigne la rémunération du travail des individus qui travaillent à leur propre compte.

Le dividende démographique est l'accélération de la croissance économique qui peut résulter d'une baisse rapide de la fécondité d'un pays et de l'évolution ultérieure de la structure de la population par groupe d'âge. Avec moins de naissances chaque année, la population en âge de travailler d'un pays croît plus par rapport à la population jeune à charge. Avec plus de personnes dans la population active et moins de jeunes à charge, un pays peut exploiter une opportunité de croissance économique rapide avec les bons investissements économiques, sociaux et politiques élaborés en matière de santé, d'éducation, de gouvernance et d'économie. Si les avantages d'un dividende peuvent être importants, les gains ne sont ni automatiques ni garantis.

Pour réaliser un dividende démographique, les pays doivent faire des investissements stratégiques dans quatre domaines clés :

L'évolution de la structure par âge de la population

Dans un premier temps, les pays doivent passer par une transition démographique avec la diminution des taux élevés de natalité et de mortalité. Bien que la plupart des pays aient fait des progrès significatifs pour réduire la mortalité, les pays qui continuent à connaître des niveaux élevés et soutenus de fécondité ne sont pas prêts à atteindre un dividende démographique. Tant que les taux de fécondité et les taux de croissance démographique en résultant resteront élevés, la taille de la population d'enfants et d'adolescents sera plus grande que celle de la population adulte en âge de travailler. Dans ces conditions, les familles et les gouvernements n'auront généralement pas les ressources nécessaires pour investir dans la santé et le bien-être des enfants, et ne pourront pas progresser vers le dividende.

Pour parvenir à une transition démographique, les pays doivent d'abord se concentrer sur la réduction de la fécondité. Une stratégie clé pour atteindre cet objectif est de fournir aux femmes et aux hommes des informations et des services sur la planification familiale volontaire.

Dans les pays en développement, une femme sur quatre ne souhaite pas tomber enceinte ou souhaite retarder ou espacer les naissances, mais n'utilise aucune méthode moderne de planification familiale.

Ces femmes représentent près de 80 pour cent des grossesses non désirées.

D'autres facteurs, en particulier l'éducation et la survie de l'enfant, contribuent à l'adoption de la planification familiale et à la baisse de la fécondité.

Lorsque les femmes peuvent choisir le moment et l'espacement de leurs grossesses, elles sont plus susceptibles d'avoir moins d'enfants et peuvent plus facilement choisir la taille de la famille qu'elles souhaitent avoir. Lorsque les femmes utilisent la contraception moderne, la structure par âge de la population d'un pays peut commencer à changer, ouvrant la voie au dividende démographique.

Investir dans des programmes de santé pour les enfants et les femmes

Un dividende démographique dépend d'une population saine. Les investissements dans la survie de l'enfant jouent un rôle clé pour maintenir de faibles niveaux de fécondité. Au fur et à mesure de l'amélioration de la survie de l'enfant, le souhait d'avoir une famille moins nombreuse et la demande de planification familiale augmenteront. Pour que les enfants tirent le meilleur parti des possibilités d'éducation, ils doivent être en bonne santé et attentifs à l'école. Les programmes de santé qui assurent la vaccination, préviennent et traitent les nombreuses infections courantes aideront les enfants à exceller à l'école et, sur le long terme, à devenir des travailleurs mieux qualifiés. Une bonne alimentation favorise le développement cognitif chez les nourrissons et les jeunes enfants, et favorise la santé des enfants.

Lorsque les enfants deviennent adolescents, leurs besoins de santé évoluent. Ils doivent avoir accès à l'information et aux services de santé reproductive pour éviter les grossesses non désirées, et pour prévenir le VIH et les infections sexuellement transmissibles qui peuvent entraver les possibilités d'éducation, surtout pour les filles. Lorsque les jeunes développent des comportements qui façonneront le reste de leur vie, les programmes de santé doivent répondre aux problèmes liés au tabagisme, à la consommation excessive d'alcool, à la sédentarité et à l'obésité qui représentent une charge accrue sur le secteur de la santé.

Des soins appropriés pendant la grossesse et l'accouchement jouent un rôle clé dans la réduction de la mortalité maternelle et infantile. Pour les jeunes femmes, la planification familiale peut contribuer à retarder la première grossesse jusqu'à un âge où elles sont physiquement, psychologiquement et socialement préparées pour la maternité. Le fait de retarder une première naissance permet d'améliorer l'état de santé de la mère et de l'enfant.

Éducation des enfants et des jeunes

Pour alimenter la croissance de l'économie d'un pays, les garçons et les filles doivent avoir accès à l'éducation. Dans le cas des filles, l'éducation en particulier au niveau secondaire permet de retarder l'âge au mariage et la première grossesse. Au fur et à mesure que les pays jouissent d'un dividende démographique, ils devront adapter les politiques éducatives en réponse à l'évolution des besoins de leur marché du travail. Une formation peut être nécessaire pour les emplois les moins qualifiés et les plus laborieux, ainsi que pour améliorer l'efficacité et la valeur ajoutée de la production agricole. Par ailleurs, avec le développement et la diversification de l'économie, les travailleurs devront acquérir une variété de compétences en affaires, en technologie et dans d'autres types de métiers.

Promouvoir la bonne gouvernance

En plus de la santé et de l'éducation, un environnement favorable à la réalisation d'un dividende démographique nécessite une bonne gouvernance, qui contribue à attirer les investissements nationaux et étrangers dans les économies locales. Parce que la transition démographique entraîne la baisse du nombre d'enfants à prendre en charge, les ménages disposent progressivement de plus de revenus et d'épargne qu'ils peuvent investir dans leurs propres entreprises ou dans d'autres. De même, la bonne gouvernance est essentielle pour attirer les investissements étrangers qui peuvent créer des emplois et stimuler la croissance économique. D'autres aspects de la bonne gouvernance sont tout aussi importants, comme la réduction de la corruption et l'efficacité opérationnelle des gouvernements.

La bonne gouvernance favorise aussi l'égalité des sexes. Un environnement équitable entre les sexes favorise une transition démographique en permettant aux femmes d'accéder et d'utiliser la planification familiale sans les nombreux obstacles auxquels elles sont actuellement confrontées, en particulier dans les pays en développement. Les femmes peuvent donc contribuer davantage au bien-être économique de la famille en travaillant hors du domicile. En outre, les femmes plus instruites occupent des emplois mieux rémunérés et utilisent leurs revenus pour améliorer le capital humain de leurs enfants. Les autres politiques qui encouragent l'égalité des sexes, telles que l'accès au crédit et le droit d'hériter des biens et des avoirs, reflètent un environnement qui permet aux femmes d'épargner et d'investir.

Conclusion

Le dividende démographique n'est pas automatique. Il dépend à la fois de la création de l'opportunité et de la capitalisation sur cette opportunité pour un ensemble de politiques et d'environnements spécifiques ; ceci fait du dividende démographique un phénomène sensible au temps.

Tous les pays doivent autonomiser, former et employer les jeunes et les personnes en âge de travailler afin d'engendrer un dividende démographique. De même, les actions publiques favorisant une baisse volontaire de la fécondité sont une condition sine qua non à l'obtention de ce dividende. L'action publique permet de garantir les droits et libertés, les services et informations nécessaires au développement, une couverture universelle et de qualité en matière d'enseignement et de santé et le climat politique nécessaire à l'investissement privé. De plus, l'augmentation du nombre d'emplois publics dans la santé et l'éducation peut avoir un effet multiplicateur sur le dividende démographique, en favorisant l'emploi formel et en mettant à disposition les professionnels nécessaires à la couverture universelle en matière d'éducation et de santé.

Le secteur privé fournit 90 % des emplois dans les pays en développement et les meilleures perspectives en matière de plein-emploi et d'emploi formel (une des clés de l'accroissement du PIB par habitant). Les partenaires du secteur privé peuvent aider à anticiper les besoins en main-d'œuvre, à identifier les lacunes en matière de qualification et à dispenser la formation technique et professionnelle, initiale et continue requise pour veiller à ce que les enseignements dispensés s'inscrivent dans le contexte de croissance économique. Le secteur privé, en partenariat avec le gouvernement et la société civile, peut permettre de mieux appréhender les freins actuels à la croissance de l'emploi et contribuer à développer les infrastructures essentielles et à réformer les politiques.

Cependant, il est nécessaire que les pays mettent en place des politiques ayant des impacts à long terme pour tirer les avantages du DD d'une part à travers la création d'un environnement propice à la croissance à travers des politiques économiques ; l'intégration des nouveaux travailleurs dans l'économie à travers une politique du travail ; l'accroissement de l'offre de nouveaux travailleurs qualifiés grâce à des politiques éducatives. Et d'autre part, pour prolonger le DD à travers des politiques économiques, des politiques de l'emploi, des politiques de santé.

Références bibliographiques

CREFAT (2018), Manuel de formation sur les dimensions et indicateurs de suivi de l'observatoire du dividende démographique. 154 pages.

CREG (2021), méthodologie des comptes nationaux de transferts, https://ordd.creg-center.org/wp-content/uploads/2021/05/Methodologie-NTA-CREG-CENTER-2021.pdf

DRAMANI L. et BIAO B (2017), Méthodologie de construction des comptes de transferts nationaux, Manuel de formation-CREFAT, Thiès, Sénégal, 210 p.

DRAMANI L, (2015), Économie générationnelle et Dividende démographique : Éléments de diagnostic au Sénégal, L'Harmattan, Dakar, Sénégal, tome 1-210 p.

POPULATION RÉFÉRENCE BUREAU (2012), atteindre un dividende démographique, vol. 67, no. 2, https://www.prb.org/wp-content/uploads/2013/10/Population-Bulletin-2013-67-2-achieving-demographic-dividend_fr.pdf

POPULATION RÉFÉRENCE BUREAU « L'Afrique et le dividende démographique », 2013.

UNFPA : capturer le dividende démographique : autonomiser les femmes et capitaliser sur la jeunesse, https://www.sweddafrica.org/sites/default/files/2022-10/Le-Magazine-de-lAfrique_dossier_unfpa_tire_a_part_16_pages.pdf

WORLD BANK, UNFPA, CREG (2016) profil du dividende démographique de la Mauritanie, https://wcaro.unfpa.org/sites/default/files/pub-pdf/unfpa-dividende-fr-_0.pdf

CHAPITRE 4

LE DDMI (Demographic Dividend Monitoring Index)

Introduction

Le dividende démographique est la croissance économique accélérée résultant du changement de la structure par âge d'une population, à la suite d'une baisse de la fécondité et de la mortalité. C'est un phénomène qui crée une opportunité de croissance économique et de développement humain plus rapide pour un pays. Sa capture devient un défi majeur du développement au cours des prochaines décennies. C'est dans cette dynamique que l'Union africaine (UA), pour tirer pleinement profit du dividende démographique, a mis en place un cadre stratégique (Agenda 2063) visant à transformer l'Afrique en puissance mondiale de l'avenir. Afin d'atteindre son objectif de développement inclusif et durable, les chefs d'État et de gouvernement de l'Union africaine dans la mise en œuvre de l'Agenda 2063 ont adopté une feuille de route dont le thème est « Tirer pleinement profit du dividende démographique en investissant dans la jeunesse ». Cette feuille de route sert de fondement solide pour placer les pays africains sur la voie menant à l'atteinte de cet objectif et s'adosse sur quatre (4) piliers que sont :

- Emploi et entrepreneuriat ;
- Éducation et développement de compétences ;
- Santé et bien-être ;
- Droits, gouvernance et autonomisation de la jeunesse

Ainsi, l'Afrique s'est engagée à transformer son immense population de jeunes en un atout pour son développement. Par exemple, le Sénégal, qui à l'instar des autres pays d'Afrique subsaharienne caractérisée par une croissance rapide de sa population, présente des défis en matière de satisfaction des besoins sociaux de base et d'accélération de la transition démographique, a récemment mis en place un observatoire national du dividende démographique (ONDD). Cet observatoire est un outil de surveillance et d'analyse qui permet d'informer et d'éclairer la prise de décision sur les questions de population et de développement en exploitant des données démographiques, économiques et sociales. Il a pour mission de produire chaque année, un rapport de synthèse et cinq autres rapports spécifiques traitant des cinq dimensions du dividende démographique en lien avec les quatre piliers de la feuille de route de l'Union africaine.

En effet, le pilier 1 « Emploi et entrepreneuriat » qui est en lien avec la structure de la population, l'économie subjective et l'économie normative peut être suivi à travers les indicateurs produits dans les dimensions suivantes :

- Couverture de la Dépendance économique (dimension 1),
- Qualité du Cadre de Vie (dimension 2),
- Dynamique de la Pauvreté (dimension 3).

Le deuxième pilier « Éducation et développement de compétences » et le troisième pilier « Santé et bien-être » qui abordent les questions de santé et d'éducation peuvent quant à eux être mesurés par les indicateurs de la dimension 4 « Développement humain élargi ». Enfin, le dernier pilier, à savoir « Droits, gouvernance et autonomisation de la jeunesse », en lien avec la gouvernance et les institutions, peut être évalué avec la dimension 5 « Réseaux et Territoires ».

Section 1 : Indicateur de couverture de la dépendance économique (ICDE)

Définition et description de la dimension

La dépendance économique se définit comme une situation où le revenu du travail d'un individu est en deçà de sa consommation. Le déficit est dans ce cas financé par le travail d'autres individus (transferts notamment) ou la désépargne ou le revenu des actifs. De nombreux travaux s'y sont penchés (Bloom et al., 2006 ; Lee et Mason, 2011 ; Dramani, 2016 ; Dramani et Oga, 2017). L'ICDE évalue la part des déficits des tranches d'âges économiquement dépendantes couverte par l'excédent de revenu dégagé par les groupes d'âge ayant un surplus économique. Il mesure la capacité d'un pays donné à satisfaire la demande sociale ou à combler le gap de consommation des individus économiquement dépendants par les seules ressources issues du travail.

Équation fondamentale des NTA et notion du déficit du cycle de vie

Les NTA sont fondés sur une équation comptable qui stipule que, à chaque âge, les ressources doivent être égales aux usages qui en sont faits (United Nations, 2013) :

$$\underbrace{Y^l(a) + Y^k(a) + Y^p(a) + \tau^+(a)}_{\textit{Flux entrants}} = \underbrace{C(a) + S(a) + \tau^-(a)}_{\textit{Flux sortants}}$$

Le membre de gauche se compose de toutes les entrées courantes du groupe d'âge (a) : le revenu du travail Y^l (a), le revenu du capital Y^k (a), le revenu du patrimoine Y^p (a) et les transferts reçus τ+(a). Le membre de droite est constitué de tous les flux sortants du groupe d'âge (a) : la consommation C (a), l'épargne S (a) et les transferts versés τ– (a). Ainsi, selon cette équation, la somme du revenu du travail, du revenu du capital, du revenu du patrimoine et des transferts reçus doit être égale à la somme de la consommation, de l'épargne et des transferts versés. Cette identité est obtenue aussi bien pour les valeurs agrégées que pour les valeurs par habitant à chaque âge. L'équation ci-dessus montre toutes les valeurs indicées par l'âge (a), mais l'identité est également valable pour les agrégats nationaux, en d'autres termes, tous les groupes d'âge combinés.

En réarrangeant les termes des flux entrants et sortants de manière à correspondre aux fondements conceptuels des NTA, l'équation permet de mettre en évidence le cycle de vie économique et les mécanismes économiques utilisés pour réaffecter les ressources entre les âges. Le cycle de vie économique est représenté sur le côté gauche (de l'équation ci-dessous) par le déficit de cycle de vie qui correspond, pour un âge donné (a), à la différence entre la consommation et le revenu du travail (LCD [a]=C [a] — Y^l [a]).

Ce déficit du cycle de vie donne lieu à des réallocations de ressources entre les âges qui prennent la forme soit de transferts publics ou privés nets (τ[a]=τ+[a]+τ— [a]), soit de réallocations d'actifs (Y^k [a] +Y^p [a] — S [a]). Cela est matérialisé dans le membre de droite de l'équation suivante :

$$\underbrace{C(a) - Y^l(a)}_{\textit{Déficit du cycle de vie}} = \underbrace{\underbrace{Y^k(a) + Y^p(a) - S(a)}_{\textit{Réaffectation de l'actif}} + \underbrace{\tau^+(a) - \tau^-(a)}_{\textit{Transferts nets}}}_{\textit{Réaffectation basée sur l'âge}}$$

Chaque flux de l'équation est désagrégé de façon à distinguer le public et le privé.

Construction des profils de consommation et de revenu du travail

Pour déterminer les groupes d'âge pour lesquels la consommation est supérieure au revenu et ceux pour lesquels elle est inférieure, il faut déterminer les profils par âge de la consommation et des revenus. Ceci se fait en plusieurs étapes décrites comme suit : la détermination d'un profil par âge au niveau individuel pour un flux donné, sur la base de données d'enquêtes réalisées auprès des ménages ou de données administratives. Les données de l'enquête harmonisée sur les Conditions de Vie des ménages (EHCVM-2018) sont utilisées pour les profils de consommation des ménages, les données mobilisées proviennent aussi du budget de l'État, des annuaires statistiques de l'éducation, et d'autres documents administratifs ; ces profils issus de données d'enquêtes peuvent être un peu chahutés en raison des tailles d'échantillon. Pour cette raison, il a été procédé à leur lissage au cours des âges afin de les rendre plus homogènes ; l'utilisation de données démographiques pour construire des profils provisoires agrégés (et non plus individuels) par âge. Soit x (a) la valeur d'une variable au niveau individuel pour le groupe d'âge (a), soit N (a) l'effectif de ce groupe d'âge, le profil agrégé X est $X = \Sigma x(a)*N\ (a)$; l'ajustement des profils provisoires par le recours aux agrégats macroéconomiques issus de la comptabilité nationale, de telle sorte que le flux agrégé X coïncide avec la valeur de contrôle comptable au niveau agrégé correspondant C. Les profils par âge sont ajustés par le facteur correcteur $c = C/X$. Les profils ajustés sont $xaj = x*c$ au niveau individuel et $Xaj = X*c$ au niveau agrégé. Ces profils ajustés permettent d'éliminer les éventuels biais d'échantillonnage et de rendre compatibles les comptes de transferts nationaux avec la comptabilité publique.

Ainsi, deux types de travaux empiriques doivent être menés. Premièrement, il faut calculer les agrégats macroéconomiques requis, à partir de la comptabilité nationale. Deuxièmement, il faut estimer les profils individuels (moyen) par âge qui permettront de ventiler ces grandeurs macroéconomiques.

Profils de consommation

La consommation dans les NTA se compose de la consommation publique et privée. La contrepartie des agrégats du système des Comptes nationaux (SCN) est la dépense de consommation finale de laquelle sont retranchées les taxes sur la valeur ajoutée et d'autres taxes sur la consommation.

La consommation publique : la consommation publique distingue trois postes de dépenses : la santé, l'éducation et les autres biens et services publics. Les dépenses publiques de santé et d'éducation sont affectées par l'âge, ceci, en s'appuyant principalement sur les dossiers administratifs. On utilise les données budgétaires pour établir des estimations de l'éducation par élève, mais aussi des dépenses par niveau d'éducation. Ces données sont ensuite combinées avec l'âge et le taux de scolarisation pour estimer la consommation de l'éducation publique par tête et par âge. Les méthodes utilisées pour répartir les dépenses publiques de santé sont plus variées et plus sujettes à l'erreur. Dans certains pays, par exemple, les profils d'âge des patients hospitalisés et des patients extérieurs sont utilisés et combinés avec les estimations de coûts par patient hospitalisé ou non. Dans d'autres, des estimations très détaillées des dépenses publiques de santé par âge sont disponibles auprès des agences de gouvernement ou des instituts de sondages. Le profil par tête et par âge des dépenses publiques de consommation des autres biens et services, comme les forces militaires, les routes ou encore les égouts, est supposé être constant selon l'âge (Lee et Mason, 2011).

La consommation privée : De façon symétrique, la consommation privée est composée de trois postes, avec les dépenses liées à l'éducation, celles liées à la santé, et enfin les autres dépenses privées en dehors de la santé et de l'éducation. L'allocation des dépenses privées d'éducation repose sur l'estimation d'un modèle de régression expliquant les dépenses d'éducation du ménage en fonction des nombres d'enfants scolarisés de chaque âge. Une procédure similaire est utilisée pour les dépenses de santé qui sont estimées par un modèle linéaire en fonction du nombre d'individus de chaque âge dans le ménage. Les autres dépenses de consommation privée suivent une règle d'allocation discrétionnaire qui consiste à fixer des poids exogènes à chaque individu du ménage en fonction de l'âge (United Nations, 2013).

L'échelle d'équivalence utilisée attribue une valeur de 0,4 aux enfants jusqu'à l'âge de 4 ans inclus, ensuite cette valeur augmente proportionnellement à l'âge jusqu'à 20 ans ou elle devient égale à 1, et enfin elle reste constante au-delà de cet âge. Le profil d'âge pour chaque type de consommation (éducation, santé, autre) est obtenu en faisant la moyenne des consommations par âge chez tous les membres pour l'ensemble des ménages.

Profils de revenu du travail

Le revenu du travail est la somme du revenu salarial et du revenu de l'auto-emploi.

- **Le revenu salarial : le profil par âge du revenu salarié est calculé directement à partir des données d'enquêtes, en prenant la moyenne par âge des salaires et éléments de salaires.**

- **Le revenu de l'auto-emploi : le profil du revenu de l'auto-emploi s'obtient à partir des données d'enquête en calculant la moyenne par âge du revenu des travailleurs indépendants si les données le permettent.**

Mais au cas seul où le revenu mixte est disponible pour l'ensemble du ménage, l'approche préconisée dans le NTA est de traiter les deux tiers (2/3) du revenu mixte déclaré comme imputable au travail et de répartir ce revenu du travail familial aux travailleurs indépendants du ménage (dont les travailleurs familiaux non rémunérés) conformément à la proportion du revenu moyen du travail des employés de même âge.

Méthode de calcul de l'indicateur de la dimension

- **Ratio de soutien économique et dividende démographique**

Au-delà de l'analyse du cycle de vie économique, les NTA permettent de déterminer le ratio de soutien économique (RSE) et de mesurer le dividende démographique. Le RSE est un indicateur conçu pour capter le poids que ressentent les travailleurs de la part des consommateurs à prendre en charge (United Nations, 2013). Il est déterminé en divisant le nombre de travailleurs effectifs (L) par le nombre de consommateurs effectifs (N.) :

$$RSE = \frac{L}{N} = \frac{\sum_a \varphi(a) * P(a)}{\sum_a \rho(a) * P(a)}$$

Le nombre de travailleurs effectifs d'un âge (a) donné est obtenu en pondérant la population d'âge a par φ(a)φ(a) qui représente la productivité du travail à l'âge (a). Cette productivité du travail à l'âge (a) est appréhendée par le revenu du travail à l'âge (a) rapporté au revenu moyen des individus âgés de 30 et 49 ans. Le numérateur prend en compte donc la participation effective au marché du travail ainsi que le niveau du revenu du travail selon l'âge, et ne se restreint pas à la population active a priori.

De même, à un âge (a) donné, le nombre de consommateurs effectifs est donné par l'effectif de la population d'âge (a) multiplié par le rapport entre la consommation par tête à l'âge (a) et la consommation moyenne des individus âgés entre 30 et 49 ans. Le dénominateur prend en compte la variation des besoins de consommation en fonction de l'âge.

Le calcul du RSE se fait sur toute la population en mesurant pour chaque année d'âge (en référence aux individus âgés entre 30 et 49 ans) ce que vaut le niveau du travail (à travers le revenu) et le niveau de la consommation des individus à l'âge considéré. Ainsi, le RSE reflète à la fois l'effet de la structure d'âge et les profils par âge de consommation et de production du revenu. En matière d'interprétation, le RSE représente donc le nombre de travailleurs effectifs par consommateur effectif. Ainsi, rapporté à 100, un ratio de soutien de 45 % signifie qu'il y a 45 travailleurs effectifs pour 100 consommateurs effectifs. Lorsque ce ratio croît dans le temps, cela signifie que le travailleur effectif supporte de moins en moins de consommateurs, ceci permet de libérer des ressources économiques et correspond à une capture du dividende démographique. Le dividende démographique est donc appréhendé par un taux de croissance positif du ratio de soutien économique.

- **Indicateur de couverture du déficit de cycle de vie**

L'indicateur de couverture de la dépendance économique (ICDE) est une extension du Déficit du cycle de vie (LCD). L'ICDE désigne le rapport entre le surplus généré par les groupes d'âge économiquement indépendants et le déficit de celui des groupes d'âge économiquement dépendants. Mathématiquement, l'ICDE se détermine comme suit :

$$\blacktriangleright\ \mathbf{ICDE} = -\frac{\sum_a \mathbf{LCD(a)D}_{[C(a)<YL(a)]}}{\sum_a \mathbf{LCD(a)D}_{[C(a)\geq YL(a)]}}$$

Où LCD(a) désigné le déficit du cycle de vie à l'âge a ; $D_{[C(a)<YL(a)]}$ est une fonction indicatrice qui prend la valeur 1 si la consommation de l'individu est inférieure à son revenu du travail et 0 sinon, et $D_{[C(a)\geq YL(a)]}$ une fonction indicatrice qui prend la valeur 1 si la consommation de l'individu est supérieure ou égale à son revenu du travail et 0 sinon.

L'ICDE peut également s'écrire :

$$\blacktriangleright\ \mathbf{ICDE} = \frac{\textbf{Surplus agregé}}{\textbf{Déficit agregé}_{\text{jeunesse}} + \textbf{Déficit agregé}_{\text{viellesse}}}$$

L'ICDE évalue la part des déficits des tranches d'âges économiquement dépendantes couverte par l'excédent de revenu dégagé par les groupes d'âge ayant un surplus économique. Il mesure la capacité d'un pays donné à satisfaire la demande sociale ou à combler le gap de consommation des individus économiquement dépendants par les seules ressources issues du travail.

Présentation des résultats de quelques pays

Tableau 7 : Indice de couverture de la dépendance économique (ICDE)

Pays	Sexe	ICDE
BÉNIN 2019	Homme	100
	Femme	50,3
	Ensemble	75,5
BURKINA FASO 2018	Homme	80,2
	Femme	26,4
	Ensemble	49,4
CAMEROUN 2019	Homme	100
	Femme	0
	Ensemble	48,8
CÔTE D'IVOIRE 2019	Homme	58,8
	Femme	0
	Ensemble	14,2
GUINÉE 2019	Homme	100
	Femme	13,3
	Ensemble	60,1
MAURITANIE 2019	Homme	100
	Femme	0,1
	Ensemble	58,8

Pays	**Sexe**	**ICDE**
SÉNÉGAL 2019	Homme	100
	Femme	8,5
	Ensemble	50,5
TCHAD 2018	Homme	95,4
	Femme	0,1
	Ensemble	41,6
TOGO 2018	Homme	100
	Femme	28,8
	Ensemble	50,5

Section 2 : Indicateur de la qualité du cadre de vie (IQCV)

Définition et description de la dimension

La notion de cadre de vie est très fréquemment usitée dans le marketing territorial et les théories sur l'attractivité des territoires. Dans cette acception, la qualité du cadre de vie est d'une part orientée sur l'accès à des environnements « naturels » ou ressentis comme tels, et parfois à des services de proximité. En fait, il s'agit de tous les équipements et services nécessaires à la vie communautaire (p. ex. scolaire, de santé, récréatifs, commerciaux, culturels, etc.) et qui sont essentiels si l'on veut assurer l'existence, le développement et parfois même la survie de plusieurs communautés. D'autre part, il s'agit d'éviter les nuisances réelles ou perçues comme la pollution, l'insécurité, ou la congestion des réseaux de transport. Le cadre de vie est fondamentalement rattaché au lieu de résidence.

➢ Conditions de logement

Le logement est essentiel pour satisfaire les besoins élémentaires, mais ne se résume pas à la possession des quatre murs et d'un toit. Les conditions de logement sont ici appréhendées par le nombre de pièces par personne, l'accès aux équipements sanitaires, principalement les toilettes et le coût du logement (CREFAT, 2018).

➢ Liens sociaux

Le lien social se définit comme l'ensemble des liens culturels, sociaux, économiques et politiques qui relient les individus dans leur vie quotidienne au sein de groupes divers et qui assurent l'intégration sociale tant du point de vue individuel que celui de la société globale. La qualité du réseau social est l'indicateur permettant de mesurer le lien social. Il est exprimé par la proportion d'individus ayant des proches ou amis sur lesquels ils peuvent compter en cas de besoin (CREFAT, 2018).

➢ Environnement

L'environnement se définit comme l'ensemble des facteurs biologiques, chimiques et physiques interagissant avec l'homme et ses activités (Stockholm, 1972). Dans le cadre de la qualité du cadre de vie, l'environnement est caractérisé par deux indicateurs qui sont la qualité de l'eau et la pression atmosphérique. Le premier indicateur se définit comme le pourcentage d'individu satisfait de la qualité de leur eau et le second comme la concentration moyenne annuelle en microgramme par mètre cube de particules fines dans les quartiers résidentiels (CREFAT, 2018).

➢ Engagement civique et gouvernance

L'engagement civique et la bonne gouvernance sont des éléments clés dans l'atteinte des ODD. La participation des parties prenantes à l'élaboration de réglementations et celle électorale sont des indicateurs permettant d'apprécier l'engagement civique et la gouvernance. La participation des parties prenantes mesure le degré de transparence du gouvernement lors des processus d'élaboration des règlements. Quant à l'indicateur de la participation électorale, il est le pourcentage d'inscrits sur les listes électorales ayant voté lors de l'élection la plus récente.

➢ Bien-être subjectif

Dans l'évaluation de la qualité du cadre de vie, la mesure de sentiments bien que subjective, est un complément idéal aux données objectives pour avoir une image fidèle à la situation réelle. Les données subjectives peuvent fournir une évaluation personnelle de l'état de santé, du niveau d'instruction, des revenus, du degré de bien-être et de la situation sociale des personnes concernées. La satisfaction à l'égard de la vie est l'indicateur qui permet de mesurer le bien-être subjectif. Cet indicateur est le jugement global que les individus portent sur leur vie, plutôt que leurs sentiments du moment.

➢ **Sécurité**

La sécurité est un état où les dangers et les conditions pouvant provoquer des dommages d'ordre physique, psychologique ou matériel sont contrôlés de manière à préserver la santé et le bien-être des individus et de la communauté. Les indicateurs de mesure de la sécurité sont le sentiment de sécurité des personnes lorsqu'elles marchent seules la nuit et le taux d'homicides. L'indicateur de sentiment de sécurité des personnes lorsqu'elles marchent seules la nuit est le pourcentage des personnes qui déclarent se sentir en sécurité lorsqu'elles marchent seules la nuit. Quant aux taux d'homicides, il est le nombre annuel d'homicides volontaires pour 100 000 individus.

➢ **Équilibre vie professionnelle-vie privée**

Le temps consacré aux loisirs et à soi et les horaires de travail lourds sont des indicateurs pour mesurer l'équilibre vie professionnelle-vie privée. Le temps consacré aux loisirs et à soi est le nombre moyen de minutes par jour consacré aux loisirs et aux préoccupations personnelles telles que dormir et manger. Les horaires de travail lourds sont le pourcentage d'employés travaillant au moins cinquante (50) heures par semaine en moyenne.

1- Bref rappel du fondement théorique

La qualité du cadre de vie est un concept complexe et multidimensionnel qui requiert différentes définitions et approches. Au début des années 1970, dans leur article « Is growth obsolete? », William Nordhaus et James Tobin ont proposé un indicateur fondé sur un « PNB corrigé » en ajoutant des équivalents monétaires du loisir et du temps consacré à l'activité domestique.

Selon Richard Easterlin (1974), aux États-Unis, entre 1945 et 1970, la proportion de personnes se déclarant heureuses était restée la même alors que le revenu moyen par tête avait, lui, augmenté de 60 %. De même, le concept de qualité du cadre de vie englobe les conditions de logement, la propreté, la qualité des espaces extérieurs, la proximité des services, l'amélioration du sentiment de sécurité, les liens sociaux, etc. Il vise en outre à mettre en lumière « l'angle mort » du PIB et des comptes nationaux (Stiglitz-Sen-Fitoussi, 2009) et complète l'image que l'on peut avoir de la production nationale.

Sa mesure nécessite plusieurs données exprimées dans des unités différentes. Selon l'OCDE (2013), la qualité du cadre de vie est un : «

ensemble d'éléments entourant la vie d'une personne ; environnement dans lequel on vit, considéré du point de vue de son influence sur la qualité de vie ». Elle définit onze sous-dimensions jugées essentielles dans la qualité du cadre de vie (la plus vaste). Ces sous-dimensions permettant de capturer directement ou indirectement le bien-être individuel (l'argent à lui seul ne peut représenter le bien-être individuel). Le cadre de vie est ainsi scindé en deux grandes familles : qualité de vie et conditions matérielles.

Jeanneaux P. (2006) définit le cadre de vie comme un « bien collectif mixte sous l'influence des pouvoirs publics » et qui est composé de 2 types d'infrastructures : une infrastructure matérielle et une infrastructure informationnelle. L'infrastructure matérielle est constituée de biens économiques privés, de biens collectifs procurés par les collectivités publiques et d'actifs naturels. L'infrastructure informationnelle, quant à elle, est un ensemble de règles applicables aux biens supports et régissant leurs usages. Pour Colletis et Pecqueur (1995), le cadre de vie est constitué de « biens environnementaux localisés » qui peuvent être des actifs ou des ressources.

Selon l'OCDE (2013), le cadre de vie est défini comme l'ensemble d'éléments entourant la vie d'une personne. Autrement dit, le cadre de vie est l'environnement dans lequel on vit, considéré du point de vue de son influence sur la qualité de vie.

Dans une perspective de développement durable, un cadre de vie de qualité a ainsi été défini comme « un milieu où l'on se sent en sécurité, qui offre un environnement sain et dans lequel l'utilisation de la voiture (du moins l'autosolisme) tend à être minimisée. Ce n'est pas une zone dortoir, un lieu d'uniformité et individualiste. Ce milieu se doit en effet d'être à la fois pluriel, tant en matière de fonctions que de ressources humaines, convivial et doit avoir du caractère. C'est également un milieu dans lequel il est possible de vivre et travailler, et qui s'inscrit dans une politique d'utilisation parcimonieuse du sol et des espaces ».

Pour construire des indicateurs de la qualité de cadre de vie des communes de la Wallonie (Belgique) dans une perspective de développement durable, le CAPRU de l'Unité d'économie et développement rural (2014) a passé en revue la littérature sur le concept « cadre de vie » ainsi que ses dimensions constitutives. Il ressort de cela que le cadre de vie est un concept complexe qui n'admet pas de définition univoque, mais de nombreuses formulations à travers les problématiques qu'elle pose. Les dimensions les plus fréquentes dans la littérature ont été la sécurité, les pollutions et les nuisances, les lieux de services et de consommation, la mixité sociale, le patrimoine, l'espace résidentiel, les espaces verts, la mobilité et l'emploi.

Méthode de calcul de l'indicateur de la dimension

La qualité du cadre de vie sera appréhendée par une enquête légère dans les capitales régionales/départementales. Cette méthode est dérivée de l'indice « Better Life Index de l'OCDE ». L'IQCV est obtenu en faisant la moyenne pondérée des indices normalisés des sous-dimensions.

➢ **Le « Better Life Index »**

L'indicateur du vivre mieux, en anglais : Better Life Index, est un indicateur économique créé par l'OCDE en 2011, afin que les individus puissent comparer les pays selon leurs propres préférences au moyen de 11 thèmes (voir figure ci-dessous) considérés comme essentiels au bien-être.

Cadre d'évaluation du bien-être et du progrès de l'OCDE

Figure 5: Better Life Initiative

Source : OCDE, 2013

L'indicateur du vivre mieux s'inscrit dans le cadre du programme de l'OCDE « The Better Life Initiative » (l'Initiative du vivre mieux), lancé en mai 2011. Cette initiative s'appuie sur le rapport de la

Commission Stiglitz-Sen-Fitoussi sur la mesure de la performance économique et du progrès social.

Les onze critères du bien-être utilisés dans cet indicateur ont été choisis en tenant compte de la théorie comme de la pratique, et après consultation sur la meilleure façon de mesurer le bien-être à des fins de comparaison.

Mesurer le bien-être et le progrès est un des principaux objectifs que poursuit l'OCDE dans le cadre de l'Initiative du vivre mieux à travers différents axes de recherche et autres études en cours (OCDE). Afin que les mesures du bien-être aient un réel impact sur la vie des gens, elles doivent être intégrées, selon l'organisation, au processus d'élaboration des politiques. Combler le fossé entre les mesures du bien-être et l'intervention politique est ainsi un défi. Sur la base du cadre d'évaluation du bien-être et du progrès de l'OCDE, l'organisation fait avancer ces problématiques au moyen de différents travaux d'analyse.

L'agenda sur la mesure du bien-être nécessite des mesures statistiques nouvelles et de meilleure qualité pour combler le vide existant entre les statistiques économiques classiques parfois utilisées comme indicateurs indirects à la mesure du bien-être des personnes, et les indicateurs qui se rapportent plus directement à la vie des individus. L'OCDE a élaboré un certain nombre de lignes directrices et de cadres conceptuels pour aider ceux qui souhaitent développer de meilleures mesures du bien-être et font avancer l'agenda de la mesure du bien-être avec divers travaux.

Les pondérations sont attribuées par les utilisateurs qui construisent et adaptent leur propre indicateur. Pour ce faire, l'utilisateur doit noter chaque critère de 0 (« pas important ») à 5 (« très important ») et définir la pondération comme fraction de ce critère de sorte que la somme de toutes les pondérations soit égale à 100 %.

Chaque critère du bien-être est mesuré à partir d'un à quatre indicateurs. À l'intérieur de chaque critère, on calcule la moyenne des indicateurs utilisés avec la même pondération.

La normalisation se fait à partir d'une formule classique qui permet de convertir les valeurs d'origine des indicateurs en nombres compris entre 0 (le pire résultat possible) et 1 (le meilleur résultat possible).

- **La qualité du cadre de vie dans le cas de l'observatoire du DD**

La mesure de la qualité du cadre de vie dans notre cas s'appuie sur sept des onze thèmes constituant l'indicateur du vivre mieux de l'OCDE. Les quatre autres non retenus sont pris en compte dans d'autres dimensions, notamment les profils NTA (revenu et patrimoine, emploi et salaires) et l'indice du capital humain (santé, éducation).

L'indicateur est ainsi conçu autour des sept champs suivants (i) Conditions de logement ; (ii) Liens sociaux ; (iii) Environnement ; (iv) Engagement civique et gouvernance ; (v) Bien-être subjectif ; (vi) Sécurité (vii) équilibre vie professionnelle – vie privée.

Chaque champ est appréhendé par un ou plusieurs indicateurs permettant la comparaison internationale, régionale ou départementale. Il s'agira de fournir une note correspondant à l'indicateur sous-dimensionnel permettant d'appréhender le niveau de qualité atteint dans chaque sous-dimension. L'indicateur synthétique de qualité du cadre de vie est obtenu par agrégation des indicateurs sous-dimensionnels. Ces résultats sont présentés au niveau national pour appréhender le niveau de qualité du cadre de vie ; mais sont également présentés au niveau régional afin de cerner les disparités spatiales en matière de qualité du cadre de vie.

Présentation des résultats de quelques pays

Tableau 8: Indice de qualité du cadre de vie (IQCV)

		IQCV
BÉNIN 2019	Homme	55,4
	Femme	56,1
	Ensemble	55,4
BURKINA FASO 2018	Homme	50,6
	Femme	55,6
	Ensemble	52,8
CAMEROUN 2019	Homme	60,8
	Femme	62,8
	Ensemble	61,8
CÔTE D'IVOIRE 2019	Homme	53,8
	Femme	54,8
	Ensemble	54,2
GUINÉE 2019	Homme	59,1
	Femme	61,8
	Ensemble	59,9

		IQCV
MAURITANIE 2019	Homme	57,9
	Femme	56,1
	Ensemble	57,8
SÉNÉGAL 2019	Homme	57,2
	Femme	62,9
	Ensemble	59,7
TCHAD 2018	Homme	47,1
	Femme	46,5
	Ensemble	49,9
TOGO 2018	Homme	49,5
	Femme	53
	Ensemble	59,7

Source : CREG 2022

Section 3 : Indicateur synthétique de sortie de la pauvreté (ISSP)

Définition et description de la dimension

La mesure et l'analyse de la pauvreté sont d'une importance particulière dans le processus de suivi et d'évaluation de l'efficacité des politiques publiques, mais aussi dans la surveillance de l'évolution de la situation en ce qui concerne la capture du dividende démographique. L'indice de pauvreté de Sen (Amartya Sen, Prix Nobel 1998) indique de la complexité et du caractère multidimensionnel de la notion de pauvreté. Dramani et al., (2010) tentent d'expliquer la pauvreté intergénérationnelle au Sénégal.

Par ailleurs, au regard des fortes inégalités dans la distribution des richesses et de la grande vulnérabilité des ménages des pays en développement, il parait encore plus important de mieux comprendre le phénomène qu'est la pauvreté et de mieux cibler les populations à risque. À cet égard, les études de la dynamique de la pauvreté ont pour objectif d'identifier les individus qui entrent ou sortent de la pauvreté au fil du temps et d'en analyser les principaux facteurs qui jouent un rôle important dans cette mobilité de la pauvreté.

C'est dans ce sens que l'Indicateur synthétique de sortie de la pauvreté (ISSP) est conçu pour mesurer les transitions dans la pauvreté afin d'évaluer le risque plus ou moins grand de voir le bien-être des populations s'améliorer ou se dégrader relativement à la diminution de la persistance dans la pauvreté.

Bref rappel du fondement théorique

Cette section aborde la revue de la littérature qui met en évidence les aspects liés à la pauvreté, qu'elle soit monétaire ou non, en accordant une attention particulière à l'indice de pauvreté multidimensionnelle qui intègre d'autres dimensions telles que l'éducation, la santé, les conditions de vie, etc.

L'indice de pauvreté multidimensionnel (IPM) est un nouvel indicateur statistique composite élaboré en 2007 par un laboratoire de l'Université d'Oxford (Oxford Poverty and Human Development Initiative, OPHI) et utilisé par le Programme des Nations Unies pour le Développement (PNUD). Cet indice de pauvreté multidimensionnelle vise à résumer plusieurs aspects de pauvreté non monétaire à travers un seul nombre. En effet, les travaux de Sen (1998) mettant au centre de la pauvreté la dimension développement humain, le volet non monétaire a eu toute son importance. Étant donné que le bien-être des individus englobe l'accès à divers services auxquels leur situation monétaire actuelle ne leur permet pas nécessairement d'accéder, il s'agit notamment des services de santé, de l'éducation, de l'électricité, de l'eau potable, ainsi que d'autres aspects de la qualité de vie.

Ainsi, l'IPM modifie la vision de la pauvreté en élargissant son champ d'analyse permettant de mettre en exergue le fait qu'une privation unique n'est pas toujours synonyme de pauvreté. Pour Alkire (2011), nul ne conteste la multidimensionnalité de la pauvreté. Puisque la pauvreté est un phénomène complexe qui englobe plusieurs dimensions. Ainsi, être pauvre c'est être privé de ces services sociaux de base qui sont indispensables à une vie considérée comme socialement acceptable et moralement décente et cette approche multidimensionnelle de la pauvreté met en évidence un cumul de privations. Pour Seck (2021) ces aspects non monétaires renseignent sur la capacité effective des individus de mieux fonctionner dans la société et de s'y épanouir.

La pauvreté est perçue comme une situation caractérisée par des privations multiples et simultanées. Cette approche complète les mesures de pauvreté monétaire et de pauvreté subjective. L'Indice de Pauvreté multidimensionnelle (IPM) rapporté par le Programme des Nations Unies pour le Développement (PNUD) est calculé pour la plupart des pays du monde. En effet, pour déterminer l'IPM, il faut se baser sur des enquêtes réalisées dans la plupart des pays avec une fréquence de 5 à 10 ans. Il permet de faire des comparaisons entre pays à travers le monde et est calculé chaque année par l'OPHI. Cependant, il est possible que le choix de l'indicateur soit moins pertinent dans certains pays. Selon les estimations, environ 1,75 milliard de personnes vivent dans la pauvreté multidimensionnelle dans 104 pays en développement. Ce chiffre est supérieur aux 1,44 milliard de personnes vivant avec moins de 1,25 dollar par jour, mais inférieur aux 2,6 milliards de personnes vivant avec moins de 2 dollars par jour. La construction de l'IPM essaie de capter tous les aspects non monétaires de la pauvreté et d'indiquer la portée des privations des ménages. Ainsi, cet indice est calculé sur la base de trois dimensions principalement : la santé, l'éducation et les conditions de vie, elles-mêmes composées de 10 indicateurs spécifiques. À chaque dimension et indicateur, un poids est alloué, ainsi que le seuil de pauvreté. Les dimensions représentent les aspects de la pauvreté non monétaire pris en compte. L'Organisation de recherche pour l'éradication de la pauvreté (OPHI) et le PNUD en ont choisi trois principales : l'éducation, la santé et les conditions de vie. Les indicateurs sélectionnés doivent mettre en évidence les privations correspondantes pour chaque dimension. Lors de la construction d'un IPM au niveau national, il est donc nécessaire de sélectionner en premier lieu les dimensions et les indicateurs appropriés.

Une discussion détaillée et pertinente sur le choix de dimensions et d'indicateurs se trouve dans le rapport de Alkire et Santos. Les auteurs ont remarqué que les dimensions potentielles qu'une mesure de la pauvreté pourrait refléter sont assez larges et incluent la santé, l'éducation, le niveau de vie, l'autonomisation, le travail, l'environnement, la sécurité ou l'absence de violence, les relations sociales et la culture entre autres. La pauvreté étant un phénomène multidimensionnel, elle a été abordée selon l'approche monétaire et l'approche non monétaire. L'IPM était de 0,288 pour le Sénégal en 2019 indiquant qu'environ 53,2 % soit 8,4 millions de Sénégalais se trouvent en situation de pauvreté multidimensionnelle.

Par ailleurs, selon la Banque Mondiale (Banque Mondiale, 2000), la pauvreté est un état de privation prononcée du bien-être.

Ainsi, elle se caractérise par l'incapacité d'une ou plusieurs personnes à atteindre un niveau minimum de bien-être matériel acceptable. Cette définition soulève deux questions : celle de l'identification des personnes pauvres et celle de l'agrégation des données. L'identification des populations pauvres dans une société implique l'évaluation du bien-être des individus et la détermination d'un seuil à partir duquel une personne est considérée comme pauvre. Cependant, l'évaluation du bien-être individuel ou familial est complexe, car l'utilité n'est jamais directement observable. Par conséquent, il importe de trouver une contrepartie au bien-être qui puisse être réellement observée. Dans ce contexte, la Banque mondiale (1990) indique qu'il existe des fondements théoriques suffisants pour considérer que les dépenses constituent une bonne appréciation du bien-être. Cette approche analytique, souligne Lachaud (1994), suppose deux hypothèses : l'hypothèse de maximisation de l'utilité des individus et celle des biens consommés comme éléments principaux d'analyse. La pauvreté, non monétaire, quant à elle, est définie comme l'incapacité à satisfaire les besoins jugés primaires dans la communauté.

Outre le manque de ressources financières pour acheter les biens nécessaires à la satisfaction des besoins essentiels, la pauvreté non monétaire prend en compte des aspects qualitatifs tels que l'incapacité d'un individu ou d'une communauté à se nourrir, se vêtir ou se loger de manière adéquate, à participer à la vie communautaire et à bénéficier des services sociaux de base. Il existe une incapacité, indépendante du revenu monétaire, qui empêche les personnes pauvres de jouir d'un niveau minimal acceptable de bien-être.

L'hypothèse principale sur laquelle se fonde l'analyse multidimensionnelle de la pauvreté découle du fait que l'analyse des aspects économiques de la pauvreté est insuffisante, le revenu et la consommation étant des indicateurs très peu satisfaisants pour cerner la pauvreté (Martinetti, 2000). La santé, la longévité, l'éducation, les relations sociales, l'état de sérénité sont des composantes qui ne doivent pas être ignorées lorsque l'on s'intéresse à l'élévation du niveau de bien-être des individus dans la société. Plusieurs spécialistes des sciences sociales se sont intéressés à l'aspect multidimensionnel de la pauvreté. La démarche des sociologues a conduit à la conception de plusieurs indicateurs.

Ces dernières décennies, le débat économique dans ce domaine a connu une revitalisation significative grâce aux travaux de Sen (1987, 1992, 1993, 1994, 1997), qui ont donné naissance à l'approche des capabilités (capability approach). Cette approche est étroitement liée aux caractéristiques sociodémographiques des individus concernés, ainsi qu'à leur environnement et au processus de transformation des ressources et des opportunités disponibles en bien-être. L'approche multidimensionnelle a l'avantage de ne tenir compte que des conditions matérielles des individus, mais aussi de leurs conditions générales de vie

Méthode de calcul de l'indicateur de la dimension

Concernant les méthodologies relatives à la dynamique de la pauvreté, la Banque Mondiale préconise les approches cherchant à capter les mouvements d'entrée et de sortie de la situation de pauvreté en matière de probabilité, de durée ou de fréquence. Dans ce cadre précis, la méthode d'analyse utilisée dans cette dimension 3 est inspirée des travaux de Dang et Lanjouw (2013) et de Dang, Lanjouw, Luoto et McKenzie (2011). Ces auteurs explorent une méthodologie statistique alternative pour l'analyse des mobilités au sein de la pauvreté, à partir de deux ou plusieurs données transversales. Contrairement aux méthodes traditionnelles, de pseudopanel qui nécessitent de multiples séries de données transversales pour étudier la dynamique de la pauvreté au niveau de la cohorte, la méthodologie proposée par Dang et Lanjouw (2013) et Dang et al (2011) peut être appliquée aux paramètres comptant à peine deux séries d'enquêtes, et permet également une analyse plus désagrégée au niveau des ménages. En bref, ces auteurs partent d'un modèle de revenu qu'ils estiment au moyen de données d'une première enquête, en utilisant une spécification qui inclut seulement les variables invariantes dans le temps. Les estimations des paramètres de ce modèle sont ensuite appliquées aux mêmes variables explicatives atemporelles d'une deuxième enquête pour obtenir une estimation du revenu de la première enquête (non observé) pour les personnes interrogées dans cette seconde enquête. L'analyse de la transition peut alors être basée sur le revenu réel observé au niveau de la deuxième enquête avec ce revenu estimé pour la première enquête. Ces observations constituent le pseudopanel ou, selon les termes des auteurs, « le panel synthétique ».

$$yi1 = \beta'1\ xi1 + \varepsilon i1 \quad (1)$$

De la même façon, en considérant comme l'ensemble des caractéristiques du ménage i dans l'enquête round 2 qui sont observées tant dans le round 1 que dans le round 2, la projection linéaire du revenu de round 2 (yi2) sur xi2 est :

$$yi2 = \beta'1\ xi2 + \varepsilon i2 \quad (2)$$

Soit Z1 et Z2 représentant respectivement les seuils de pauvreté de la période 1 (t1) et de la période 2 (t2). L'objectif est d'estimer la distribution conjointe de la pauvreté et de la non-pauvreté en t1 et t2. Par exemple :

$$P\ (yi1 < Z1 \text{ et } yi2 > Z2) \quad (3)$$

Qui représente la probabilité d'être pauvre au temps t1 et d'être non pauvre au temps t2.

L'identification de l'estimation ponctuelle dans (3) n'est pas possible sans imposer une structure au processus générateur de données. Étant donné que la probabilité dans l'équation (3) dépend de la distribution jointe des deux termes d'erreur, l'estimation des bornes devient plus simple :

P (εi1 < z1 — β'1 xi1 et εi2 < z2 — β'2 xi2) (4)

La corrélation entre les deux termes d'erreur capte la corrélation de ces parties du revenu du ménage dans les deux périodes qui sont expliquées par les caractéristiques xi1 et xi2 du ménage. Intuitivement, plus les individus vont franchir le seuil de pauvreté, plus faible est la corrélation entre εi1 et εi2. Un cas extrême se produit quand les deux termes d'erreur sont complètement indépendants l'un de l'autre. Un autre cas extrême est obtenu lorsque ces deux termes d'erreur sont parfaitement corrélés.

En supposant que les termes d'erreurs εi1 et εi2 ont une distribution normale bivariée avec des écarts types σε 1 et σε 2 respectivement et un coefficient de corrélation ρ connu, alors l'estimation de la relation (4) donne respectivement et un coefficient de corrélation ρ connu, alors l'estimation de la relation (4) donne :

$$P(\varepsilon_{i1} < z_1 - \beta_1' x_{i1} \quad et \quad \varepsilon_{i2} > z_2 - \beta_2' x_{i2}) = \Phi_2\left(\frac{z_1 - \beta_1' x_{i1}}{\sigma_{\varepsilon 1}}, -\frac{z_2 - \beta_2' x_{i2}}{\sigma_{\varepsilon 2}}, -\rho\right) \; (5)$$

Où Φ2(.) représente la fonction bivariée de distribution normale cumulative (Φ2[.] étant la fonction de densité de la loi normale bivariée). Toutefois, le coefficient de corrélation ρ n'est pas généralement connu.

Dans ce cas, Dang et Lanjouw (2013) suggèrent de considérer l'approximation du coefficient de corrélation ρyi1yi2 entre les consommations du ménage dans les deux rounds, puis d'estimer ρ par la formule :

$$\rho = \frac{\rho_{y_{i1}y_{i2}}\sqrt{var(y_{i1})var(y_{i2})} - \beta_1' var(x_i) - \beta_2}{\sigma_{\varepsilon 1}\,\sigma_{\varepsilon 2}} \quad \textbf{(6)}$$

Il est à noter que quelques hypothèses importantes s'imposent à cette méthodologie. La première hypothèse exige que la population de laquelle provient l'échantillon soit la même pour l'enquête round 1 et l'enquête round 2. Cette hypothèse ne sera pas satisfaite si par exemple la population change à travers les naissances, les décès ou les migrations.

La deuxième hypothèse contraint la corrélation entre les termes d'erreur εi1 et εi2 à être non négative. Cette hypothèse est prise en considération dans la plupart des méthodes utilisant des données d'enquête auprès des ménages pour au moins trois raisons : (i) si le terme d'erreur contient un effet fixe ménage, alors les ménages qui ont un revenu plus élevé que ce qui est prédit à partir des variables x du round 1 auront également un revenu plus élevé que ce qui est prédit sur la base des variables x du round 2 ; (ii) si des chocs au revenu ont une certaine persistance, et si les revenus réagissent à ces chocs, alors les erreurs de revenu présenteront également une autocorrélation positive (iii) le type de facteurs pouvant entraîner une corrélation négative entre les revenus au cours du temps est peu susceptible de s'appliquer à toute une population en même temps.

Au vu de ces hypothèses, les estimations de la borne supérieure de la transition de la pauvreté sont données par la probabilité dans la relation (5) lorsque les deux termes d'erreur sont complètement indépendants l'un de l'autre, tandis que les estimations de la borne inférieure de la transition de la pauvreté sont données par la probabilité de l'expression (5) lorsque les deux termes d'erreur sont identiques. Ainsi, la relation (5) offre un cadre d'analyse des mouvements deux par deux dans la pauvreté (pauvre et non pauvre) au moyen de la matrice de transition. En effet, elle permet de déterminer les indicateurs suivants :

– **PP** désigne les individus (ou ménages) qui étaient pauvres à la période t1 qui sont restés toujours pauvres à la période t2. Ils n'ont donc pas changé d'état de pauvreté. Ainsi PP signifie la pauvreté chronique ou la trappe à pauvreté.

– **NPP** désigne ceux qui étaient non-pauvres à la période t1, mais qui ont basculé dans la pauvreté à la période t2.

– **PNP** renvoie à ceux qui étaient pauvres au départ (c.-à-d. à l'année t1), mais qui sont sortis de la pauvreté à l'année t2.

– **NPNP** regroupe les individus (ou ménages) qui ont connu un état prolongé de non-pauvreté sur les deux années t1 et t2. L'indicateur NPNP désigne donc la non-pauvreté pure. Sans mentions contraires, cette nomenclature est adoptée dans toute la suite du document.

Indice synthétique de sortie de la pauvreté (ISSP)

Au niveau de la dimension 3, l'indicateur composite retenu est l'indice synthétique de sortie de la pauvreté (ISSP). Celui-ci a pour objectif de capter, parmi les populations en situation transitoire ou dans un état statique, celles qui sortent effectivement de la pauvreté. Mathématiquement, l'ISSP se présente comme une moyenne géométrique de deux sous-indices : l'indice de transition et l'indice de stabilité. Ces derniers sont obtenus à partir des formules ci-dessous :

$$Indice\ de\ transition = \frac{PNP}{PNP + NPP}$$

Et

$$Indice\ de\ stabilité = \frac{NPNP}{NPNP + PP}$$

L'indice de transition capte le degré de transition de la pauvreté à la non-pauvreté parmi les vulnérables ou les pauvres transitoires. Quant à l'indice de stabilité, il mesure le poids des ménages non pauvres purs parmi les ménages qui perdurent dans un état stable sur les deux périodes. Ainsi, l'ISSP traduit ainsi le potentiel d'émergence en matière d'amélioration du niveau de bien-être dans une zone donnée.

Présentation des résultats de quelques pays

Tableau 9: Indice synthétique de sortie de la pauvreté (ISSP)

		ISSP
BÉNIN 2019	Homme	60,4
	Femme	62,9
	Ensemble	61,3
BURKINA FASO 2018	Homme	55,2
	Femme	61,6
	Ensemble	55,3
CAMEROUN 2019	Homme	59
	Femme	61,7
	Ensemble	59,7
CÔTE D'IVOIRE 2019	Homme	60,4
	Femme	63,6
	Ensemble	61,6
GUINÉE 2019	Homme	56,5
	Femme	56
	Ensemble	56,8

		ISSP
MAURITANIE 2019	Homme	62,5
	Femme	72,8
	Ensemble	65,6
SÉNÉGAL 2019	Homme	60,9
	Femme	79,1
	Ensemble	61,7
TCHAD 2018	Homme	57,5
	Femme	58,8
	Ensemble	57,6
TOGO 2018	Homme	52,3
	Femme	54,3
	Ensemble	61,7

Source : CREG 2022

Section 4 : Indicateur de développement humain élargi (IDHE)

Définition et description de la dimension

L'indice de Développement humain élargi (IDHE) mesure le niveau de développement humain d'une localité, tout en tenant compte de la durabilité ainsi que l'optimalité des ressources humaines. Sa méthodologie dérive de celle de l'Indice du Développement humain, développée par le PNUD. Il prend en compte trois dimensions essentielles : éducation, santé et niveau de vie.

L'innovation majeure est l'introduction de l'indice synthétique de fécondité pour prendre en compte l'optimalité de la population nécessitante à l'enclenchement d'une croissance économique soutenue d'une part, et d'autre part, la consommation par tête en lieu et place du PIB/tête, qui permet de mieux appréhender en plus du niveau de vie de la population, leur bien-être.

Bref rappel du fondement théorique

Dans son célèbre ouvrage Recherches sur la Nature et la richesse des Nations publié en 1776, Smith disait : « un homme qui a dépensé beaucoup de temps et de travail pour se rendre propre à une profession qui demande une habileté et une expérience extraordinaire peut être comparé à une de ces machines dispendieuses. On doit espérer que la fonction à laquelle il se prépare lui rendra, outre les salaires du simple travail, de quoi l'indemniser de tous les frais de son éducation ». À travers ces mots, Smith (1776) faisait allusion au capital humain pour souligner l'importance de l'investissement dans l'éducation et la formation des individus. Dans la même lancée, Mill (1873), en relatant le rôle du capital humain dans le processus de développement des pays, considère la nécessité de favoriser la promotion de l'éducation du fait de son rôle moteur dans les progrès économiques et sociaux.

Le concept de capital humain a occasionné un foisonnement des débats et des contributions avec les travaux précurseurs de Becker sur la théorie du capital humain. Celui-ci est appréhendé par les capacités productives, l'accumulation de connaissances ou de savoir-faire généraux ou spécifiques, les compétences accumulées et l'investissement des entreprises. Becker (1957) soutient que le capital humain représente le stock de ressources productives incorporées aux individus eux-mêmes, constitué d'éléments aussi divers que le niveau d'éducation, de formation et d'expérience professionnelle, l'état de santé ou la connaissance du système économique. D'autres définitions émanant des travaux de Schultz (1961) et de Becker (1964) dénotent le rôle de la qualité du facteur travail dans le processus de développement.

À une époque plus récente, d'autres courants de recherches ont ravivé l'intérêt envers le capital humain. La théorie de la croissance endogène développée par Römer (1986) et Lucas (1988) est basée sur l'idée d'une croissance endogène. Le caractère « auto-entretenu » de la croissance est possible grâce au capital humain. Le progrès technique et l'innovation sont le fait des chercheurs ou ingénieurs, qui sont eux-mêmes le fruit d'un investissement en capital humain. Ils affirment aussi que l'épargne investie dans la formation des citoyens est un puissant accélérateur de croissance.

L'OCDE (1998) considère quant à elle que le capital humain est constitué par les connaissances, qualifications, compétences et autres qualités possédées par un individu et intéressant l'activité économique.

La théorie du capital humain a connu plusieurs développements et des approfondissements novateurs. L'approche de Sen (2000), avec la théorie des capacités, propose un élargissement de la théorie du capital humain. Il conçoit l'éducation à partir du pouvoir qu'a l'individu sur sa propre vie. Il explore une voie nouvelle par laquelle il valorise le bien-être et les avantages qu'une personne peut retirer par ses capacités à effectuer un certain nombre d'actes auxquels elle accorde de la valeur et à être la personne qu'elle souhaite être. Selon lui, il s'agit là de la combinaison de ce qu'une personne est apte à faire (capacité d'agir) et à être (les différents types de fonctionnements qu'elle est en mesure de réaliser). L'approche des capacités se pose avant tout en matière d'avantages individuels. Ces avantages sont évalués par la capacité à accomplir une variété de fonctionnements jugés importants au cours d'une vie.

Méthode de calcul de l'indicateur de la dimension

L'IDHE est une moyenne géométrique des indices composites sous-dimensionnels ; ces derniers étant eux-mêmes déterminés à partir de la moyenne géométrique des indicateurs qui composent chaque sous-dimension. Étant donné que les indicateurs ne sont pas exprimés dans la même unité, ceux-ci sont normalisés entre les valeurs 0 (pire) et 1 (excellent).

- **La sous-dimension Santé**

La santé est appréhendée par l'espérance de vie à la naissance et l'indice synthétique de fécondité.

– L'espérance de vie, élément fondamental dans l'appréciation de l'état de santé général d'une population, est définie comme l'âge moyen où décéderait une génération qui subirait, de sa naissance à sa disparition, les conditions de mortalité de l'année d'observation.

– L'indice synthétique de fécondité (ISF) donne le nombre moyen d'enfants qu'aurait une femme tout au long de sa vie, dans les conditions de fécondité du moment, c'est-à-dire si les taux de fécondité observés l'année considérée à chaque âge demeuraient inchangés. Il permet d'apprécier la vitalité démographique d'un pays.

- **La sous-dimension Éducation**

Elle donne une idée sur les efforts fournis ou à fournir en matière d'éducation. Elle comprend deux indicateurs :

– La durée moyenne de scolarisation (DMS) qui donne pour un adulte le nombre d'années que celui-ci passe en moyenne en éducation. Cet indicateur reflète entre autres la qualité de la main-d'œuvre d'un pays.

– La durée attendue de scolarisation (DAS) ou espérance de vie scolaire montre le niveau global de développement d'un système d'éducation en matière de la durée moyenne. Elle est définie comme le temps moyen (nombre d'années de scolarité) qu'un enfant en âge de scolarisation espère recevoir dans le futur du système éducatif.

➢ La sous-dimension Niveau de vie

Elle renvoie au nombre de biens et services dont peut disposer un individu, un ménage ou un groupe social, en fonction de ses ressources. Dans le cadre de la mesure de l'IDHE, le niveau de vie est approximé par la consommation par tête en lieu et place du RNB par tête.

Sous dimension, indicateurs, sources de données et méthodes de calcul de l'IDHE

Figure 6 : Indicateurs de la dimension IDHE

Dimension	Indicateurs	Sources de données	Méthode de normalisation	Valeur minimale	Valeur maximale
Santé (IS)	**Espérance de vie à la naissance (EVN)**	Recensement	**Indice d'Espérance de vie à la naissance** $IEVN = \frac{\text{valeur utilisée} - \text{valeur minimale}}{\text{Valeur maximale} - \text{Valeur minimale}}$	20	85
	L'indice synthétique de fécondité (ISF)	EDS/MICS/Recensement	**Indice synthétique de fécondité normalisé** $ISFN(x) = \frac{x}{1} \cdot 1_{[0,1]}(x) + \frac{(8-x)}{(8-1)} \cdot 1_{]1,8]}(x)$ avec x=ISF		
	L'indice de Santé (IS) $IS = \sqrt{IEVN \cdot ISFN}$ Cet indice est obtenu en faisant la moyenne géométrique de l'indice de l'espérance de vie à la naissance et de l'indice synthétique de fécondité normalisé				
Education (IE)	**Durée moyenne de scolarisation** (DMS)	Recensement, Enquêtes ménages. Statistiques éducation. UNESCO	**Indice de Durée moyenne de scolarisation** $IDMS = \frac{\text{valeur utilisée} - \text{valeur minimale}}{\text{Valeur maximale} - \text{Valeur minimale}}$	0	15
	Durée attendue de scolarisation (DAS)	Recensement, Enquêtes ménages, Annuaires Statistiques éducation, UNESCO	**Indice de Durée attendue de scolarisation** $IDAS = \frac{\text{valeur utilisée} - \text{valeur minimale}}{\text{Valeur maximale} - \text{Valeur minimale}}$	0	18
	Indice de l'éducation ou indice combiné ou indice de niveau d'instruction (IE) $IE = \frac{\sqrt{IDMS \cdot IDAS}}{0.978}$ Cet indice est obtenu en faisant normalisant la moyenne géométrique des indices de la Durée Moyenne de Scolarisation et de la Durée Attendue de scolarisation entre les valeurs 0 et 0.978			0	0.978
Niveau de vie (ICONST)	**Consommation par tête**	Enquêtes ménages et Comptes nationaux	**Indice de Consommation par tête** $ICONST = \frac{\ln(\text{valeur utilisée}) - \ln(\text{valeur minimale})}{\ln(\text{Valeur maximale}) - \ln(\text{Valeur minimale})}$	67 $	20 123 $
L'Indice de Développement Humain Etendu (IDHE) $IDHE = \sqrt[3]{IS \cdot IE \cdot ICONST}$ Cet indice est obtenu en faisant la moyenne géométrique des trois indices de santé, d'éducation et de consommation					

Source : CREG-CREFAT, 2019

Présentation des résultats de quelques pays

Tableau 10 : Indice de développement humain élargi (IDHE)

		IDHE
BÉNIN 2019	Homme	50,1
	Femme	44,5
	Ensemble	47,4
BURKINA FASO 2018	Homme	45,7
	Femme	42,4
	Ensemble	43,9
CAMEROUN 2019	Homme	59,9
	Femme	56
	Ensemble	58,4
CÔTE D'IVOIRE 2019	Homme	64
	Femme	55,2
	Ensemble	60,7
GUINÉE 2019	Homme	54,3
	Femme	44,1
	Ensemble	49,9
MAURITANIE 2019	Homme	57,2
	Femme	54,7
	Ensemble	56,2
SÉNÉGAL 2019	Homme	56,8
	Femme	49
	Ensemble	53,5
TCHAD 2018	Homme	41,1
	Femme	32
	Ensemble	37,2
TOGO 2018	Homme	58,8
	Femme	51,1
	Ensemble	53,5

Source : CREG 2022

Section 5 : Indicateur des réseaux et territoires (ISRT)

Définition et description de la dimension

Étymologiquement, le terme vient du latin « retiolus » pour désigner un ensemble de fils, de ficelles régulièrement entrelacés pour capturer certains animaux. Par analogie, le réseau désigne un ensemble permanent ou accidentel d'éléments entrelacés ou entrecroisés plus ou moins régulier pour atteindre un même objectif. Ainsi, différents types de réseau sont distingués : réseau hydraulique, réseau de forteresse, réseau routier, réseau ferroviaire, réseau radiophonique, réseau de télécommunications, réseau social, etc.

Antonelli (2003) écrit qu'« un réseau est un ensemble organisé d'unités de production partiellement séparables, caractérisées par des niveaux élevés de diversité, de complémentarité et d'interdépendance, aussi bien en ce qui concerne les technologies existantes que les technologies potentielles ».

Dans le cadre de ce travail, le réseau sera considéré comme le système d'interconnectivité existant entre les territoires et appréhendé à travers le développement du secteur routier et de transport, le développement du secteur des services de transferts monétaires ainsi que du développement des activités productives et/ou commerciales.

Territoire

Du latin « territorium » avec pour racine « terra », un territoire signifie une étendue de la surface terrestre sur laquelle vit un groupe humain. Le mot va évoluer en sens pour préciser la surface sur laquelle s'exerce une autorité. Pour Bailly (1994), le territoire est « un espace spécifique et non séparable de son contenu. Il se caractérise par une localisation et un groupe, un processus d'appropriation, un processus de gestion, un héritage et un projet ». Il intègre donc l'espace, le caractère juridique et institutionnel, les aspects politiques, sociologiques et culturels.

De ce point de vue, le territoire renvoie à l'unité administrative juridiquement délimitée. Possédant les attributs d'un espace territorialement découpé et circonscrit, il renferme le plus souvent un siège, un chef-lieu ou une capitale qui en constitue le principal centre des décisions et de la gouvernance des affaires générales de développement. Il a donc une fonction administrative en vue de cerner les contours de l'étendue et de faciliter la coordination.

En outre, l'aménagement d'un territoire se réalise d'abord en fonction des connaissances, pratiques, puis en fonction des systèmes d'idées, de valeurs et de projets auxquels il donne corps. Ces corpus relèvent de tous les registres de la dynamique spatiale et intègrent les références culturelles, religieuses et politiques qui sous-tendent les processus cognitifs de la « construction » territoriale (Diakhaté, 2011).

Bref rappel du fondement théorique

L'existence de pôles économiques dans les économies contemporaines renvoie à la notion de polarisation. Boudeville (1966) définit la polarisation comme « un phénomène complexe, décomposable en une suite de blocs d'événements, qui se déroulent au cours du temps. Elle décrit comment naissent les pôles de développement et comment les impulsions qui en émanent se propagent dans le temps et dans l'espace. En d'autres termes, c'est un processus dynamique d'expansion et d'évolution séquentielle, à la fois technique et social ».

Dans la littérature, il existe deux approches du concept de polarisation spatiale selon qu'il s'agit du contexte francophone ou anglo-saxon. Chez les francophones, la polarisation spatiale recouvre fondamentalement deux aspects, notamment l'attraction et la diffusion alors que les Anglo-saxons mettent plutôt l'accent sur la concentration. Le premier aspect est le plus classique et désigne l'attraction qu'exerce un lieu, appelé centre ou pôle, sur un espace plus ou moins étendu et hétérogène et qui se trouve dans une situation de dépendance vis-à-vis de ce centre (Elissalde, 2011). L'espace peut être assimilé à un champ de forces économiques dans lequel existent une ou plusieurs localité(s) (commune, département, région…) qui exercent une attraction proportionnelle à son niveau de développement sur les autres localités environnantes. Le second aspect couvert par la polarisation concerne l'effet de diffusion ou d'entrainement qu'exerce le pôle sur le développement des localités environnantes. Cette approche est surtout imputable aux travaux de deux économistes Perroux (1950) et Boudeville (1966). Perroux aborde une approche du développement qui considère l'existence d'un centre, constitué des pays développés, et d'une périphérie, constitué des pays pauvres de sorte que le développement de la périphérie dépend principalement de l'influence du centre. Compte tenu de ces caractéristiques inhérentes à la polarisation spatiale, elle est souvent assimilée au résultat des effets de débordements géographiques.

Selon l'approche anglo-saxonne, on dit qu'un phénomène est spatialement polarisé, lorsqu'il tend à se concentrer davantage dans des localités particulières. D'après Lajugie et al. (1985), les auteurs anglo-saxons désignent par « polarisation » l'attraction exercée par des pôles sur l'espace environnant, avec pour résultat non pas la diffusion du développement, mais sa concentration sur un espace restreint et, par conséquent, non pas l'atténuation, mais l'aggravation des inégalités de développement.

Aujourd'hui, le terme est utilisé par d'autres sciences humaines comme la sociologie qui l'emploie pour rendre compte d'une aggravation des contrastes sociaux au sein d'une entité. Sassen (1996) parle ainsi de "polarisation sociale" pour qualifier les dynamiques sociales dans la "ville globale". Ainsi, le concept de polarisation spatiale renvoie aux relations d'attraction et de diffusion qu'exercent un ou plusieurs pôles sur les localités environnantes.

Le développement économique des territoires tel que conçu initialement, basé sur le système de production, favorise les territoires métropolitains au détriment des territoires périphériques. En effet, le développement économique territorial dépendrait quasi exclusivement de son système productif, qu'il repose sur des ressources génériques ou spécifiques (ressources territoriales, savoir-faire, systèmes de production localisés). Le seul enjeu du développement économique serait donc l'attractivité du territoire auprès des entreprises et la compétitivité de celles-ci dans un contexte de globalisation des échanges. Ce phénomène s'est observé dans les années 80 avec une concentration des activités dans les agglomérations et leurs périphéries proches. Talandier (2008) s'intéressant au développement économique des territoires non-métropolitains conclut que le développement d'un territoire dépend non seulement de son attractivité, mais aussi de sa capacité à capter des flux de revenus, tout autant qu'à créer de la richesse. L'auteur conclut que le développement devient un enjeu de production, mais aussi un enjeu de population qui capte ces revenus extérieurs.

En analysant le lien entre le développement local des territoires et les forces de polarisation urbaine, Aubert, Lepicier et Perrier-Cornet (2006) mettent en exergue la relation que les périphéries instaurent avec les centres urbains, là où est localisé l'essentiel des marchés et où les forces d'agglomération donnent naissance aux dynamiques de croissance économique. Pour eux, la croissance régionale est principalement animée par la croissance urbaine, grâce aux effets de l'agglomération, favorables aux économies d'échelle et aux externalités. Les métropoles accroissent de cette manière leur pouvoir d'attraction sur les consommateurs grâce à une grande variété de produits disponibles. Les activités et les populations trouvent ainsi avantage à se regrouper, cumulativement, dans les centres.

Méthode de calcul de l'indicateur de la dimension

Étape 1 : Collecte des données

Chaque sous-dimension des Réseaux et Territoires est appréhendée par un certain nombre d'indicateurs.

Tableau 11 : Indicateurs de la dimension ISRT

Indicateurs	Définitions
Sous-dimension : Urbanisation	
Densité de la population de la zone	Nombre d'habitants au km^2
Taille moyenne des ménages	Nombre moyen de personnes par logement
Taux d'urbanisation	Part de la population urbaine sur la population totale de la zone
Ratio locataires/propriétaires	Rapport entre le nombre de locataires et le nombre de propriétaires
Sous-dimension : Infrastructures de base	
Taux d'accès aux services sociaux de base (eau, électricité, santé…)	Proportion de populations ayant accès aux services
Indicateur de qualité des services sociaux de base (éducation, électricité, eau…)	Proportion de populations satisfaite de la qualité des services
Taux d'accouchements assistés par du personnel soignant qualifié	Proportion d'accouchements assistés par du personnel qualifié
Taux de demande satisfaite de contraception moderne	Proportion de la demande satisfaite de contraception par des moyens modernes
Sous-dimension : Migration	
Indice d'entrée dans une zone	Rapport des entrants dans une zone sur la population totale de la zone
Indice de sortie d'une zone	Rapport des sortants d'une zone sur la population totale de la zone
Sous-dimension : Flux et capacité financiers	
Indice des transferts de fonds dans la zone	Poids des transferts totaux reçus et versés dans le PIB de la zone
Taux d'accès aux services de transferts formels	Proportion des individus ayant accès aux services de transferts formels

Indicateurs	Définitions
Consommation par tête dans la zone	Niveau moyen de consommation par tête dans la zone
Coût du panier de la ménagère	Coût des produits les plus consommés de la zone (opérationnalisé par la dépense alimentaire)

Source : CREG-CREFAT 2019.

Étape 2 : Normalisation

La normalisation se fait à partir d'une formule classique qui permet de convertir les valeurs d'origine des indicateurs en nombres compris entre 0 et 1.

Étape 3 : Calcul des indicateurs sous-dimensionnels

Pour chaque sous-dimension, l'indicateur sous-dimensionnel est obtenu en faisant une moyenne géométrique des indicateurs qui la composent. La méthode de la moyenne géométrique est préférée à la moyenne arithmétique en ce sens que ce dernier ne prend pas en compte le poids des valeurs de chaque variable dans l'indicateur global (les effets de compensation entre les valeurs n'existent pas avec la méthode de la moyenne géométrique).

$$\boldsymbol{I_k = \left(\prod_{d=1}^{n} ind_d\right)^{\frac{1}{n}}}$$

$k = 1, \dots, 4$ et $d = 1, \dots, n$ où n est le nombre d'indicateurs suivis dans la sous-dimension concernée.

Étape 4 : Calcul de l'Indice synthétique Réseaux et Territoires

Récupérer tous les indices sous-dimensionnels (4 au total).

Appliquer une moyenne géométrique à ces indicateurs pour obtenir l'Indice synthétique Réseaux et Territoires (ISRT) :

$$\boldsymbol{ISRT = \left(\prod_{k=1}^{m} I_k\right)^{\frac{1}{m}}}$$

Avec m le nombre de sous-dimensions de la dimension globale réseaux et territoires (ici $m = 4$), I_k est l'indicateur calculé pour chaque dimension $k, k = 1 \dots, 4$.

Présentation des résultats de quelques pays

Tableau 12 : Indicateur synthétique réseaux et territoires (ISRT)

		ISRT
BÉNIN 2019	Homme	23
	Femme	21,6
	Ensemble	21,8
BURKINA FASO 2018	Homme	17,2
	Femme	16,2
	Ensemble	17,2
CAMEROUN 2019	Homme	22,5
	Femme	21,6
	Ensemble	22,2
CÔTE D'IVOIRE 2019	Homme	33,9
	Femme	34,2
	Ensemble	34,6
GUINÉE 2019	Homme	23,3
	Femme	19,8
	Ensemble	21,8
MAURITANIE 2019	Homme	24,7
	Femme	19,9
	Ensemble	22,5
SÉNÉGAL 2019	Homme	30,7
	Femme	27,1
	Ensemble	29,1
TCHAD 2018	Homme	11,2
	Femme	8,1
	Ensemble	9,2
TOGO 2018	Homme	21,1
	Femme	18,1
	Ensemble	29,1

Source : CREG 2022

Section 6 : Demographic dividend monitoring index (DDMI)

Définition

Le Demographic Dividend Monitoring Index (DDMI) ou l'Indice synthétique de Suivi du Dividende démographique (I2S2D) est un indicateur servant à faire le suivi du dividende démographique en synergie avec le développement durable. Il permet à un pays ou à un territoire de pouvoir évaluer sa progression en ce qui concerne la capture du dividende démographique. Le DDMI porte sur cinq (5) dimensions :

- La dépendance économique,
- La qualité du cadre de vie,
- Les transitions dans la pauvreté,
- Le capital humain élargi et
- les réseaux et territoires.

Fondement théorique

La méthodologie utilisée dans la première dimension est l'approche par les Comptes nationaux de transfert (NTA). L'objet de cette méthode est de produire une mesure, tant individuelle qu'agrégée, de l'acquisition et de la répartition des ressources économiques aux différents âges. Cela consiste à introduire l'âge dans la Comptabilité nationale. Ces comptes sont destinés à comprendre la façon dont les flux économiques circulent entre les différents groupes d'âge d'une population pour un pays et pour une année donnée. Ils indiquent notamment à chaque âge les différentes sources de revenus et les différents usages de ces revenus en matière de consommation, que celle-ci soit privée ou publique, et d'épargne. Ils permettent ainsi d'étudier les conséquences économiques liées à la modification de la structure par âge de la population (United Nations, 2013).

La dimension 2 (ou Qualité du cadre de vie) s'inspire de la méthodologie du Better Life Index développée par l'OCDE (2011). Dans sa formulation standard, le cadre de vie couvre onze (11) sous-dimensions considérées comme essentielles au bien-être. Mais dans le cadre de suivi du DD, seules sept (Engagement civique, Liens sociaux, Environnement ; Équilibre travail-vie privée et Sécurité) des onze sont retenues, les quatre (4) autres étant pris en compte par les autres dimensions.

Chaque sous-dimension du cadre de vie est mesurée à partir d'un à quatre indicateurs. À l'intérieur de chaque sous-dimension, on calcule la moyenne des indicateurs élémentaires qui le composent avec la même pondération, ces derniers étant normalisés au préalable.

L'Indicateur de la qualité du cadre de vie (IQCV) est une moyenne pondérée des indicateurs composites sous-dimensionnels. L'analyse des dynamiques dans la pauvreté effectuée au niveau de la dimension 3 s'appuie sur une nouvelle approche de mesure des transitions dans la pauvreté de Dang et Lanjouw (2013). Ces derniers ont développé une méthode de construction de pseudo-panel et d'estimation de la matrice de transition sur deux ou plusieurs enquêtes de pauvreté. L'idée est de suivre des cohortes d'individus (ou de ménages) dans le temps.

Les dimensions 4 et 5 sont inspirées de la méthode de l'IDH et des Clusters respectivement. Se basant sur les trois sous-dimensions classiques de l'IDH, la dimension 4 introduit la fécondité dans la construction de l'indicateur pour tenir compte des aspects relatifs à la démographie et à la soutenabilité du développement. Quant à la dimension 5, elle couvre quatre (4) sous-dimensions : l'urbanisation, la migration, les infrastructures et les flux financiers. Chaque sous-dimension comporte un certain nombre d'indicateurs permettant de la quantifier. Les indicateurs sont normalisés de sorte que les valeurs soient comprises entre 0 (le pire score) et 1 (le meilleur score). L'indice sous-dimensionnel est obtenu par la moyenne géométrique des indicateurs qui composent la sous-dimension. L'Indicateur synthétique des réseaux et territoires (ISRT) représente lui aussi la moyenne géométrique des indices sous-dimensionnels.

Méthode de calcul de l'indicateur synthétique

Par construction, le DDMI est dépourvu d'unité et sa valeur varie entre 0 qui indique une situation exécrable et 1 qui révèle une situation excellente. Il est obtenu par la moyenne géométrique des indicateurs synthétiques découlant des cinq (5) dimensions mentionnées ci-devant. Sa formule est la suivante :

$$DDMI = \sqrt[5]{ICDE \times IQCV \times ISSP \times IDHE \times ISRT}$$

Où

- ICDE est l'indicateur de couverture de la dépendance économique,
- IQCV est l'indicateur de la qualité du cadre de vie,
- ISSP est l'indicateur synthétique de sortie de la pauvreté,
- IDHE est l'indicateur de développement humain élargi, et
- ISRT est l'indicateur des réseaux et territoires.

Le dividende démographique est l'apport économique qui découle d'une baisse de la fécondité suivie d'un changement de la structure par âge de la population. Les conséquences d'un tel phénomène vont au-delà de l'aspect purement démographique ou économique, et portent également sur d'autres secteurs. Bien qu'il soit évident que la transition démographique constitue son point de départ, l'atteinte du dividende démographique est accompagnée de changement dans plusieurs secteurs qui interagissent avec ce dernier. C'est notamment le cadre de vie, les transitions dans la pauvreté, le capital humain, la mobilité territoriale, entre autres. Le DDMI permet d'appréhender les évolutions positives ou négatives de ces secteurs qui permettent de créer des conditions favorables à l'optimisation du dividende démographique.

Les dimensions ou composantes de DDMI sont dégradées ou d'un niveau faible lorsque leur valeur est inférieure à 50 % (zone rouge du graphique ci-dessous). Entre 50 % et 79 %, la composante est moyennement satisfaisante (partie jaune). Pour des valeurs supérieures ou égales à 80 %, la composante est à un niveau élevé et donc très satisfaisant (partie verte).

Figure 7 : Diagramme de Porter sur les dimensions du DDMI

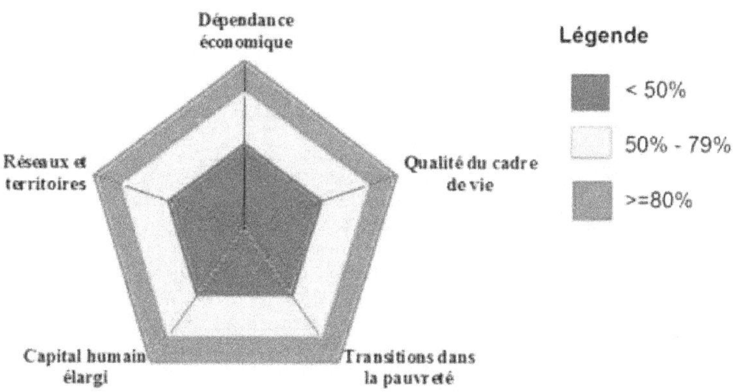

CREG/CREFAT (2017)

Le DDMI s'interprète différemment en fonction de sa valeur. En effet, le DDMI est jugé faible si sa valeur est en deçà de 50 %. Cela implique que le pays (ou la zone) n'exploite pas le dividende démographique. Une valeur comprise entre 50 % et 79 % traduit une exploitation faible du dividende. Par contre, l'exploitation du dividende démographique est optimale lorsque le DDMI est supérieur ou égal à 80 %.

Le DDMI est une agrégation par moyenne géométrique des indicateurs synthétiques des cinq dimensions. Son interprétation se fait à travers une grille donnée. Dans cette grille, les pays ou territoires sont répartis en trois catégories selon la valeur de l'indicateur. Ainsi lorsque l'indicateur a une valeur inférieure à 0,50, la situation du pays ou territoire est qualifiée de faible. Par contre, la situation est qualifiée de moyenne lorsque l'indicateur a une valeur se situant entre 0,5 et 0,8. Enfin, lorsque la valeur de l'indicateur sera supérieure ou égale à 0,8, la situation du pays ou du territoire sera qualifiée de bonne (ou élevée ou meilleure).

Présentation des résultats de quelques pays

Tableau 13 : DDMI des pays d'Afrique de l'Ouest et du Centre

		DDMI
BÉNIN 2019	Homme	52,1
	Femme	44,3
	Ensemble	48,4
BURKINA FASO 2018	Homme	44,6
	Femme	36,2
	Ensemble	40,5
CAMEROUN 2019	Homme	54,6
	Femme	21,6
	Ensemble	47,2
CÔTE D'IVOIRE 2019	Homme	52,9
	Femme	23,1
	Ensemble	39,8
GUINÉE 2019	Homme	53,1
	Femme	33,2
	Ensemble	46,7
MAURITANIE 2019	Homme	55,2
	Femme	13,5
	Ensemble	49
SÉNÉGAL 2019	Homme	57,1
	Femme	35,4
	Ensemble	49,2

		DDMI
TCHAD 2018	Homme	41,2
	Femme	8,5
	Ensemble	33,2
TOGO 2018	Homme	50,3
	Femme	37,8
	Ensemble	49,2

Source : CREG 2022

Graphique 9 : GDDI 2019 des pays d'Afrique de l'Ouest et du Centre

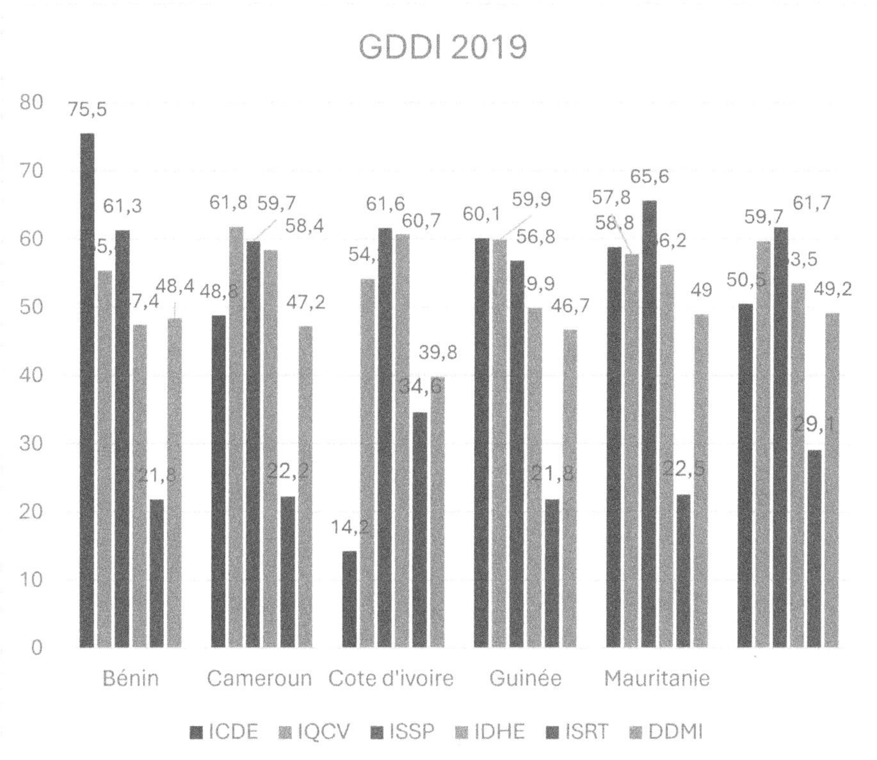

Source CREG 2024

Graphique 10 : GDDI 2018 des pays de l'Afrique de l'Ouest et du Centre

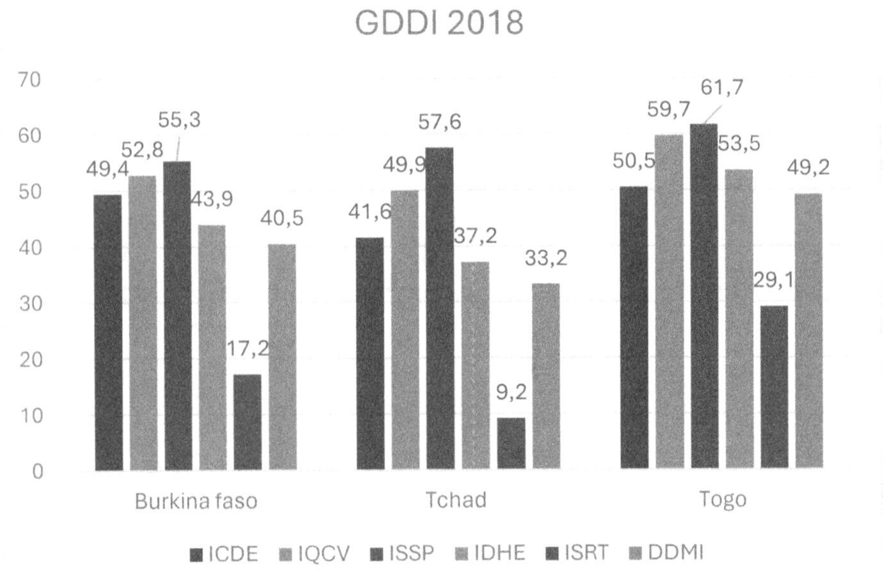

Source : CREG 2024

Conclusion

Le niveau d'interactions ainsi que les réseaux sont faiblement développés dans la plupart des pays. Il s'agira entre autres de la mobilité humaine, financière et l'état de la structure (Disponibilité et qualité des infrastructures et services sociaux de base) nécessaire pour une exploitation optimale du dividende démographique. De surcroît, il existe d'énormes disparités régionales, lesquelles, malgré les efforts des gouvernements dans la quête de l'équité territoriale, persistent.

Ainsi, pour atténuer ce phénomène et réaliser un développement équilibré et durable, beaucoup d'efforts restent encore à faire, notamment dans :

– l'élaboration périodique, l'adoption politique et la mise en œuvre effective de plans directeurs d'aménagement du territoire en vue de définir les vocations propres à chaque sous-zone, de prendre en compte les priorités d'un développement harmonieux et ainsi anticiper sur les formes néfastes d'occupation spatiale. Constituant la base d'une meilleure structuration prospective des territoires, ces outils de planification spatiale favorisent la localisation optimale des activités, des investissements socio-économiques et partant de l'implantation rationnelle de la population ;

– le maillage plus adéquat des infrastructures de base à travers l'espace national par une territorialisation efficiente des politiques publiques, et ceci de manière que la population ait un accès facile et équitable aux services fondamentaux. En l'absence d'un tel maillage, il est quasiment impossible d'assurer l'équilibre en matière d'infrastructures sociales de base entre les différentes aires géographiques du pays ;

– L'adoption des plans d'aménagement et d'urbanisme comme des références politiques en vue d'une réduction notable des disparités de développement ;

– Le renforcement du cadre juridique de l'aménagement du territoire par la mise en place, l'adoption et surtout l'application d'instruments législatifs opposables au tiers. Ces instruments cherchent à combler des lacunes liées à l'insuffisance des cadres normatifs de référence nécessaires à l'ordonnancement de l'occupation, tant au niveau national que régional, des grandes activités et infrastructures socio-économiques. Cette situation non encore résolue est considérée comme une des causes essentielles des grandes insuffisances de la politique d'aménagement du territoire ;

– La mise en synergie des collectivités territoriales partageant un même vécu, un même réseau d'infrastructures et des potentialités naturelles dans une dynamique d'intégration rurale urbaine ;

– La réalisation des bases de données statistiques permettant de mieux suivre la dynamique des réseaux et territoires et de mieux positionner le dividende démographique dans le processus de développement national.

Références bibliographiques

Colletis, G., & Pecqueur, B. (1995). Politiques technologiques locales et création de ressources spécifiques. Économie industrielle et économie spatiale, 445-463.

CREG (2021) Demographic Dividend Monitoring Index, approche méthodologique, https://ordd.creg-center.org/methodologie-ddmi/ministère de l'Économie du plan et de la coopération (2021) : rapport de l'observatoire national du dividende démographique, https://www.economie.gouv.sn/sites/default/files/2021-08/Senegal_a_lheure_du_bonus_demographique_compressed.pdf

Dang, H. A., & Lanjouw, P. F. (2013). Measuring poverty dynamics with synthetic panels based on cross-sections. World Bank Policy Research Working Paper, (6504).

Dramani, L. (2016). Impact du dividende démographique sur la croissance économique au Sénégal. African Population Studies, 30(2).

Dramani, L., & Oga, I. J. B. (2017). Understanding demographic dividends in Africa: The NTA approach. Journal of Demographic Economics, 83(1), 85-101.

Jeanneaux, P. (2006). Économie de la décision publique et conflits d'usages pour un cadre de vie dans les espaces ruraux et périurbains. Développement durable et territoires. Économie, géographie, politique, droit, sociologie, (Dossier 7).

Lee, R. D., & Mason, A. (Eds.). (2011). Population aging and the generational economy: A global perspective. Edward Elgar Publishing.

Martinetti, E. C. (2000). A multidimensional assessment of well-being based on Sen's functioning approach. Rivista internazionale di scienze sociali, 207-239.

Stiglitz, J. E., Sen, A., & Fitoussi, J. P. (2009). Commission sur la mesure des performances économiques et du progrès social. Rapport au président de la République. France. http://www. stiglitz-sen-fitoussi. fr/fr.

CHAPITRE 5

LA RÉTROPOLATION DU DDMI

Introduction

La transition démographique offre une fenêtre d'opportunité pour une croissance économique accélérée. En effet, une fois que le ratio de dépendance des jeunes diminue et libère des ressources pour le gouvernement et pour les familles, un dividende démographique peut être réalisé si les ressources dégagées sont effectivement investies pour renforcer l'accumulation de capital physique et humain. La taille du dividende dépend largement de la capacité des économies concernées à créer suffisamment d'emplois pour les larges masses de jeunes (les filles au même titre que les garçons) qui entrent sur le marché du travail. Le dividende démographique est le gain économique qui découle de la modification de la structure par âge d'une population. Cependant, ses retombées vont au-delà de l'économie pour affecter bien d'autres secteurs. Il s'agit notamment du cadre de vie, de l'éradication de la pauvreté, de la mobilité territoriale, pour ne citer que ces secteurs.

En synergie avec le Bureau UNFPA pour l'Afrique de l'Ouest et du Centre et dans le cadre de la mise en œuvre des recommandations des chefs d'État de l'Union africaine, le Centre Régional d'excellence pour la Recherche en Économie générationnelle (CREG) a mis en place deux indicateurs de suivi du dividende démographique. Le « Demographic Dividend Monitoring Index (DDMI) », indice composite fondé sur les théories de l'économie générationnelle qui permet d'évaluer et de suivre la progression des pays (ou régions) dans la capture et l'exploitation du dividende démographique. Le DDMI couvre cinq (5) dimensions : la dépendance économique, la qualité du cadre de vie, les dynamiques de pauvreté, le développement humain et enfin, les réseaux et territoires. Le DDMI permet d'appréhender les évolutions positives ou négatives de ces dimensions et identifie les secteurs nécessitant des investissements plus importants afin de créer les conditions favorables à l'optimisation du dividende démographique et à la réalisation des objectifs du développement durable.

En effet, le budget national est le principal outil d'allocation des ressources aux différents secteurs économiques et sociaux d'un pays.

Son évolution et sa composition entraînent des conséquences significatives sur les résultats des politiques publiques mises en œuvre dans le pays. Cet instrument, s'il est mis en cohérence avec les composantes du DDMI, peut accélérer la réalisation des conditions d'une croissance durable, inclusive et favorable à la capture du dividende démographique et au développement durable. Ainsi, après une participation active à plusieurs sessions de renforcement des capacités et de plaidoyer, les acteurs nationaux impliqués dans les mécanismes de planification stratégique, de budgétisation et de mise en cohérence des politiques publiques envisagent, à travers les directions générales en charge du budget et de la Planification et autres directions impliquées, de se faire former sur la Budgétisation sensible au Dividende démographique (BSDD). La BSDD est un processus d'évaluation de la prise en compte du Dividende démographique (DD) dans les allocations budgétaires. Il s'agit d'une approche visant à intégrer les préoccupations de la capture du DD et du genre dans la conception, la mise en œuvre, le suivi et l'évaluation des politiques et des programmes. La BSDD revêt une importance capitale dans l'appréciation de la structure budgétaire et l'orientation des dépenses publiques. Aussi, la BSDD contribue à accélérer la réalisation des objectifs de développement durable, et plus spécifiquement ceux en lien avec la capture du dividende démographique et de l'agenda 2063. Son processus comprend quatre principales étapes à savoir : la transformation du budget classique en budget fonctionnel sur les 15 à 20 dernières années, la rétropolation du DDMI sur les 15 à 20 dernières années ; l'arrimage du DDMI au budget fonctionnel et l'analyse des élasticités budgétaires. Ces résultats peuvent être utilisés dans les processus nationaux de budgétisation et de plaidoyer pour une allocation plus optimale des ressources publiques aux piliers du dividende démographique.

Par ailleurs, la rétropolation est un processus qui consiste à estimer ou à reconstruire des données anciennes. Le processus de passage du DDMI aux fonctions budgétaires consiste à passer au peigne fin toutes les séries du budget et du DDMI préalablement calculés, l'objectif étant de vérifier la cohérence d'ensemble des grandeurs, de contrôler la qualité des séries et de construire les comptes de DDMI correspondant aux fonctions budgétaires avant la phase d'analyse descriptive et des estimations. Quant à l'arrimage, il consiste à affecter les sous-dimensions du DDMI aux huit (8) fonctions budgétaires définies dans le budget fonctionnel.

À cet effet, plusieurs pays ont initié la formation sur la rétropolation et le raccordement de DDMI sur les 15 dernières années. Ces formations ont bénéficié de l'appui technique du Consortium régional pour la

Recherche en Économie générationnelle (CREG) et l'accompagnement des partenaires financiers. Ainsi, ces ateliers sont la continuité de la mise en œuvre de la BSDD pour appuyer ces pays dont le Bénin, le Burkina, le Cameroun, la Côte d'Ivoire, le Mali, la Guinée, le Niger, et le Tchad.

Section 1 : Méthodologie de rétropolation

L'exercice de rétropolation et de raccordement de DDMI des pays a consisté dans un premier temps à calibrer le DDMI des points distants pour lesquels les données d'enquêtes sont disponibles, et dans un second temps, à raccorder ou à estimer le DDMI des autres années entre deux enquêtes consécutives, c.-à-d. pour le cas du Bénin sur les périodes 2004-2010, 2012-2018. Cela permet d'avoir une série continue sur la période 2003-2020. Notons que la plupart des pays dans le cadre de cet exercice disposaient d'au moins deux points de DDMI.

Étape 1 : Calibrage de DDMI des points distants

Les DDMI des années où il existe des données d'enquêtes sont calculées conformément à la méthodologie développée dans le Manuel des Indicateurs et dimensions des observatoires de Dividende Démographique, et résumées dans le paragraphe qui suit.

a) **Le DDMI : concept et aperçu méthodologique**

Le DDMI est un indicateur composite permettant d'appréhender l'économie dans sa globalité et de faire le suivi des réalisations en matière de capture du dividende démographique. Dans sa construction, le DDMI englobe la vie économique et sociale dans son ensemble en couvrant cinq dimensions distinctes que sont : (i) la dépendance économique ; (ii) la qualité du cadre de vie ; (iii) les dynamiques de pauvreté ; (iv) le développement humain étendu, et (v) les réseaux et territoires. Chacune des cinq dimensions dispose d'une méthode d'analyse qui lui est propre.

La première dimension se base sur la méthode des Comptes nationaux de transfert (NTA). L'objet de cette méthode est de produire une mesure, tant individuelle qu'agrégée, de l'acquisition et de la répartition des ressources économiques aux différents âges. Cela consiste à introduire l'âge dans la Comptabilité nationale. Ces comptes sont destinés à comprendre la façon dont les flux économiques circulent entre les différents groupes d'âge d'une population pour un pays et pour une année donnée. Ils indiquent notamment à chaque âge les différentes sources de revenus et les différents usages de ces revenus en matière de consommation, que celle-ci soit privée ou publique, et d'épargne. Ils permettent ainsi d'étudier les conséquences économiques liées à la modification de la structure par âge de la population (United Nations, 2013).

La dimension 2 (ou Qualité du cadre de vie) s'inspire de la méthodologie du *Better Life Index* développée par l'OCDE (2011). Dans sa formulation standard, le cadre de vie couvre onze (11) sous-dimensions considérées comme essentielles au bien-être. Mais dans le cadre de suivi du DD, seules sept (Engagement civique, Liens sociaux, Environnement ; Équilibre travail-vie privée et Sécurité) des onze sont retenues dans l'analyse du cadre de vie, les quatre (4) autres étant pris en compte par les autres dimensions. Chaque sous-dimension du cadre de vie est mesurée à partir d'un à quatre indicateurs. À l'intérieur de chaque sous-dimension, on calcule la moyenne des indicateurs élémentaires qui le composent avec la même pondération, ces derniers étant normalisés au préalable. L'Indicateur de la qualité du cadre de vie (IQCV) est une moyenne pondérée des indicateurs composites sous-dimensionnels.

L'analyse des dynamiques dans la pauvreté effectuée au niveau de la dimension 3 s'appuie sur une nouvelle approche de mesure des transitions dans la pauvreté de Dang et Lanjouw (2013). Ces derniers ont développé une méthode de construction de pseudo-panel et d'estimation de la matrice de transition sur deux ou plusieurs enquêtes de pauvreté. L'idée est de suivre des cohortes d'individus (ou de ménages) dans le temps.

Les dimensions 4 et 5 sont inspirées de la méthode de l'IDH et des Clusters respectivement. Se basant sur les trois sous-dimensions classiques de l'IDH, la dimension 4 introduit la fécondité dans la construction de l'indicateur pour tenir compte des aspects relatifs à la démographie et à la soutenabilité du développement. Quant à la dimension 5, elle couvre quatre (4) sous-dimensions : l'urbanisation, la migration, les infrastructures et les flux financiers. Chaque sous-dimension comporte un certain nombre d'indicateurs permettant de la quantifier. Les indicateurs sont normalisés de sorte que les valeurs soient comprises entre 0 (le pire score) et 1 (le meilleur score). L'indice sous-dimensionnel est obtenu par la moyenne géométrique des indicateurs qui composent la sous-dimension. L'Indicateur synthétique des réseaux et territoires (ISRT) représente lui aussi la moyenne géométrique des indices sous-dimensionnels.

Le DDMI est une agrégation par moyenne géométrique des indicateurs synthétiques des cinq dimensions. Son interprétation se fait à travers une grille donnée. Dans cette grille, les pays ou territoires sont répartis en trois catégories selon la valeur de l'indicateur. Ainsi lorsque l'indicateur présente une valeur inférieure à 0,50, la situation du pays (ou de la région) est jugée insatisfaisante et celui-ci (ou celle-ci) n'exploite pas le DD. Cependant, le pays ou la région exploite le DD lorsque l'indicateur a une valeur se situant entre 0,5 et 0,79. Mais les bénéfices engrangés dans ce cas sont encore moyens ou faibles. Enfin, lorsque la valeur de l'indicateur est supérieure ou égale à 0,8, le pays ou la région exploite le DD d'une façon optimale.

b) **Sources de données pour le calibrage de DDMI des points distants**

Les tableaux ci-dessous rendent compte des différents indicateurs et sources de données ayant été mobilisées lors du calibrage des DDMI des pays.

Tableau 14 : Indicateurs et sources de données de la dimension 1

Sous-dimensions	Indicateurs	Sources de données des profils ou les données d'enquêtes existent
Consommation	Consommation publique de santé	Budget des programmes de santé (ministère) Comptes nationaux (INS[1]) Projections démographiques (INS)
	Consommation publique d'éducation	Budget de l'éducation santé (ministère) Comptes nationaux (INS) Projections démographiques (INS)
	Consommation publique autre que l'éducation et la santé	Comptes nationaux (INS) Projections démographiques (INS)
	Consommation privée de santé	Enquêtes nationales [2]

[1] Le sigle INS renvoie à l'Institut National de Statistique. La dénomination diffère selon les pays. Au Bénin, c'est l'Institut National de la Statistique et de l'Analyse économique (INSTAD) ; l'Institut National de la Statistique et de la Démographie (INSD) au Burkina ; l'Institut National de la Statistique (INS) en Côte d'Ivoire et en Guinée. Au Tchad, L'Institut Nationale de la Statistique et des Études économiques et démographiques (INSEED)

[2] Les enquêtes nationales désignent toutes les enquêtes sur les conditions de vie, les perceptions, la pauvreté réalisées régulièrement par les pays auprès des ménages.

Sous-dimensions	**Indicateurs**	**Sources de données des profils ou les données d'enquêtes existent**
	Consommation privée d'éducation	Comptes nationaux (INS) Projections démographiques (INS)
	Consommation privée autre que l'éducation et la santé	
Revenu du travail	Rémunération des salariés	Enquêtes nationales Comptes nationaux (INS) Projections démographiques (INS)
	Revenu de l'auto-emploi	

Source : CREG 2023

Tableau 15 : Indicateurs et sources de données de la dimension 2

Sous-dimensions	**Indicateurs**	**Années d'enquêtes**[3]	
		Variables proxys	**Sources de données**
Engagement civique & Gouvernance	Taux de participation électorale		Commission électorale
	Participation des parties prenantes à l'élaboration des réglementations	Voix et reddition de comptes	WGI 2022
Liens sociaux	Qualité du réseau social	Enquêtes nationales (si la donnée n'existe pas, considérer ou reconduire celle de l'année d'enquête la plus proche)	

[3] Les années d'enquêtes diffèrent d'un pays à l'autre. Dans le cadre de l'exercice de retropolation, les années d'enquêtes suivantes ont été considérées :
Bénin, EMICOV
Burkina : EHCVM (2019)
Côte d'Ivoire : EHCVM (2019)
Guinée :
Niger : EHCVM (2019)
Tchad : ECOSIT2 (2003), ECOSIT3 (2011) et ECOSIT4 (2019)

Sous-dimensions	Indicateurs	Années d'enquêtes[3]	
		Variables proxys	Sources de données
Environnement	Concentration de l'air en parti-cules PM2.5		WDI 2022
	Proportion de la population satisfaite de la qualité de l'eau	Enquêtes nationales (si la donnée n'existe pas, considérer ou reconduire celle de l'année d'enquête la plus proche)	
Logement	Nombre de pièces par personne		Enquêtes nationales
	Taux d'accès aux équipements sanitaires de base		Enquêtes nationales
	Coef budgétaire du logement		Enquêtes nationales
Bien-être subjectif	Satisfaction globale à l'égard de la vie	Indice de bonheur	World Happiness Report
Équilibre Travail-Vie privée	Proportion des salariés travaillant plus de 50 h par semaine	Enquêtes nationales (si la donnée n'existe pas, considérer ou reconduire celle de l'année d'enquête la plus proche)	
	Nbre d'heures par jour consacré à soi et aux loisirs	Enquêtes nationales (si la donnée n'existe pas, considérer ou reconduire celle de l'année d'enquête la plus proche)	
Sécurité	Sentiment de sécurité en marchant seul la nuit		Institut Gallup (global law and order)
	Taux d'homicide		UNODC

Source : CREG 2023

Tableau 16 : Indicateurs et sources de données de la dimension 3

Sous-dimensions	Indicateurs	Sources de données	
		Année d'enquête précédente	Année d'enquête
Transition	Sorties de pauvreté		Enquêtes nationales
	Basculement dans la pauvreté		
Stabilité	Pauvreté chronique		
	Non-pauvreté pure		

Source : CREG 2023

Tableau 17: Indicateurs et sources de données de la dimension 4

Sous-dimensions	Indicateurs	Sources de données
		Années d'enquêtes
`Santé	Espérance de vie à la naissance	UN/DESA/PD
	Indice synthétique de fécondité	UN/DESA/PD
Éducation	Durée moyenne de scolarisation	UNDP & UNESCO
	Durée attendue de scolarisations	UNDP & UNESCO
Niveau de vie	Consommation par habitant	Comptes nationaux (INS)

Source : CREG 2023

Tableau 18 : Indicateurs et sources de données de la dimension 5

Sous-dimensions	Indicateurs	Années d'enquêtes	
		Variables proxys	Sources de données
Urbanisation	Densité de la population		Enquêtes nationales
	Taille du ménage		Enquêtes nationales
	Taux d'urbanisation		Enquêtes nationales
	Ratio locataire-Propriétaire		Enquêtes nationales
Migration	Nombre de migrants entrants (Migration interne comprise)		UN/DESA/PD
	Nombre de migrants sortants (Migration interne comprise)		UN/DESA/PD
	Population totale		IN
Infrastructures	Taux d'accès aux infrastructures et services sociaux de base (eau, électricité, santé, école primaire, transport public, marché)		Enquêtes nationales
	Proportion de ménages satisfaits de la qualité des infrastructures et services sociaux de base (eau, électricité, santé, école primaire, transport public, marché)		Enquêtes nationales

Sous-dimensions	Indicateurs	Années d'enquêtes	
		Variables proxys	Sources de données
Flux et capacités financiers	Transferts de fonds reçus		Balance de paiement, Banque Centrale, Banque Mondiale
	Transferts de fonds versés		
	PIB		Comptes nationaux (INS)
	RNB par tête		Comptes nationaux (INS)
	Taux d'accès aux services de transferts formels	Taux de ban-carisation	Enquêtes nationales
	Consommation alimentaire par habitant		Comptes nationaux (INS)

Source : CREG 2023

Étape 2 : Raccordement des DDMI entre 2004 et 2019

La deuxième étape de la rétropolation porte sur le raccordement qui consiste à estimer les valeurs manquantes des années où il n'existe pas d'enquêtes. Les données de certains indicateurs sont disponibles de façon continue sur toutes les années (en série temporelle). Ces derniers ne font donc pas l'objet d'estimation. En revanche, plusieurs autres indicateurs sont calculés à partir des données d'enquête. Pour cette dernière catégorie d'indicateurs, différentes techniques (étalonnage, extrapolation linéaire…) sont employées afin d'estimer les données manquantes. Le principe de l'étalonnage consiste à appliquer à un indicateur donné la tendance d'une variable (appelée étalon) disponible en série temporelle et théoriquement corrélée à ce dernier. Par conséquent, les taux de croissance annuelle de l'indicateur étalonné concordent avec ceux de l'étalon.

- **Dimension 1 : Méthode de mise à jour des profils NTA**

La démarche générale des NTA consiste à désagréger des agrégats de la comptabilité nationale par âge (notamment la consommation et le revenu du travail), en utilisant des profils individuels estimés à partir de données d'enquête effectuée à une année de référence k et des statistiques de sources administratives (notamment les ministères sectoriels de l'éducation et de la santé). Ainsi, la construction de nouveaux profils est conditionnée par la disponibilité de nouvelles données d'enquête. Toutefois, les profils NTA peuvent être mis à jour annuellement lorsque les agrégats des comptes nationaux sont disponibles pour des années postérieures à l'année de référence k.

soit $x_r(a)$ le profil moyen NTA d'âge a $(a = 0,1,...,90)$ élaboré à une année de référence r donnée.

Si le profil k désigne une année postérieure à l'année de référence r, le profil moyen est mis à jour à l'année k par un coefficient d'ajustement θ_k calculé de la manière suivante :

$$\boldsymbol{\theta_k = \frac{M_k}{\sum_{a=0}^{90} x_r(a) N_k(a)}}$$

Où M_k correspond à l'agrégat des comptes nationaux (encore appelé macro-contrôle) de l'année k et $N_k(a)$ l'effectif des individus d'âge a à l'année k.

Le profil moyen mis à jour à l'année k, noté $x_k(a)$, s'obtient par la multiplication du profil moyen à l'année de référence et du coefficient d'ajustement de l'année k :

$$\boldsymbol{x_k(a) = \theta_k \cdot x_r(a)}$$

Ainsi, le principe de la mise à jour d'un profil NTA pour une année k consiste à appliquer la structure d'un profil d'une année antérieure r à l'agrégat macroéconomique de l'année k. Pour la plupart des pays, les agrégats des comptes nationaux sont disponibles pour toutes les années, donc la mise à jour des profils NTA des années sans enquêtes a été faite en appliquant la méthode décrite ci-dessus.

➢ **Dimension 2 : Raccordement des sous-dimensions**

Pour ce qui concerne la dimension 2, l'opération de raccordement a été effectuée directement sur les sous-dimensions du Cadre de vie. Le tableau ci-dessous présente les étalons et/ou méthodes appliqués pour estimer les points manquants des sous-dimensions.

Tableau 19 : Variables d'étalonnage et méthodes appliquées pour la dimension 2

Sous-dimensions	Variables d'étalonnage	Sources de données	Méthode de raccordement
Engagement civique & Gouvernance	Voix et reddition de compte	WGI 2022	Taux de croissance de l'étalon appliqué à l'indicateur
Liens sociaux			Donnée disponible de l'enquête la plus proche reconduite
Environnement	Concentration de l'air en particules PM2.5	WDI 2022	Taux de croissance de l'étalon appliqué à l'indicateur
Logement	Taux de croissance de la sous-branche Bâtiment	Comptes nationaux (INS)	- Taux de croissance de l'étalon appliqué à l'indicateur
Bien-être subjectif			- Donnée disponible de l'enquête la plus proche reconduite
Équilibre Travail-Vie privée			- Reconduire la donnée de l'enquête la plus proche ou procéder à l'interpolation linéaire si les points distants ne sont pas très éloignés
Sécurité	Stabilité politique et absence de violence	WGI 2022	- Taux de croissance de l'étalon appliqué à l'indicateur

Source : CREG 2023

➢ **Dimension 3 : Raccordement des transitions de pauvreté**

Le raccordement des transitions de pauvreté entre deux enquêtes a consisté à utiliser un modèle d'apprentissage. Le cas échéant, compte tenu de la sensibilité des données sur la pauvreté, il est recommandé de reconduire les dynamiques de la première enquête sur les années précédant la deuxième enquête. Ainsi, les indicateurs de dynamiques de pauvreté ne changent pas jusqu'à la nouvelle enquête.

➢ **Dimension 4 : Calibrage de l'IDHE**

Étant donné que tous les indicateurs élémentaires de la dimension 4 sont disponibles pour toutes années, l'IDHE des pays a été calculé annuellement entre 2004 et 2019 en utilisant les données provenant des sources mentionnées plus haut (voir partie 1).

➢ **Dimension 5 : Estimation et Raccordement**

Pour la dimension 5, la technique de raccordement est appliquée aux sous-dimensions « Urbanisation » et « Infrastructure ». En revanche, les deux autres sous-dimensions « Migration » et « Flux et capacités financiers » sont calculés pour toutes les années du fait que leurs indicateurs élémentaires sont disponibles en série temporelle, excepté les transferts de fonds et le taux d'accès aux services de transfert formel. Pour ces derniers indicateurs, l'interpolation linéaire a été appliquée entre deux enquêtes afin de disposer la série de façon continue entre 2004 et 2019.

Tableau 20 : Variables d'étalonnage et méthodes appliquées pour la dimension 5

Sous-dimensions/ Indicateurs	Variables d'étalonnage	Sources de données	Méthode de raccordement
Urbanisation	Taux d'urbanisation	WDI	Taux de croissance de l'étalon appliqué à l'indicateur
Infrastructure			Appliquer le taux de croissance de l'étalon à l'indicateur ou procéder à l'interpolation linéaire si les points distants ne sont pas très éloignés
Transferts de fonds reçus et versés			Appliquer le taux de croissance de l'étalon à l'indicateur ou procéder à l'interpolation linéaire si les

Sous-dimensions/ Indicateurs	Variables d'étalonnage	Sources de données	Méthode de raccordement
			points distants ne sont pas très éloignés
Taux d'accès aux services de transfert formel			Appliquer le taux de croissance de l'étalon à l'indicateur ou procéder à l'interpolation linéaire si les points distants ne sont pas très éloignés

Source : CREG 2023

Section 2 : Les séries de DDMI rétropolées

Dans cette section, une présentation des DDMI rétropolés des différents pays est faite. Ainsi, nous avons :

Évolution du DDMI rétropolé du Bénin

Le graphique 11 ci-dessous montre l'évolution du DDMI retropolé du Bénin sur la période de 2001 à 2020. On constate une évolution en ascendant du trend de ce DDMI. Le graphique 11 indique que le DDMI du Bénin est au-dessus des indices qui le composent. En effet, les 5 dimensions à savoir la qualité du cadre de vie, la couverture de la dépendance économique, les sorties de pauvreté, le développement humain étendu et les réseaux et territoires contribuent à améliorer le DDMI et donc à la capture du dividende démographique sur la période 2000 à 2020. Pour mieux capturer le DD, il faudrait investir surtout dans les réseaux et territoires, le cadre de vie et le développement humain.

Graphique 11 : Évolution du DDMI du Bénin de 2000 à 2020.

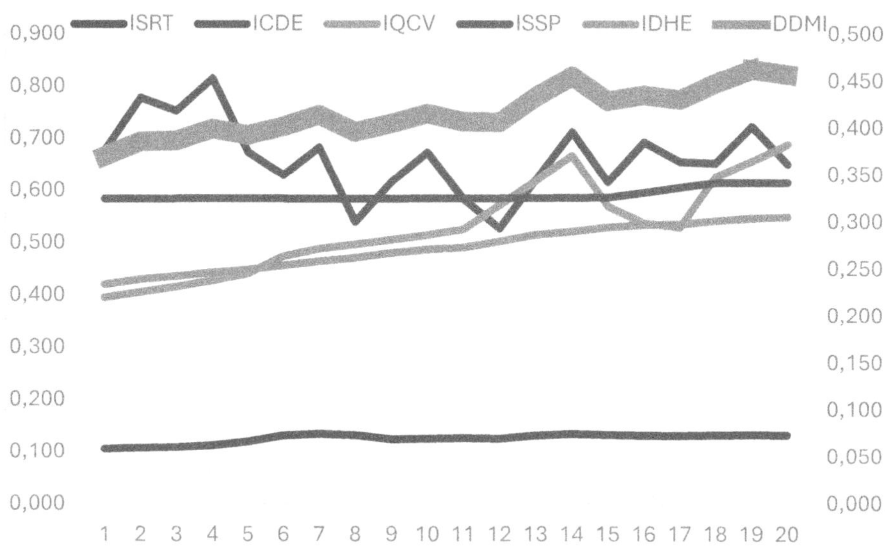

Source : CREG, 2024

Évolution du DDMI rétropolé du Cameroun

Cette partie analyse l'évolution du DDMI rétropolé du Cameroun sur la période 2001 à 2017. Le graphique 12 ci-contre montre cette évolution. On constate que la courbe du DDMI est en dessous de celles de l'Indice synthétique de sortie de pauvreté, de celle de l'indice de la qualité du cadre de vie et de celle de l'indice du développement humain étendu. Ainsi, on peut dire que le DDMI est inférieur à l'ISSP, à l'IQCV et à l'IDHE au Cameroun. Par ailleurs, durant cette période, le DDMI est au-dessus de l'IRST et de l'ICDE. Ce graphique montre que le DDMI est tiré vers le bas par l'indice de la couverture de dépendance économique et de celui du Réseau et territoire. En effet, la faiblesse et la non-attractivité des territoires au Cameroun tendent à retarder la capture du dividende démographique. De plus, le déficit du cycle de vie serait très important au Cameroun. Tous ces facteurs concourent à tirer le DDMI vers la baisse. Ce qui n'est pas le cas des indices de sortie de pauvreté, de développement humain étendu et du cadre de vie. En moyenne, le Cameroun est un pays dont le DDMI est très faible et donc ne capture pas le dividende démographique (DD).

Graphique 12 : Évolution du DDMI rétropolé du Cameroun sur la période 2001-2017

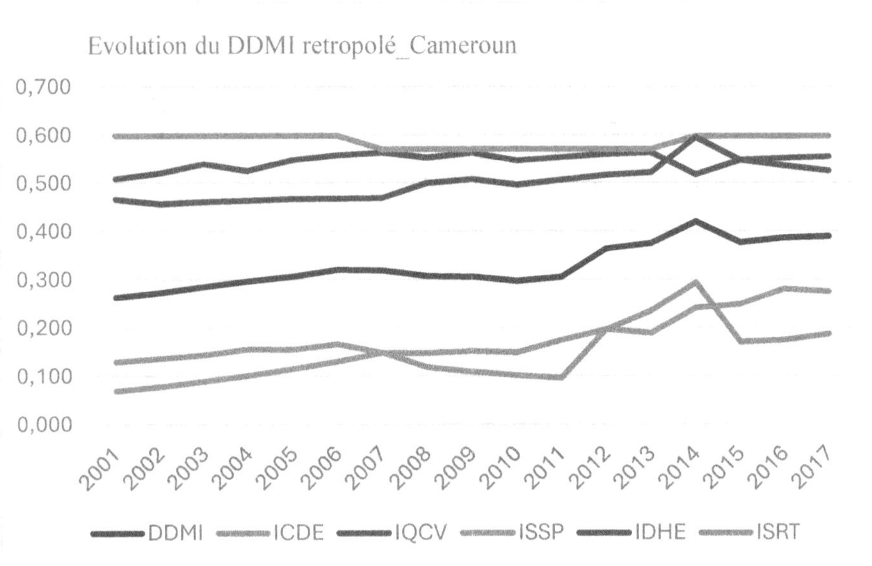

Source : CREG, 2024

Évolution du DDMI de la Guinée

Cette sous-section présente l'évolution du DDMI retropolé de la Guinée sur la période 2002 à 2019. En effet, sur le graphique 13 ci-dessous, on constate que le DDMI est inférieur à l'ICDE, l'ISSP, l'IQCV et l'IDHE. Ce qui signifie que ces indicateurs tirent le DDMI vers le haut. Tel n'est pas le cas de l'IRST qui est en dessous du DDMI sur la période 2002 à 2019. La capture du DD est très faible en Guinée. En effet, les Réseaux et territoires ne sont pas développés et attrayants. Il n'y a pas une interconnexion des territoires en Guinée du fait d'absence d'attractivité. Par ailleurs, pour une meilleure capture du DD, la Guinée devrait améliorer surtout les Réseaux et territoires, et le développement humain étendu en améliorant son capital humain.

Graphique 13 : Évolution du DDMI rétropolé de la Guinée sur la période 2002-2019

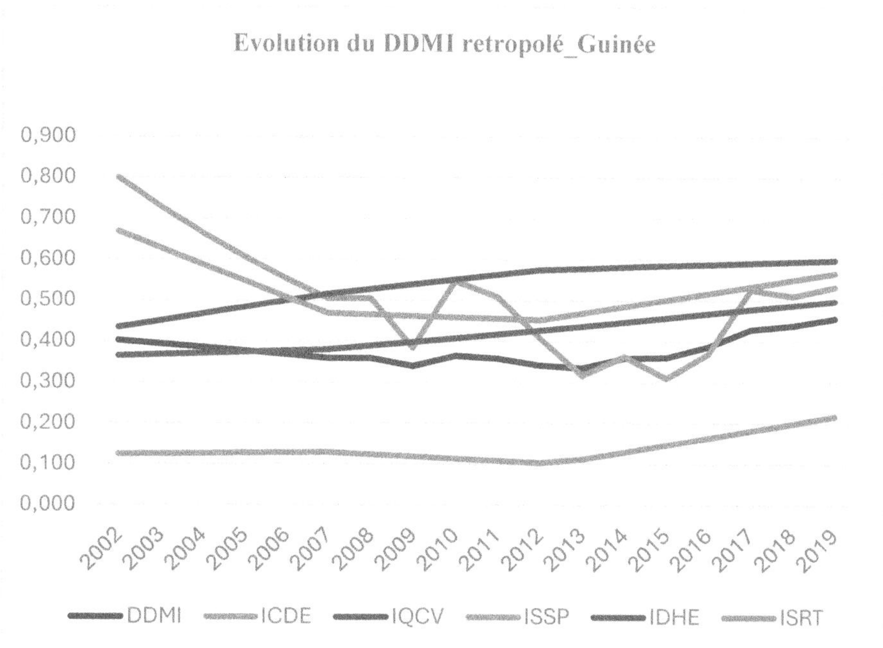

Source : CREG, 2024

Évolution du DDMI rétropolé du Tchad

Cette sous-section présente les séries rétropolées du DDMI du Tchad sur la période 2003 à 2018. Le graphique 14 ci-dessous montre cette évolution. En effet, on constate que le DDMI est en dessous des indices ISSP, IQCV, ICDE et IDHE. Par ailleurs, le DDMI est au-dessus de celui de l'ISRT. De tous les indices qui composent le DDMI, on constate que l'ISRT tire vers le bas le DDMI sur la période 2003-2018.

Graphique 14 : Évolution du DDMI du Tchad sur la période 2003-2018

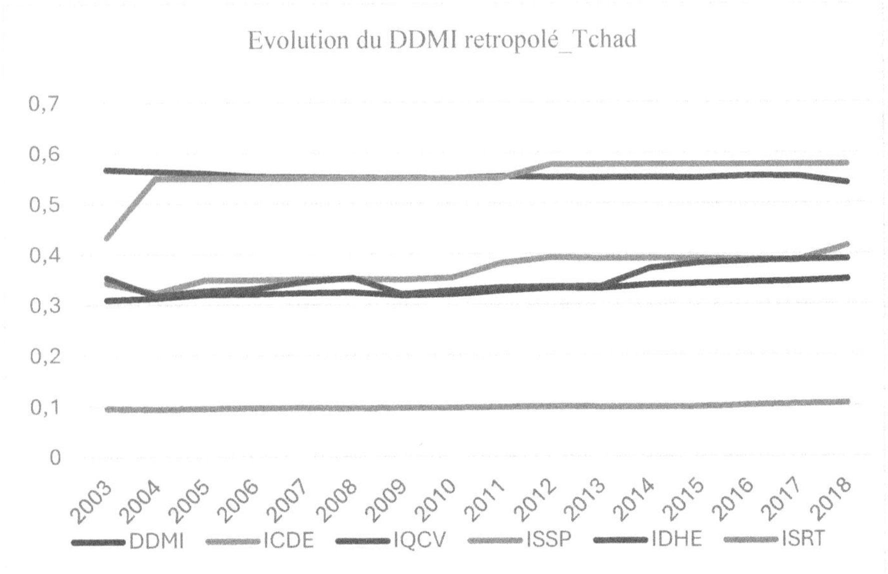

Source : CREG, 2024

Évolution du DDMI rétropolé du Niger sur la période 2001-2020

Cette sous-section présente les résultats du DDMI rétropolé du Niger sur la période 2001 à 2020. Le graphique 15 ci-dessous indique l'évolution du DDMI rétropolé sur cette période. On peut constater que les courbes de l'IQCV et de l'ISSP entraînent le DDMI vers le haut, impliquant qu'une amélioration du cadre de vie et des sorties de pauvreté entraîne une augmentation du DDMI. Puisque leurs courbes sont au-dessus de celle du DDMI. Par ailleurs, les courbes de l'ISRT et de l'IDHE sont inférieures à celle du DDMI.

Graphique 15 : Évolution du DDMI du Niger sur la période 2001-2020

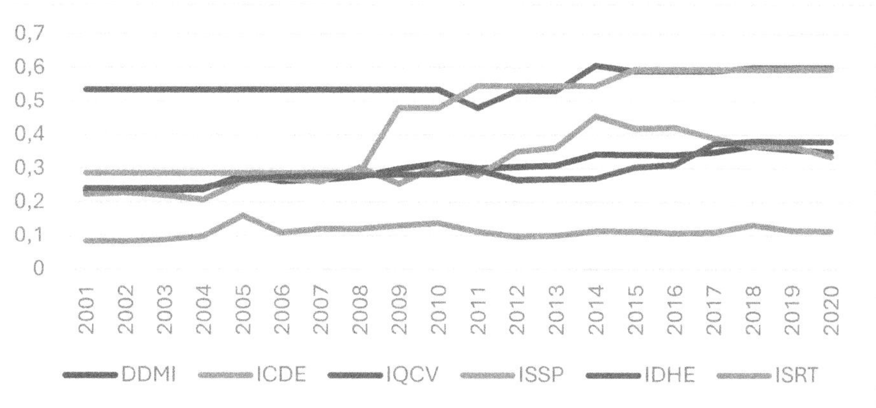

Source : CREG, 2024

Évolution du DDMI rétropolé du Mali

Le graphique 16 ci-dessous montre l'évolution du DDMI du Mali sur la période 2001 à 2022. On constate qu'une évolution en dent ascendante du DDMI du Mali de 2001 jusqu'en 2014 où il coïncide avec la courbe de l'IDHE. Ensuite s'en suit une baisse constante avant de reprendre avec un pic en 2019. En 2020, le DDMI a connu une forte chute avant de connaître une augmentation en 2022. Aussi, on remarque que la courbe du DDMI est inférieure à celles de l'ICDE, de l'ISSP et de l'IQCV. Ce qui signifie que ces indices ont une valeur importante et supérieure à celui du DDMI. Autrement dit, ces indices portent vers le haut le DDMI et contribuent fortement à la capture du dividende démographique au Mali. En revanche, les indices tels que l'ISRT et l'IDHE sont inférieurs au DDMI. Ce qui concourt à tirer le DDMI vers le bas. Pour améliorer le DDMI du Mali, il faudrait mettre plus l'accent sur les réseaux et territoires qui ont une faible contribution au DDMI de même le développement humain qui est faible au Mali.

Graphique 16 : Évolution du DDMI du Mali sur la période 2001-2022

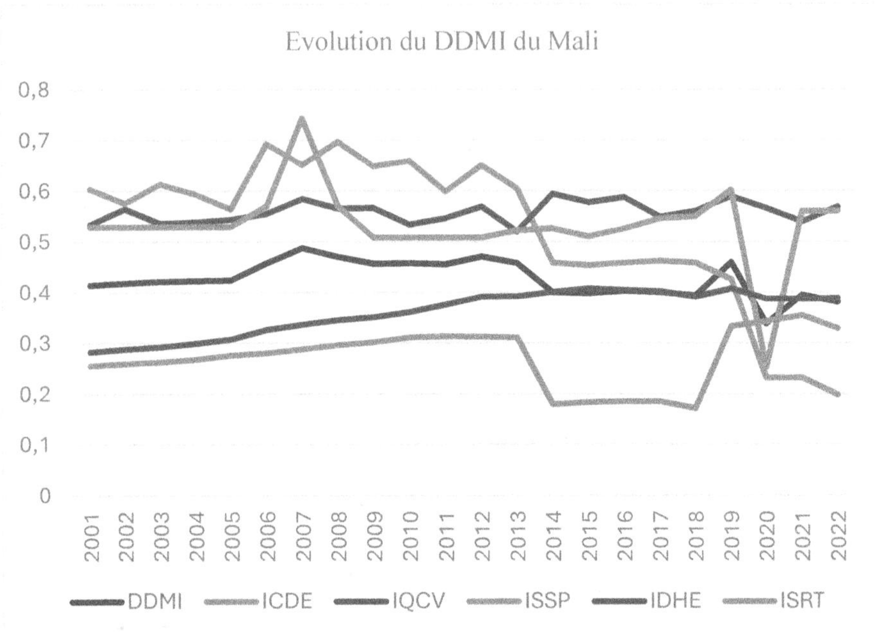

Source : CREG, 2024

Conclusion

L'analyse de la rétropolation des pays a permis de faire ressortir les évolutions des différents profils DDMI rétropolées des pays de l'étude. En effet, le DDMI a connu une ascension pour ses pays. Cependant, l'indice de réseau et territoire est la sous-dimension qui tire le DDMI vers le bas dans tous les pays étudiés. En Afrique de l'Ouest et du Centre, les réseaux et territoires ne sont pas interconnectés et développés. Pour ce qui est du Bénin, en dehors de l'ISRT, la qualité du cadre de vie est faible de même que le développement humain. Ces sous indicateurs détériorent la capture du dividende démographique au Bénin. Ensuite, le développement humain est très faible au Mali et impacte faiblement sur la capture du dividende démographique. Tel n'est pas le cas de l'ISSP, de l'ICDE et de l'IQCV dont les courbes sont au-dessus de celle du DDMI. Pour mieux capturer le dividende démographique au Mali, il faudrait améliorer la qualité du cadre de vie, réduire la dépendance économique et aussi la dynamique de la pauvreté. Par ailleurs, au Niger, au Tchad et en Guinée, en plus de l'ISRT, l'IDHE est très faible. Ce qui implique que ces pays ont un faible capital humain. Une amélioration de la qualité du cadre de vie et des sorties de pauvreté améliore le DDMI dans ces pays. En outre, au Cameroun l'ISRT et l'ICDE tirent le DDMI vers le bas. Ce qui n'est pas le cas de l'IDHE, de l'ISSP et de l'IQCV qui contribuent à l'amélioration du DDMI.

Au regard de ce qui précède, quelques recommandations de politiques publiques peuvent être faites :

– Améliorer les flux de transferts et communication ;

– Améliorer l'interconnectivité des territoires ;

– Étendre les services sociaux de base dans tous les pays afin d'améliorer l'accès à la santé, à l'éducation, aux infrastructures de transports et de marchés ;

– Renforcer les mesures de bonne gouvernance pour s'ouvrir aux investissements directs étrangers afin d'améliorer les flux financiers et les flux migratoires entrants ;

– Poursuivre les efforts notés dans la construction des infrastructures routières ;

– Promouvoir des mesures incitatives pour booster les secteurs de l'urbanisme et de l'habitat ;

– Créer des zones franches industrialisées dans des régions à faible infrastructure et urbanisation

– Créer des pôles d'emplois pour permettre l'attractivité des territoires (des usines, des industries de transformation agroalimentaires dans des zones à faible attractivité) ;

– Créer des facilités d'accès aux transferts formels en réduisant des coûts de transactions

– Réglementer la migration extérieure à travers une migration responsable et contrôlée ;

– Réduire l'informalité en allégeant la fiscalité à travers des taux d'imposition attrayants afin d'améliorer le taux de l'emploi formel et contribuer au PIB national.

– Améliorer le niveau du capital humain des hommes et des femmes dans les **pays où l'IDHE est faible.**

Références bibliographiques

Dang, H. A., & Lanjouw, P. F. (2013). Measuring poverty dynamics with synthetic panels based on cross-sections. World Bank Policy Research Working Paper, (6504).

OECD, http://www.oecdbetterlifeindex.org/wpsystem/wpcontent/uploads/2011/05/YourBetterLifeIndex_ExecutiveSummary2.pdf

OECD, http://www.oecdbetterlifeindex.org/wpsystem/wpcontent/uploads/2011/06/BetterLifeIndex_Data_2011V6.xls

United Nations. (2013). National transfer accounts manual: Measuring and analysing the generational economy. UN.

CHAPITRE 6

TRANSFORMATION FONCTIONNELLE DU BUDGET

Introduction

Les interrelations entre la population et le développement sont devenues un sujet d'intérêt dans les pays où les perspectives de croissance démographique sont élevées. On estime qu'en 2019, environ 230 millions de jeunes (âgés de 15 à 24 ans) vivaient en Afrique, ce qui représente environ 19 % de la population mondiale des jeunes. Les projections indiquent que d'ici 2030, le nombre de jeunes vivants en Afrique augmentera de 42 % au maximum. Ibrahim M. (2019). Conscients de cet enjeu, les pays africains ont adopté la feuille de route de l'Union africaine dont l'objectif principal est de transformer le potentiel de la population en opportunité économique. Cependant, compte tenu des contraintes de financement et de la rareté des ressources, l'allocation optimale du budget devient un impératif pour la capture du dividende démographique. Il y a donc nécessité de mieux appréhender la structure des dépenses publiques afin de les réorienter vers les investissements sensibles au dividende démographique.

Le budget national est le principal outil d'allocation des ressources aux différents secteurs économiques et sociaux d'un pays. Son évolution et sa composition entraînent des conséquences significatives sur les résultats des politiques publiques mises en œuvre dans le pays. Cet instrument, s'il est mis en cohérence avec les composantes du DDMI (Demographic Dividend Monitoring Index), pourrait accélérer la réalisation des conditions d'une croissance durable, inclusive et favorable à la capture du dividende démographique et au développement durable en Afrique.

Le présent chapitre a pour objectif général de transformer le budget classique en budget fonctionnel suivant les huit (8) fonctions associées au dividende démographique à savoir : Santé, Éducation, Institution, Sécurité, Économie, BTP-Energie, Réseau social et Réseau professionnel.

Section 1 : La notion de transformation fonctionnelle du budget

L'outil de gestion étudié est le contrôle budgétaire qui suppose, d'une part, l'existence d'une prévision chiffrée dans un langage comptable couvrant l'ensemble de l'activité de l'entreprise, et, d'autre part, la production d'états comparatifs entre les prévisions et les réalisations. Si nous ne souhaitons pas entrer plus avant dans les caractéristiques de la mise en œuvre de ce contrôle budgétaire, c'est que justement son histoire est aussi celui des débats relatifs aux « bonnes façons », de s'en servir (Berland, I999aet b ; Burchell et a1.,1980).

On peut repérer, pour la France, trois phases historiques dans la construction du contrôle budgétaire. La première recoupe à peu près les années 1930. Elle s'ouvre par la conférence internationale du contrôle budgétaire qui s'est tenue à Genève dans le cadre de l'institut international d'organisation scientifique du travail en 1930. Sa conception du contrôle budgétaire est teintée des idées rationalistes des ingénieurs qui la promeuvent. La deuxième phase nous conduit à la fin des années 1950. Le contrôle budgétaire s'inscrit alors dans le contexte réformiste de l'après-guerre et la construction du compromis fordien (Aglietta, 1976 ; Boyer, Mistral, 1978). Si son caractère rationnel n'a pas disparu, le contrôle budgétaire se voit confier d'autres missions comme celle d'humaniser l'économie, de contribuer à la croissance et au progrès social en facilitant un partage équitable de la valeur ajoutée, et de favoriser la décentralisation de l'information au sein des entreprises et la professionnalisation des cadres. La troisième phase couvre les années 1960 et voit l'entrée en force des réflexions sur la motivation au travail. L'accent est alors mis sur l'utilisation du budget comme cible à atteindre et du contrôle budgétaire comme moyen de motivation et d'évaluation des performances.

De Crombrugghe et Lipton (1994) ont analysé l'évolution du budget polonais entre 1989 et 1991, une période de transformation économique majeure à la suite de la chute du régime communiste. Ils utilisent des données budgétaires et macroéconomiques pour examiner les forces structurelles et macroéconomiques qui ont influencé le budget. Les auteurs constatent qu'en 1989, un déficit important est apparu en raison de l'effondrement du système fiscal communiste. En 1990, un excédent budgétaire a été réalisé grâce à la stabilisation et à la libéralisation économique. Cependant, la correction budgétaire s'est érodée avec le temps en raison de l'impact négatif de la transformation économique sur la gestion budgétaire. Des changements dans la base fiscale et les priorités de dépenses ont également joué un rôle important. Le budget a été contraint par des problèmes financiers et des pressions pour améliorer les services publics et les filets de sécurité sociale.

Chugunov et Makogon (2016) ont utilisé des méthodes d'abstraction, d'analyse et de synthèse pour examiner les indicateurs budgétaires et la dette publique de l'Ukraine pour l'année 2016. Ils montrent que le déficit budgétaire de l'Ukraine est identifié comme l'un des facteurs d'inflation, affectant la stabilité financière et économique. Les auteurs soulignent la nécessité d'améliorer la politique budgétaire, notamment en utilisant le déficit budgétaire comme outil de régulation financière et économique.

Dans le paysage complexe de la gouvernance économique, la transformation budgétaire constitue un pilier essentiel. Il s'agit du processus par lequel les politiques, structures et pratiques fiscales d'un pays évoluent pour s'adapter à des contextes économiques, sociaux et politiques changeants. Comprendre l'importance de la transformation budgétaire nécessite d'examiner ses multiples facettes, en tenant compte des points de vue des économistes, des décideurs politiques et des citoyens.

La transformation budgétaire est essentielle pour maintenir la résilience économique. Un cadre budgétaire solide garantit la stabilité en cas de chocs économiques, tels que les récessions ou les crises mondiales. Les pays qui ont réussi à transformer leur système fiscal sont mieux équipés pour faire face aux tempêtes financières.

Exemple : après la crise financière mondiale de 2008, plusieurs pays européens ont entrepris des réformes budgétaires pour renforcer la stabilité. L'amendement constitutionnel du « frein à l'endettement » de l'Allemagne a limité les déficits, contribuant ainsi à sa forte reprise.

La transformation budgétaire implique une optimisation de l'allocation des ressources. Les gouvernements doivent donner la priorité aux dépenses dans les secteurs critiques (par exemple, la santé, l'éducation, les infrastructures) tout en minimisant le gaspillage.

Exemple : la transformation budgétaire de la Nouvelle-Zélande dans les années 1980 a réorienté l'attention d'une budgétisation basée sur les intrants vers des approches axées sur les résultats. Cela a conduit à une efficacité améliorée et à de meilleurs résultats.

Figure 8 : Les fonctions de l'État selon Musgrave

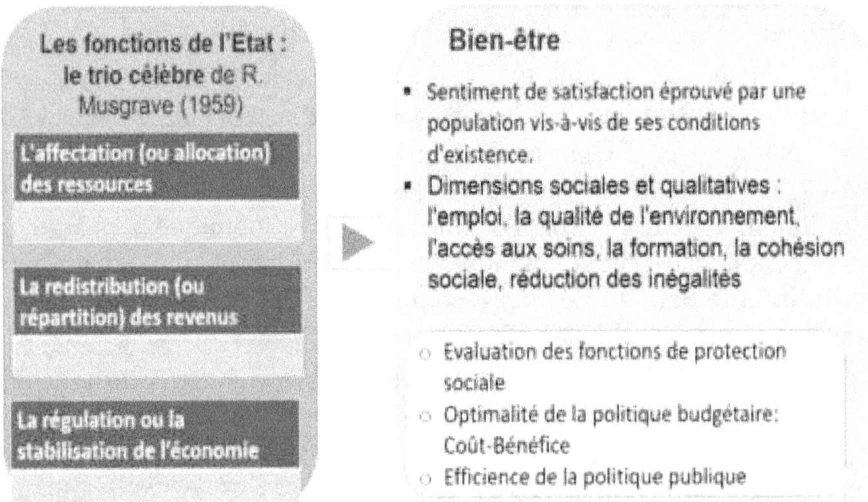

Source : Musgrave (1959)

Section 2 : Procédure de transformation budgétaire

Clarification des concepts

- **Budget de l'État**

C'est un « Acte par lequel sont prévues et autorisées les recettes et les dépenses annuelles de l'État ». Aussi, le budget de l'État est l'« Ensemble des comptes qui décrivent pour une année civile toutes les ressources et toutes les charges de l'État ».

- **Budget général**

Il s'agit d'un document qui retrace toutes les recettes budgétaires et toutes les dépenses de l'État (excepté recettes affectées aux budgets annexes et aux comptes spéciaux).

- **Budget Programme (BP)**

C'est la nomenclature du budget de l'État qui permet de mettre en relation l'utilisation de crédits budgétaires et les politiques publiques mises en œuvre. Les crédits sont regroupés au sein de programme.

- **Classification fonctionnelle**

La classification des transactions des dépenses en fonction des fins auxquelles ces transactions sont réalisées. Une classification fonctionnelle ne dépend pas des unités qui réalisent les activités concernées.

Cela invite à pratiquer une nomenclature du fait de l'existence de différentes rubriques du budget.

La nomenclature budgétaire équivaut à un système de classification budgétaire. À cet effet, la nomenclature budgétaire suit le système de classification budgétaire. Il s'agit de la classification des opérations budgétaires en fonction de différents critères.

Les opérations budgétaires sont classées en :

- Recettes : recettes du budget classées selon leur nature correspondant à l'assiette de l'impôt, et éventuellement selon leur source.
- Dépenses : les dépenses du budget sont présentées selon les classifications administratives, par programme, fonctionnel et économique.

La nomenclature budgétaire constitue un cadre de référence obligatoire.

Encadré 1 : Notion de biens et services publics

La théorie de l'équilibre général étudie la production et l'échange de biens privés. Les biens privés sont à la fois rivaux et excluables. Le principe de rivalité induit que la quantité consommée par un consommateur réduit d'autant la quantité disponible pour les autres consommateurs. Quant au critère d'excluabilité, c'est la possibilité d'exclure ou d'empêcher n'importe quel individu d'utiliser un bien. Ainsi, par opposition aux biens privés, les biens publics ne sont ni excluables ni rivaux (Mankiw and Taylor, 2013). Les deux critères susmentionnés sont valables pour caractériser tous les biens et services produits dans une économie et permettent de les classer en quatre grandes familles à savoir : les biens privés, les biens communaux, les biens publics et les biens de club. Le tableau ci-dessous résume la typologie des biens classés selon les critères de rivalité et d'excluabilité.

Tableau 21 : Typologie des biens

	Avec exclusion d'usage	**Sans exclusion d'usage**
Rival	Biens privés ex. : pomme	Biens communaux ex : pâturage
Non rival	Biens de club ex : TV cryptée	Biens publics ex. : défense nationale

Selon Mankiw et Taylor (2013), les trois biens publics les plus importants sont la défense nationale, la recherche fondamentale et la lutte contre la pauvreté. Pour Bozio et al., 2010, l'action publique ne se limite pas aux fonctions régaliennes de l'État, mais s'élargit aujourd'hui à la fourniture de biens et services d'éducation, de santé, de protection sociale et de réduction des inégalités.

Type de classification

- Classification administrative : il s'agit de (i) présenter les dépenses budgétaires selon les services ou groupes de services chargés de leur gestion et (ii) d'identifier la hiérarchie du service chargé de l'exécution de la dépense.
- Classification par programmes : ici, les crédits budgétaires sont décomposés en programmes (ou en dotations) au niveau des Institutions et des ministères du pays. Le programme regroupe les crédits d'une direction (ou ensemble de directions) ou d'un service (ou ensemble de services).
- Classification fonctionnelle : classer les dépenses budgétaires selon leurs objectifs socio-économiques.
- Classification économique : il s'agit d'observer une cohérence avec le plan comptable de l'État avec une codification permettant d'identifier les dépenses par nature.
- Autres types de classifications : il y a la classification par sources de financement où il s'agit d'identifier et de suivre les moyens de financement des dépenses budgétaires. Enfin, la classification par bénéficiaires où il s'agit d'établir le lien entre la dépense budgétaire et le bénéficiaire final.

Fonctionnement budgétaire et convergence

Pour satisfaire aux fonctions d'allocation de ressources, de redistribution de revenus et de stabilisation de l'économie, les différentes méthodes de budgétisation semblent converger.

De cela, il se distingue quatre (4) composantes budgétaires et huit (8) fonctions budgétaires. Le budget fonctionnel retient donc l'attention dans le processus de budgétisation sensible au dividende démographique. Il se distingue à cet effet, les fonctions relatives au capital humain (Éducation et santé), à la gouvernance (Sécurité et institutions), la structure de l'économie (BTP-Energie et affaires économiques) et les réseaux professionnels et sociaux (communication, loisir).

Transformation du budget classique au budget fonctionnel

Cette étape consiste à faire un parcours exhaustif du Budget classique pour classer chacune des lignes budgétaires à la fonction budgétaire qui lui correspond. Ce processus de transformation se fait selon trois étapes :

- La classification selon les Fonctions principales ;
- La classification selon les Fonctions secondaires et ;
- La classification selon les Natures budgétaires.

La classification selon les Fonctions principales

Le Budget classique avec toutes ces composantes structurelles est parcouru pour être remodelé en tenant compte des Huit Fonctions principales, pour ce faire, il a fallu regrouper les différents départements ministériels et Institutions Républicaines en tenant compte de leurs missions respectives en ces huit fonctions du Budget fonctionnel à savoir :

- L'Éducation
- La Santé
- La Sécurité
- Les Institutions
- Le Réseau professionnel
- Le Réseau social
- Les BTP-Energie
- L'Économie

La classification selon les Fonctions secondaires

Cet exercice consiste à faire correspondre à nouveau les dépenses effectuées au sein des départements et Institutions aux huit fonctions cette fois-ci en tenant compte des services dépensiers, de l'objet de la dépense et surtout de l'impact effectif de celle-ci

La classification selon la Nature budgétaire

Ce dernier consiste à reclasser les dépenses lors des deux premiers traitements en fonction des natures budgétaires à savoir :

- Fonctionnement
- Transfert
- Investissement

Le résultat de ces différents exercices est ensuite présenté dans deux tableaux croisés dynamiques :

- Tableau croisé dynamique 1 en prenant :
- En Ligne : la fonction principale et la fonction budgétaire
- En colonne : l'année et la nature de la dépense

- Tableau croisé dynamique 2 en prenant :
  - En ligne : la fonction budgétaire
  - En colonne : l'année et la nature de la dépense

Les types d'analyses

- Analyse économique du budget ;
- Détermination des optimums budgétaires sectoriels ;
- Analyse de l'efficacité et de l'efficience de l'allocation budgétaire ;
- Détermination des seuils budgétaires sectoriels.

Dans ce qui suit, il sera question de l'analyse économique du budget.

Figure 9 : Transformation fonctionnelle du budget

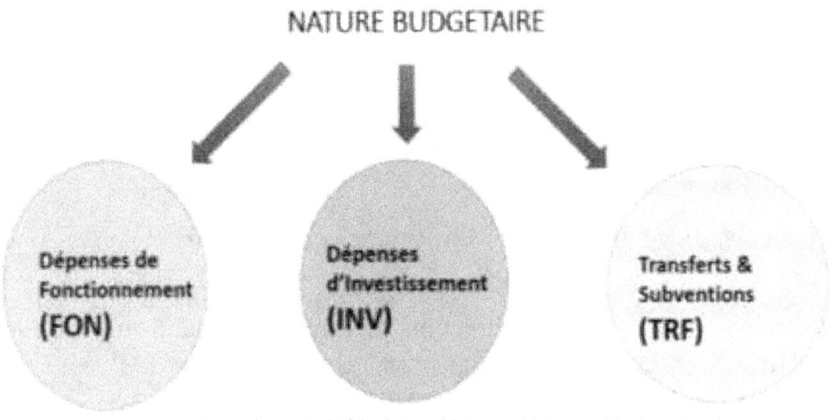

Source : CREG 2023

Figure 10 : Arrimage fonctions budgétaires et indice DDMI

Composantes du développement	Fonctions budgétaires	Sous-Dimensions du DDMI	Caractéristiques
Capital Humain	Education	Education	Non composite
	Santé	Santé	Non composite
Gouvernance	Institutions	Engagement civique	Non Composite
	Sécurité	Sécurité	Composite
Réseaux Professionnel et Social	Réseau social	Réseau social	Non composite
	Réseau professionnel	Equilibre travail vie privée + bien être subjectif	composite
Structure de l'économie	BTP – Energie	Urbanisation + infrastructures + logement	Composite
	Economie	ICDE + ISSP + Niveau de vie + urbanisation + infrastructures + environnement	Composite

Source : CREG 2023

Principe de la Transformation fonctionnelle du Budget

Ce principe a consisté à identifier pour chaque institution (section budgétaire) et sous institution de l'État sa mission/fonction principale, ensuite à affecter à une dépense budgétaire de ces institutions, la fonction DDMI (une structure définie au préalable par la BSDD) et enfin à identifier la nature de cette dépense. Il s'agit, en effet, d'une table de passage du budget classique au budget fonctionnel de l'État.

Conformément aux dimensions du dividende démographique, huit (8) grandes fonctions budgétaires de convergence ont été définies pour assurer l'arrimage du budget classique au DDMI. Il s'agit de :

Tableau 22 : Les 08 fonctions DDMI définies par la structure de la BSDD

Numéro	Fonction DDMI	Définition
01	**Éducation**	Ensemble des dépenses visant la production des biens et services pour la construction des compétences
02	**Santé**	Toutes les dépenses qui servent la santé des personnes
03	**Institution**	Dépenses destinées à produire des biens et services déterminant l'environnement juridique et

Numéro	Fonction DDMI	Définition
		institutionnel de rattachement de l'individu
04	**Sécurité**	Dépenses pour la production des biens et services visant à assurer la quiétude de l'individu et du peuple
05	**Affaire économique**	Dépenses budgétaires concourant à la production des biens et services marchands
06	**BTP & Énergie**	Dépenses liées à la production des biens et services marchands et non marchands
07	**Réseau social**	Dépenses en lien avec la production de tout bien et service visant à cimenter les relations sociales
08	**Réseau professionnel**	Dépenses visant l'interaction en matière de changement de comportement

Source : CREG 2023

Selon l'approche fonctionnelle du budget, trois (3) catégories de nature des dépenses ont été définies :

1. **Dépenses d'investissement (INV)** : les dépenses d'investissement sont considérées comme la valeur des montants des acquisitions d'actifs fixes d'un producteur au cours de la période comptable, augmentée de certaines dépenses spécifiques consacrées aux services qui ajoutent de la valeur aux actifs non produits. Dans le cas de DDMI, les charges de la dette sont comptées comme des dépenses d'investissement.

2. **Dépenses de fonctionnement (FON) :** Les dépenses de fonctionnement sont mesurées par la valeur des biens et des services et celle des rémunérations versées aux salariés dans un processus d'un bien ou service.

3. **Transferts & subventions (TRF)** : Un transfert ou une subvention est une opération dans laquelle une unité institutionnelle fournit un bien, un service ou un actif à une autre unité, sans recevoir de cette dernière en contrepartie directe un bien, un service ou un actif.

Tableau 23 : Table de passage de la nature budgétaire (classique) à la nature fonctionnelle (DDMI)

Code	Nature budgétaire	Nature DDMI
01	Charges financières	Investissements
05	Investissements	
02	Personnel	Fonctionnement
03	Biens et Services	
04	Transferts et subventions	Transferts

Source : CREG 2023

Section 3 : Analyse de la structure budgétaire

Analyse de la structure du budget selon les fonctions sur les 5 dernières années en Afrique

Tableau 24 : Structure du budget selon les fonctions sur les 5 dernières années

Composantes du développement	Capital humain		Économie		Gouvernance		Réseaux professionnel et social	
Fonctions budgétaires	Éducation	Santé	Affaires économiques	BTP — Énergie	Institutions	Sécurité	Réseau professionnel	Réseau social
BÉNIN	21 %	5 %	24 %	9 %	22 %	7 %	3 %	9 %
BURKINA FASO	21 %	9 %	24 %	14 %	16 %	9 %	2 %	5 %
MALI	18 %	5 %	30 %	11 %	13 %	17 %	1 %	5 %
MAURITANIE	10 %	17 %	9 %	8 %	10 %	16 %	14 %	15 %
NIGER	12 %	5 %	47 %	17 %	3 %	9 %	1 %	7 %
SÉNÉGAL	15 %	7 %	27 %	25 %	12 %	7 %	2 %	4 %
TCHAD	5 %	6 %	43 %	14 %	15 %	14 %	1 %	3 %
TOGO	17 %	4 %	36 %	15 %	15 %	10 %	2 %	1 %
ENSEMBLE	**18 %**	**6 %**	**32 %**	**13 %**	**14 %**	**10 %**	**2 %**	**5 %**

Source : CREG, 2024

Le tableau ci-dessus présente l'évolution des fonctions budgétaires sur la période allant de 2017 à 2021. Ces fonctions qui sont au nombre de huit (8) représentent les quatre (4) dimensions économiques et sociales inhérentes à la capture du dividende démographique. Chacune de ces dimensions regroupe deux (2) fonctions budgétaires comme suit : Capital humain (Éducation et Santé) ; structure de l'économie (BTP-Energie et Économie), Gouvernance (Institution et Sécurité) et Réseaux (professionnel et social).

L'analyse du tableau montre que les fonctions économie occupent la part la plus importante du budget, avec 45 %. Elles sont suivies des foncions Gouvernance (24 %), Capital humain (24 %) et Réseaux professionnels (7 %).

Les fonctions de la composante « Capital humain »

Concernant la composante budgétaire du capital humain, il est observé que pour les 8 pays ci-dessus le budget alloué à cette composante est bien plus orienté vers l'éducation avec 18 % du budget total que sur la santé avec seulement 6 % du budget total. Pour ce qui est de l'éducation, le Bénin et le Burkina Faso viennent en tête avec 21 % de leur budget chacun. Le Tchad vient en dernière position pour ce qui de son budget alloué à l'éducation avec seulement 5 %. Pour ce qui est de la santé, la Mauritanie vient en tête en allouant 17 % de son budget à la santé contre moins de 10 % pour tous les autres pays de l'échantillon.

Les fonctions de la composante « Economie »

Concernant la composante budgétaire de l'économie, il est observé que pour les 8 pays ci-dessus le budget alloué à cette composante est bien plus orienté vers les affaires économiques avec 32 % du budget total que sur les BTP – Énergie avec seulement 13 % du budget total. Pour ce qui est des affaires économiques, le Niger et le Tchad viennent en tête avec respectivement 47 % et 43 % de leur budget total. La Mauritanie vient en dernière position pour ce qui de son budget alloué aux affaires économiques avec seulement 9 %. Pour ce qui est des BTP – Énergie, le Sénégal vient en tête en allouant 25 % de son budget aux BTP – Énergie contre moins de 20 % pour tous les autres pays de l'échantillon.

Les fonctions de la composante « Gouvernance »

Concernant la composante budgétaire de la gouvernance, il est observé que pour les 8 pays ci-dessus le budget alloué à cette composante est de 14 % pour les Institutions et de 10 % pour la Sécurité. Pour ce qui est des Institutions, le Bénin vient en première position en allouant 22 % de son Budget total et le Niger vient en dernière position avec seulement 3 % de son budget total. Pour ce qui est de la Sécurité, le Mali et la Mauritanie viennent en tête en y allouant respectivement 17 % et 16 %

de leur budget total. Le Sénégal et le Bénin viennent en dernière position avec chacun 7 % de leur Budget total.

Les fonctions de la composante « Réseau »

Concernant la composante budgétaire de Réseau, il est observé que pour les 8 pays ci-dessus le budget alloué à cette composante est de 5 % pour le réseau social et de 2 % pour le réseau professionnel. Pour ce qui est du réseau social, la Mauritanie vient en première position en allouant 15 % de son Budget total et le Togo vient en dernière position avec seulement 1 % de son budget total. Pour ce qui est du réseau professionnel, la Mauritanie vient encore en tête en y allouant 14 % de son budget total. Ainsi, on note que seule la Mauritanie alloue un budget supérieur à 10 % dans la composante Réseau. Tous les autres pays de l'échantillon y allouant moins de 10 %.

Analyse des structures par nature budgétaire

Tableau 25 : Structure du budget selon la nature des dépenses sur les 05 dernières années

	Fonctionnement	**Investissement**	**Transferts**
BÉNIN	44 %	21 %	35 %
BURKINA FASO	44 %	36 %	20 %
MALI	42 %	40 %	18 %
MAURITANIE	64 %	35 %	1 %
NIGER	24 %	62 %	14 %
SÉNÉGAL	42 %	19 %	39 %
TCHAD	47 %	23 %	30 %
TOGO	48 %	34 %	18 %
ENSEMBLE	**44 %**	**29 %**	**27 %**

Source : CREG, 2024

Dans une perspective de comparaison, une analyse benchmarking de la structure par nature budgétaire a été faite sur quelques pays d'Afrique. Les résultats de cette analyse sont présentés dans le tableau ci-dessus. Il ressort de ce tableau que sur la période 2017-2021, les dépenses de fonctionnement dans les budgets des pays concernés sont les plus dominantes, soit 44 % du budget total en moyenne à l'exception du Niger dont les dépenses d'investissement sont les plus dominantes (62 %). Les dépenses d'Investissement et de transferts de ces pays représentent sur la même période respectivement 29 % et 27 % en moyenne de leur budget total.

La Mauritanie est le pays qui se distingue comme leader avec la part la plus élevée dans les dépenses de fonctionnement, soit 64 % du budget global. Le Niger pour cette nature est le dernier avec 24 % du budget global. On note aussi que le Sénégal est le pays qui alloue le moins dans les dépenses d'investissement (19 %) du budget global.

Enfin, on note en revanche pour ce qui est des dépenses de transferts que le Sénégal est le pays qui alloue le plus avec 39 % du budget global suivi du Bénin (35 %) du budget global. Le dernier pays pour cette nature est la Mauritanie avec 1 % du budget global.

Analyse des structures budgétaires par nature et par fonctions

Tableau 26 : Structure du budget selon la nature et les fonctions sur les 05 dernières années pour tous les pays confondus

Composantes	Fonctions	Fonction.	Investis.	Transferts	TOTAL
Capital humain	Éducation	11 %	3 %	4 %	**18 %**
	Santé	2 %	1 %	2 %	**6 %**
Économie	Affaires économiques	10 %	13 %	9 %	**32 %**
	Énergie, BTP	3 %	6 %	4 %	**13 %**
Gouvernance	Institutions	8 %	2 %	4 %	**14 %**
	Sécurité	7 %	2 %	1 %	**10 %**
Réseaux prof et social	Réseau professionnel	1 %	0,4 %	1 %	**1 %**
	Réseau social	2 %	1 %	2 %	**5 %**
TOTAL		**44 %**	**29 %**	**27 %**	**100 %**

Source : CREG, 2024

Conclusion

Les résultats de la Transformation fonctionnelle du Budget de l'État montrent qu'au plan national, la structure moyenne du Budget de l'État accorde une part importante à l'économie nationale. En effet, il est observé que pour les 8 pays ci-dessus le budget alloué à cette composante est bien plus orienté vers les affaires économiques avec 32 % du budget total. Ensuite, l'Analyse des structures par nature budgétaire nous indique que les dépenses de fonctionnement dans les budgets des pays concernés sont les plus dominantes, soit 44 % du budget total en moyenne.

Au chapitre des recommandations, eu égard aux résultats de la transformation fonctionnelle du budget, il est souhaitable de :

– accorder une place de choix non seulement à la structure de l'économie, mais également aux secteurs sociaux de base (Santé, éducation, niveau de vie) ;

– accorder une place de choix également aux investissements, gage de la transformation structurelle d'une économie ;

– accélérer le passage du budget classique au budget programme ;

– promouvoir l'utilisation de l'outil BSDD dans les conférences budgétaires ;

– rehausser les investissements en lien avec le capital humain (santé, éducation, etc.) dans le budget de l'État.

Références bibliographiques

Berland N. (1999a), L'Histoire du contrôle budgétaire en France. Les fonctions du contrôle budgétaire, influences de l'idéologie, de l'environnement et du management stratégique, thèse de doctorat en sciences de gestion, université de Paris Dauphine.

Berland N. (1999 b), « À quoi sert le contrôle budgétaire ? Les rôles du budget," Finance-Contrôle Stratégie, September, vol. 2, n° 3, pp. 5-24.

Burchell S., Clubb C., Hopwood A., Hughes, Nahapiet J. (1980), The Roles of Accounting in Organizations and Society, Accounting, Organizations and Society vol. 5, n° l, pp. 5-27.

Chugunov, I. & Makogon, V. (2016). Budget policy under economic transformation. *Економічний часопис-XXI*, (158), 66-70.

De Crombrugghe, A., & Lipton, D. (1994). The government budget and the economic transformation of Poland. In *The Transition in*

Eastern Europe, Volume 2, Restructuring (pp. 111-136). University of Chicago Press.

Faster Capital 2024 : Analyse de la transformation budgétaire : comment réaliser et maintenir la transformation budgétaire

Fondation Mo Ibrahim ? 2019. Rapport du Forum Ibrahim 2019 : La jeunesse africaine : Migration, faute d'emploi ? Démographie, perspectives économiques et mobilité.

CHAPITRE 7

CONTRÔLE OPTIMAL DU BUDGET

Introduction

Les politiques monétaire et budgétaire sont deux instruments de l'organisation des politiques économiques dans les pays. Ces outils participent entre autres à la maîtrise de l'inflation et des déficits publics, à la relance de la croissance économique, la réduction du chômage, etc. En revanche, la mise en œuvre de ces outils dans une union économique et monétaire pose d'énormes défis à cause de la coordination d'un policy mix dans lequel, la politique monétaire est gérée par une banque centrale autonome et la politique budgétaire est mise en œuvre par chaque pays souverain. Cette situation dangereuse pour l'efficacité économique, si elle n'est pas maîtrisée, est à l'origine de bien de controverses dans la mise en œuvre des politiques économiques d'une part, entre déficit public et taux d'intérêt, et d'autre part, entre politique monétaire et politique budgétaire (Creel, 2001 ; Creel et Sterdyniak, 1998).

Le Sénégal et les autres pays de l'Union Économique et Monétaire ouest-africaine (UEMOA) se retrouvent parfaitement dans la situation décrite ci-dessus. La gestion de la politique monétaire dans l'Union étant la prérogative de la BCEAO (Banque Centrale des États de l'Afrique de l'Ouest), qui a pour principal objectif la maîtrise de l'inflation, les pays sont pratiquement réduits à l'utilisation de la politique budgétaire pour la mise en œuvre des politiques économiques et la production du bien-être collectif.

La politique budgétaire contracyclique défendue par les keynésiens permet aux pays de naviguer entre une hausse des dépenses publiques en période de récession et une augmentation de l'impôt en période de croissance économique (Llorca, 2016 ; French-Davis, 2010). L'emploi d'une politique budgétaire expansionniste, notamment à travers l'augmentation des investissements publics, présente l'inconvénient de susciter l'augmentation de l'endettement, mettant à mal la solvabilité des pays. Cette politique peut même s'avérer inefficace par moment dans les pays de l'UEMOA à cause des biais de procyclicité induit par les facteurs tels que le niveau élevé de l'endettement, la hausse des prix du pétrole et la rigidité des dépenses publiques (Kane, 2018).

L'échec de la mise en œuvre du consensus de Washington sous l'initiative du Fonds Monétaire international (FMI) a eu pour effet la réduction des dépenses publiques et n'a pas favorisé l'augmentation des recettes fiscales (Llorca, 2016 ; Adli et Akacem, 2012). Selon les données de la BCEAO, le taux de pression du Sénégal est le plus élevé de la région, mais reste en deçà de la norme communautaire qui est fixée à 20 % du PIB. La pression fiscale est passée d'un niveau moyen de 14,91 % sur la période 2002-2014 à 15,75 % sur la période 2014-2019, soit une augmentation de 0,84 point de pourcentage entre les deux périodes (Trinnou, 2021).

Face à la difficulté de manœuvrer les instruments de politique budgétaire, il est important pour des pays comme le Sénégal de revenir aux fondamentaux en mettant l'accent sur l'allocation optimale des ressources publiques disponibles pour assurer l'efficacité et l'efficience économique. La majorité des travaux empiriques sur l'allocation optimale des ressources budgétaires se sont plus intéressés aux déterminants de l'efficience des dépenses publiques. Ainsi, la faible qualité institutionnelle, la corruption et le régime politique sont considérés comme les principaux facteurs de l'inefficacité des dépenses publiques dans les pays de la région du Moyen-Orient, de l'Afrique du Nord et de l'Afrique subsaharienne (Guèye, 2021 ; Rota-Graziosi, et al., 2021 ; Mtiraoui, 2015). Outre les déterminants, il est important de s'intéresser à la structure fonctionnelle du budget, car il a été prouvé que l'allocation optimale des dépenses publiques a l'avantage de favoriser la transformation structurelle des secteurs de l'économie (Aguey, 2020 ; Kuate Fotue, 2015). À cet effet, il est donc possible d'envisager une allocation fonctionnelle des ressources qui optimise le bien-être collectif en minimisant le coût du budget.

L'objectif de ce chapitre est alors de déterminer les structures de l'allocation fonctionnelle du budget qui optimise la fonction de production du bien-être sous contrainte budgétaire au Sénégal. Dans la suite, nous présentons dans la section 1 les généralités sur la structure du budget et son fonctionnement. La section 2 est consacrée à la revue de la littérature sur les théories du contrôle optimal. La méthodologie de la recherche est présentée dans la section 3. La section 4 traite de l'interprétation, de l'analyse et de la discussion des résultats, avant de conclure.

Section 1 : La structure du budget, comment ça marche ?

L'allocation optimale du budget de l'État, à l'instar de la bonne gestion des ressources publiques, est la clé de voute de l'efficience des dépenses publiques. En effet, l'allocation qui est faite des ressources publiques est étroitement liée à la structure du budget. Avant d'opérer des arbitrages sur l'allocation du budget, il est important de regarder de près la typologie du budget en question, son fonctionnement et les principes qui entourent l'analyse des structures budgétaires.

Type de classification

Le budget de l'État peut se présenter sous plusieurs formes. Il s'agit entre autres des :

o Classification administrative : il s'agit de (i) présenter les dépenses budgétaires selon les services ou groupes de services chargés de leur gestion et (ii) d'identifier la hiérarchie du service chargé de l'exécution de la dépense.

o Classification par programmes : ici, les crédits budgétaires sont décomposés en programmes (ou en dotations) au niveau des Institutions et des ministères du pays. Le programme regroupe les crédits d'une direction (ou ensemble de directions) ou d'un service (ou ensemble de services).

o Classification fonctionnelle : classer les dépenses budgétaires selon leurs objectifs socio-économiques.

o Classification économique : il s'agit d'observer une cohérence avec le plan comptable de l'État avec une codification permettant d'identifier les dépenses par nature.

o Autres types de classifications : il y a la classification par sources de financement où il s'agit d'identifier et de suivre les moyens de financement des dépenses budgétaires. Enfin, la classification par bénéficiaires où il s'agit d'établir le lien entre la dépense budgétaire et le bénéficiaire final.

Fonctionnement budgétaire et convergence

Pour satisfaire aux fonctions d'allocation de ressources, de redistribution de revenus et de stabilisation de l'économie, les différentes méthodes de budgétisation semblent converger.

De cela, il se distingue quatre (4) composantes budgétaires et huit (8) fonctions budgétaires. Le budget fonctionnel retient donc l'attention dans le processus de budgétisation sensible au dividende démographique. Il se distingue à cet effet, les fonctions relatives au capital humain (Éducation et santé), à la gouvernance (Sécurité et institutions), la structure de l'économie (BTP-Energie et affaires économique) et les réseaux professionnels et sociaux (communication-loisir).

Transformation du budget classique au budget fonctionnel

Cette étape consiste à faire un parcours exhaustif du Budget classique pour classer chacune des lignes budgétaires à la fonction budgétaire qui lui correspond. Ce processus de transformation se fait selon trois étapes :

- La classification selon les Fonctions principales ;
- La classification selon les Fonctions secondaires et ;
- La classification selon la Nature budgétaire.

La classification selon les Fonctions principales

Le Budget classique avec toutes ces composantes structurelles est parcouru pour être remodelé en tenant compte des Huit Fonctions principales. Pour ce faire, il a fallu regrouper les différents départements ministériels et Institutions Républicaines en tenant compte de leurs missions respectives en ces huit fonctions du Budget fonctionnel à savoir :

- l'Éducation,
- la Santé
- et la Sécurité,
- les Institutions,
- le Réseau professionnel,
- le Réseau social,
- les BTP-Energie,
- l'Économie.

La classification selon les Fonctions secondaires

Cet exercice consiste à faire correspondre à nouveau les dépenses effectuées au sein des départements et Institutions aux huit fonctions cette fois-ci en tenant compte des services dépensiers, de l'objet de la dépense et surtout de l'impact effectif de celle-ci.

La classification selon la Nature budgétaire

Ce dernier consiste à reclasser les dépenses lors des deux premiers traitements en fonction des natures budgétaires à savoir :

- Fonctionnement
- Transfert
- Investissement.

Le résultat de ces différents exercices est ensuite présenté dans deux tableaux croisés dynamiques :

- Tableau croisé dynamique 1 en prenant :

- En Ligne : la fonction principale et la fonction budgétaire
- En colonne : l'année et la nature de la dépense ;

- Tableau croisé dynamique 2 en prenant :

- En ligne : la fonction budgétaire
- En colonne : l'année et la nature de la dépense.

➢ Les types d'analyses

- Analyse économique du budget ;
- Détermination des optimums budgétaires sectoriels ;
- Analyse de l'efficacité et de l'efficience de l'allocation budgétaire ;
- Détermination des seuils budgétaires sectoriels.

Dans ce qui suit, il sera question de l'analyse économique du budget.

Section 2 : Ancrage théorique et empirique de la notion de contrôle optimal

Origine du Contrôle optimal

En mathématiques, la théorie du contrôle optimal s'inscrit dans la continuité du calcul des variations. Elle est apparue après la Seconde Guerre mondiale et permet de répondre à des besoins pratiques de guidage, notamment dans le domaine de l'aéronautique et de la dynamique du vol. Historiquement, la théorie du contrôle optimal est très liée à la mécanique classique, en particulier aux principes variationnels de la mécanique (principe de Fermat, de Huygens, équations d'Euler-Lagrange). Le point clé de cette théorie est le principe du maximum de Pontryagin, formulé par L. S. Pontryagin en 1956, qui donne une condition nécessaire d'optimalité et permet ainsi de calculer les trajectoires optimales (Pontryagin, 1959).

Les points forts de la théorie ont été entre autres la découverte de la méthode de programmation dynamique, l'introduction de l'analyse fonctionnelle dans la théorie des systèmes optimaux, la découverte des liens entre les solutions d'un problème de contrôle optimal et des résultats de la théorie de stabilité de Lyapunov (Lyapunov, 1992). Plus tard sont apparues les fondations de la théorie du contrôle stochastique et du filtrage de systèmes dynamiques, la théorie des jeux, le contrôle d'équations aux dérivées partielles.

On considère que la théorie moderne du contrôle optimal a commencé dans les années 50, avec la formulation du principe du maximum de Pontryagin, qui généralise les équations d'Euler-Lagrange du calcul des variations. Dès lors, la théorie a connu un essor spectaculaire, ainsi que de nombreuses applications. De nos jours, les systèmes automatisés font complètement partie de notre quotidien (nous en sommes souvent inconscients), ayant pour but d'améliorer notre qualité de vie et de faciliter certaines tâches : système de freinage ABS, assistance à la conduite, servomoteurs, thermostats, régulation hygrométrique, circuits frigorifiques, contrôle des flux routiers, ferroviaires, aériens, boursiers, fluviaux, barrages EDF, photographie numérique, filtrage et reconstruction d'images, lecteurs CD et DVD, réseaux informatiques, moteurs de recherche sur internet, circuits électriques, électroniques, télécommunications en général, contrôle des procédés chimiques, raffinage pétrolier, chaînes industrielles de montage, peacemakers et autres systèmes médicaux automatisés, opérations au laser, robotique, satellites, guidages aérospatiaux, bioréacteurs, distillation, etc. La liste est infinie, les applications concernent tout système sur lequel on peut avoir une action, avec une notion de rendement optimal.

Notons que l'allure des trajectoires optimales dépend fortement du critère d'optimisation. Par exemple, pour réaliser un créneau et garer sa voiture, il est bien évident que la trajectoire suivie diffère si on réalise l'opération en temps minimal (ce qui présente un risque) ou bien en minimisant la quantité d'essence dépensée. Le plus court chemin entre deux points n'est donc pas forcément la ligne droite. En 1638, Galilée étudie le problème suivant : déterminer la courbe sur laquelle une bille roule, sans vitesse initiale, d'un point A à un point B, avec un temps de parcours minimal, sous l'action de la pesanteur (toboggan optimal).

C'est le fameux problème de la brachistochrone émanant des mots du grec brakhistos (qui signifie "le plus court", et chronos, qui se réfère au "temps"). Galilée pense que la courbe cherchée est l'arc de cercle, mais il a déjà remarqué que la ligne droite n'est pas le plus court chemin en temps. En 1696, Jean Bernoulli pose ce problème comme un défi aux mathématiciens de son époque. Il trouve lui-même la solution, ainsi que son frère Jacques Bernoulli, Newton, Leibniz et le marquis de l'Hospital. La solution est un arc de cycloïde commençant par une tangente verticale. Ce résultat a motivé le développement de la théorie du calcul des variations, devenue, plus tard, la théorie du contrôle optimal (pour plus de détails sur l'histoire du problème de la brachistochrone).

Principe du Contrôle optimal

La théorie du contrôle analyse les propriétés des systèmes commandés, c'est-à-dire des systèmes dynamiques sur lesquels on peut agir au moyen d'une commande (ou contrôle). Le but est alors d'amener le système d'un état initial donné à un certain état final, en respectant éventuellement certains critères. Les systèmes abordés sont multiples : systèmes différentiels, systèmes discrets, systèmes avec bruit, avec retard... Leurs origines sont très diverses : mécanique, électricité, électronique, biologie, chimie, économie, etc. L'objectif peut être de stabiliser le système pour le rendre insensible à certaines perturbations (stabilisation), ou encore de déterminer des solutions optimales pour un certain critère d'optimisation (contrôle optimal).

La problématique du contrôle optimal est de guider l'évolution en temps d'un système donné vers une configuration finale souhaitée, tout en minimisant un certain critère. Le point saillant de cette théorie, qui généralise le calcul des variations, est le principe du maximum de Pontryagin, qui donne des conditions nécessaires d'optimalité du premier ordre. Du point de vue numérique, ce principe réduit le problème initial à un problème aux deux bouts qui peut être résolu par une méthode de tir. En pratique, il est très difficile de faire converger numériquement une méthode de tir, et elle doit être combinée à d'autres approches. Nous allons discuter ici des exemples motivés par l'aérospatiale, des méthodes de continuation numérique, de contrôle géométrique, puis d'éléments de théorie des systèmes dynamiques qui, convenablement utilisés, permettent de planifier des missions spatiales interplanétaires.

Dans les industries modernes où la notion de rendement est prépondérante, le rôle de l'automaticien est de concevoir, de réaliser et d'optimiser, tout au moins d'améliorer les méthodes existantes. Ainsi les domaines d'application sont multiples : aérospatiale, automobile, robotique, aéronautique, internet et les communications en général, mais aussi le secteur médical, chimique, génie des procédés, etc.

Du point de vue mathématique, un système de contrôle est un système dynamique dépendant d'un paramètre dynamique appelé le contrôle. Pour le modéliser, on peut avoir recours à des équations différentielles, intégrales, fonctionnelles, aux différences finies, aux dérivées partielles, stochastiques, etc. Pour cette raison, la théorie du contrôle est à l'interconnexion de nombreux domaines mathématiques. Les contrôles sont des fonctions ou des paramètres, habituellement soumis à des contraintes.

Le principe du maximum de Pontryagin est une condition nécessaire d'optimalité, tandis que la programmation dynamique fournit une condition suffisante. D'autre part, le principe du maximum donne comme solution une commande en boucle ouverte (fonction du temps) alors que la programmation dynamique conduit à une commande en boucle fermée (fonction de l'état du système).

Toutefois, le contrôle de solution du principe du maximum peut, dans les cas favorables, être mis sous forme d'un contrôle en boucle fermée. Un des grands avantages du principe du maximum sur la programmation dynamique est une plus grande facilité de mise en œuvre, celle-ci, quand elle est appliquée aux systèmes à temps continu, impliquant la résolution d'une équation aux dérivées partielles (l'équation d'Hamilton-Jacobi-Bellman), tandis que celui-là se ramène à la résolution d'équations différentielles ordinaires (résolution qui est toutefois sérieusement compliquée par le fait que le problème est « aux deux bouts »).

La programmation dynamique s'applique aussi bien aux systèmes déterministes qu'aux systèmes stochastiques, tandis que le principe du maximum ne s'applique pratiquement qu'aux systèmes déterministes.

Néanmoins, une étape commune à ces approches est la maximisation du pseudo-hamiltonien sur l'ensemble des contrôles admissibles. Comme Pontryagin et ses collaborateurs l'ont eux-mêmes révélé, le principe du maximum peut se déduire du théorème de Bellman, dont la démonstration est fort simple, si l'on fait des hypothèses de régularité suffisantes sur la « fonction de Bellman ». Ces hypothèses ne sont toutefois pas vérifiées dans les cas où le principe du maximum a tout son intérêt, et pour lesquels il a été conçu, par exemple dans celui de la « commande Bang-Bang ».

Le problème de contrôlabilité, cas linéaires et non linéaires

Un système de contrôle est dit contrôlable si on peut l'amener (en temps fini) d'un état initial arbitraire vers un état final prescrit. Pour les systèmes de contrôle linéaires en dimension finie, il existe une caractérisation très simple de la contrôlabilité, due à Kalman (Kalman, 1960 ; Kalman, 1959). Pour les systèmes non linéaires, le problème mathématique de contrôlabilité est beaucoup plus difficile.

Définition

Le système contrôlé,

$x'(t) = A(t)x(t) + B(t)u(t) + r(t)$,

est dit *contrôlable en temps* T si **$Acc(x0, T) = IR^n$**, *i.e.*, pour tous x0, x1 ∈ IRn, il existe un contrôle u tel que la trajectoire associée relie x0 à x1 en temps T.

Contrôlabilité des systèmes linéaires autonomes

Dans le cas linéaire, on peut distinguer deux situations : le cas sans contraintes sur le contrôle et le cas avec contrainte sur le contrôle.

Dans le premier cas, on, parle de **condition de Kalman**. De manière formelle, le théorème suivant nous donne une condition nécessaire et suffisante de contrôlabilité dans le cas où les matrices A et B ne dépendent pas de t.

Théorème : On suppose que Ω = IRm (pas de contrainte sur le contrôle).

Le système

$x'(t) = Ax(t) + Bu(t) + r(t)$

est contrôlable en temps T (quelconque) si et seulement si la matrice

$C = (B, AB, \ldots, A^{n-1}B)$ est de rang **n**.

La matrice C est appelée matrice de Kalman, et la condition **rg C = n** est appelée **condition de Kalman**.

On remarquera que la condition de Kalman ne dépend ni de T, ni de x0. Cela veut dire que si un système linéaire autonome est contrôlable en temps T depuis x0, alors il est contrôlable en tout temps depuis tout point.

En présence de contraintes sur le contrôle, sous la condition de Kalman précédente, si **$r = 0$ et si $0 \in \Omega$**, alors l'ensemble accessible **Acc(x0, t)** en temps **t** contient un voisinage du point **exp(tA)x0.**

On remarque ainsi que les propriétés de contrôlabilité globale sont reliées aux propriétés de stabilité de la matrice A. Par exemple, il est clair que si la condition de Kalman est remplie, **$r = 0$ et $0 \in \Omega$**, et toutes les valeurs propres de la matrice A sont de partie réelle strictement négative (c.-à-d. la matrice A est stable), alors tout point de **IR^n** peut être conduit à l'origine en temps fini (éventuellement grand).

Contrôlabilité des systèmes linéaires instationnaires

Une condition nécessaire et suffisante de contrôlabilité dans le cas instationnaire est donnée par les deux théorèmes suivants :

Théorème 1 :

Le système $x'(t) = A(t)x(t) + B(t)u(t) + r(t)$ est contrôlable en temps T si et seulement si la matrice

$$\mathbf{C(T) = M(t)^{-1}B(t)B(t)^{T}M(t)^{-1T}\,dt},$$

dite matrice de contrôlabilité, est inversible.

On remarque que cette condition dépend de T, mais ne dépend pas du point initial x0. Autrement dit, si un système linéaire instationnaire est contrôlable en temps T depuis x0, alors il est contrôlable en temps T depuis tout point. On remarque aussi qu'on a $C(T) =\int^T_0 C(T)^T$, et $x^TC(T)\, x > 0$ pour tout $x \in IR^n$, c.-à-d. C(T) est une matrice carrée réelle symétrique positive.

Théorème 2 :

Considérons le système,

$$\mathbf{x'(t) = A(t)x(t) + B(t)u(t) + r(t)}$$

où les applications A, B sont de classe C^∞ sur [0, T]. Définissons par récurrence.

$$\mathbf{B_0(t) = B(t),\ B_{i+1}(t) = A(t)B_i(t) - dB_i(t)/dt.}$$

✓ S'il existe $t \in [0, T]$ tel que $\text{Vect}\,\{B_i(t)v \mid v \in IR^m, I \in IN\} = IR^n$, alors le système est contrôlable en temps T.

✓ Si de plus les applications A, B sont analytiques sur [0, T], alors le système est contrôlable en temps T si et seulement si $\forall t \in [0, T]$ Vect $\{B_i(t)v \mid v \in IR^m, I \in IN\} = IRn$.

Ce théorème se montre aisément en théorie du contrôle optimal, par l'application du principe du maximum (voir plus loin).

Contrôle optimal dans les cas non linéaires

Maintenant, en plus d'un problème de contrôle, on se donne un problème de minimisation : parmi toutes les solutions du système reliant x0 à x1, trouver une trajectoire qui minimise une certaine fonction coût C(T, u). Une telle trajectoire, si elle existe, est dite optimale pour ce coût. L'existence de trajectoires optimales dépend de la régularité du système et du coût. Il se peut aussi qu'un contrôle optimal n'existe pas dans la classe de contrôles considérés, mais existe dans un espace plus gros : c'est le phénomène de Lavrentiev. En particulier on a intérêt à travailler dans un espace de contrôles complets et qui aient de bonnes propriétés de compacité.

Existence de trajectoires optimales

Considérons le système de contrôle,

$$\mathbf{x'(t) = f(t, x[t], u[t])},$$

où f est C^1 de IR^{1+n+m} dans IR^n, les contrôles u sont à valeurs dans un compact $\Omega \subset R^m$. Soit M_0 et M_1 deux compacts de IR^n tels que M_1 est accessible depuis M_0.

Soit U l'ensemble des contrôles à valeurs dans Ω joignant M_0 à M_1. Soient f^0 une fonction de classe C^1 sur IR^{1+n+m}, et g une fonction continue sur IR^n. On considère le coût :

$$\mathbf{C(u) = \int_0^{t(u)} f^0 (t, x[t], u[t])dt + g(t[u], x[t(u)])},$$

où $t(u) > 0$ est tel que $x(t[u]) \in M_1$. On suppose que :

✓ il existe un réel positif b tel que toute trajectoire associée à un contrôle $u \in U$ est uniformément bornée par b sur [0, t(u)], ainsi que le temps t(u),

✓ pour tout $(t, x) \in IR^{1+n}$, l'ensemble.

$$\mathbf{\tilde{V} (t, x) = \{(f[t, x, u], f^0 [t, x, u] + \gamma) \mid u \in \Omega, \gamma > 0\}}$$

est convexe.

Alors, il existe un contrôle optimal u sur [0, t(u)] tel que la trajectoire associée joint M_0 à M_1 en temps t(u) et en coût minimal.

On peut montrer un résultat plus général où l'ensemble de départ M_0 et la cible M_1 dépendent du temps t, ainsi que le domaine des contraintes Ω sur le contrôle.

Contrôle optimal des systèmes dynamiques

La programmation dynamique consiste à résoudre un problème en le décomposant en sous-problèmes, puis à résoudre les sous-problèmes, des plus petits aux plus grands en stockant les résultats intermédiaires. Elle a d'emblée connu un grand succès, car de nombreuses fonctions économiques de l'industrie étaient de ce type, comme la conduite et l'optimisation de procédés chimiques, ou la gestion de stocks.

On s'intéresse ici au contrôle optimal et au principe de **Pontryagin** stochastique autrement dit, les conditions nécessaires d'optimalité en étudiant les systèmes dynamiques dont l'évolution est aléatoire.

Dans les problèmes de contrôle déterministe, la dynamique du système est modélisée par une équation différentielle ordinaire (EDO) ; en revanche, dans le cas stochastique, l'évolution est décrite par un processus de diffusion solution d'une équation différentielle stochastique (EDS) définie de la forme suivante :

$$dx_t = b(x_t ; u_t)dt + \sigma (x_t, u_t)dw_t \text{ et } x(0) = x_0 :$$

Le coût associé est donné par :

$$J(t, x, u) = E(\int^T_0 l[x_t, u_t]\, dt + h[x_T]) ;$$

Où $b (x, u) : R^n \times R^d \rightarrow R^n :$

$\sigma (x; u) : R^n \times R^d \rightarrow L(R^d \times R^n)$

La fonction l est supposée continue en (x, u) continument différentiable en x ; h est continument différentiable en x.

D'un point de vue mathématique, on constate deux approches dans la résolution du problème de contrôle : la première approche est connue par la programmation dynamique ou encore le principe de Bellman. Elle a été introduite par **Bellman (1953)**, elle s'appuie sur la notion de la **politique optimale** qui consiste à résoudre une équation aux dérivées partielles de second ordre, non linéaire. La deuxième méthode est **le principe du maximum de Pontryagin**, connue sous le nom de **conditions nécessaires d'optimalité** qui a été introduit par Pontryagin. Il s'appuie sur l'idée suivante : si un contrôle optimal existe en utilisant l'approche de Lagrange en calculant des variations sur la fonctionnelle J(u) par rapport à un certain paramètre de perturbation θ doit être positif.

Section 3 : Modèle de contrôle optimal

3.1. Modélisation de la fonction de production du bien-être

Soit DEPj représentant le budget du secteur ou de la fonction j.

Par définition, j représente les huit fonctions budgétaires. Il s'agit plus précisément des fonctions suivantes :

J = 1 – Éducation ; j = 2 – Santé ; dans la composante Capital humain

J = 3 – Institutions ; j = 4 – Sécurité ; dans la composante Gouvernance

J = 5 – BTP & Énergie ; j = 6 – Affaires économiques ; dans la composante Économie

J = 7 — Réseaux professionnels ; j = 8 – Réseau social ; dans la composante Réseaux.

Par définition, pour chaque secteur j on a l'identité comptable suivante :

Pour chaque année budgétaire t : DEPj = Budgetj = Fonj + Invj + Trj (1)

Fonj représente les dépenses de **fonctionnement**[4]

Incj représente les dépenses d'**investissement**[5]

Trj représente les dépenses de **Transfert**[6]

On part du principe qu'en *économie publique*[7], le rôle principal de l'État est d'utiliser les ressources publiques pour générer des biens et services publics. Dans la littérature économique, l'agent économique « Etat » est le seul dont la fonction-objectif est de générer le bien-être collectif.

Il est connu que les biens et services publics respectent des critères très stricts sur leur allocation. En effet, ils sont non excluables et non rivaux.

---

[4] Expliquer la notion de dépenses de fonctionnement au sens économique ou faire un encadré.

[5] Expliquer la notion de dépenses d'investissement au sens économique ou faire un encadré.

[6] Expliquer la notion de dépense de transferts au sens économique ou faire un encadré

[7] Définir dans un encadré les principes de l'économie publique.

Encadré 2 : Notion de biens et de services publics

La théorie de l'équilibre général étudie la production et l'échange de biens privés. Les biens privés sont à la fois rivaux et excluables. Le principe de rivalité induit que la quantité consommée par un consommateur réduit d'autant la quantité disponible pour les autres consommateurs. Quant au critère d'excluabilité, c'est la possibilité d'exclure ou d'empêcher n'importe quel individu d'utiliser un bien. Ainsi, par opposition aux biens privés, les biens publics ne sont ni excluables ni rivaux (Mankiw et Taylor, 2013). Les deux critères susmentionnés sont valables pour caractériser tous les biens et services produits dans une économie et permettent de les classer en quatre grandes familles à savoir : les biens privés, les biens communaux, les biens publics et les biens de club. Le tableau ci-dessous résume la typologie des biens classés selon les critères de rivalité et d'excluabilité.

Tableau : Typologie des biens

	Avec exclusion d'usage	**Sans exclusion d'usage**
Rival	Biens privés ex. : pomme	Biens communaux ex : pâturage
Non rival	Biens de club ex : TV cryptée	Biens publics ex. : défense nationale

Selon Mankiw et Taylor (2013), les trois biens publics les plus importants sont la défense nationale, la recherche fondamentale et la lutte contre la pauvreté. Pour Bozio et al., 2010, l'action publique ne se limite pas aux fonctions régaliennes de l'État, mais s'élargit aujourd'hui à la fourniture de biens et services d'éducation, de santé, de protection sociale et de réduction des inégalités.

Par ailleurs, produire des biens et services publics implique a priori des fonctions d'offre et de demande, mais surtout des fonctions de production et de coûts.

Dans le secteur j, les services publics utilisent le budget alloué à leur secteur pour produire les biens et services publics du secteur j.

En notant Prodj dans la production du secteur j en biens et services publics, on spécifie la fonction de production de type *Cobb-Douglas*[8] suivante :

$$\left(PROD_{jt}\right) = A_j\left(Fon_{jt}\right)^{\alpha_j}(Inv_t)^{\beta_j}\ \left(Tr_{jt}\right)^{\gamma_j} \quad (2)$$

[8] Encadré sur la fonction de production Cobb-Douglas et ses caractéristiques.

α_j = élasticité du « facteur » Fonctionnement dans la production des biens et services publics du secteur j.

β_j = élasticité du « facteur » Investissement dans la production des biens et services publics du secteur j.

$\boldsymbol{\gamma}_j$ = élasticité du « facteur » Transfert dans la production des biens et services publics du secteur j.

En log linéarisant l'équation [2], on obtient :

$log(Prod_{jt}) = \log(A_t) + \alpha_j log(Fon_{jt}) + \beta_j log(Inv_{jt}) + \gamma_j log(Tr_{jt})$ (3)

Compte tenu de la contrainte budgétaire de l'état et du principe qu'il n'y a pas de report à nouveau en matière de Comptabilité publique, on estime que l'utilisation des ressources est complètement saturée. En d'autres termes, ceci implique que :

$\log(A_t) = 0$ (4)

Ainsi, l'équation [3] devient :

$log(Prod_{jt}) = \alpha_j log(Fon_{jt}) + \beta_j log(Inv_{jt}) + \gamma_j log(Tr_{jt})$ (5)

Avec $\alpha_j \geq 0$; $\beta_j \geq 0$; $\gamma_j \geq 0$

Et $\alpha_j + \beta_j + \gamma_j = 1$ (6)

Musgrave [1959] dans sa théorie sur l'économie publique a présenté le fondement du rôle de l'État et ses trois fonctions régaliennes : i) *la fonction d'allocations des ressources*, ii) *la fonction de redistribution des revenus*, iii) *la fonction de régulation et de stabilisation.*

Nous faisons l'hypothèse que la fonction de production définie au niveau de l'équation (2) est en réalité une fonction de production du bien-être.

En effet, l'équation 2 met en évidence l'allocation exclusive des ressources publiques et de la technologie pour produire des biens et services purement publics.

En se basant sur les travaux de Dramani et al (2022), cette fonction de production du bien-être est appréhendée par l'indice de suivi du développement durable et du dividende démographique beaucoup plus connu sous le vocable Demographic Dividend Monitoring Index (DDMI).

Donc, on a $(Prod_{jt}) \equiv (DDMI_{jt})$ (7).

Ainsi, de ce qui précède au niveau de l'équivalence dans l'identité obtenue au niveau de l'équation (7), l'équation (5) devient :

$$log(DDMI_{jt}) = \alpha_j log(Fon_{jt}) + \beta_j log(Inv_{jt}) + \gamma_j log(Tr_{jt}) \quad (8)$$

Les contraintes sur les paramètres

L'estimation de l'équation (8) donne le modèle estimé suivant :

$$log(DDMI_{jt}) = \widehat{\alpha_j} log(Fon_{jt}) + \widehat{\beta_j} log(Inv_{jt}) + \widehat{\gamma_j} log(Tr_{jt}) \quad (9)$$

Au niveau de l'équation (9), nous avons les paramètres suivants :

$$\widehat{\alpha_j};\ \widehat{\beta_j};\ \widehat{\gamma_j}$$

Dans le cadre de la recherche de l'optimalité, les paramètres ci-dessus constituent les fonctions de contrôle qu'il faut optimiser pour améliorer l'allocation budgétaire.

3.2 La question de la définition de la norme

On définit la norme suivante :

$$Norme1\text{: } \left[log(DDMI_{jt}) - log(\widehat{DDMI_{jt}})\right]^2 \quad (10)$$

Contraintes de positivité

Il existe 24 paramètres soit 8 secteurs X 3 natures. Tous les 2' paramètres doivent être positifs.

Contraintes sur le profil ligne

La structure du poids selon les huit secteurs implique huit contraintes. Chaque ligne en matière de structure a 100 %.

Quel que soit j on a : $\frac{\alpha_j}{\alpha_j + \beta_j + \gamma_j} + \frac{\beta_j}{\alpha_j + \beta_j + \gamma_j} + \frac{\gamma_j}{\alpha_j + \beta_j + \gamma_j} = 1$ (11)

Contraintes sur les colonnes

Il existe trois natures, il s'agit du fonctionnement, de l'investissement, et des transferts

Pour chaque secteur j, on a

$$\sum_{j=1}^{8} \frac{\beta_j}{\alpha_j + \beta_j + \gamma_j} = A_j \text{ pour le fonctionnement } (12)$$

Optimisation sous contrainte

La structure globale donne 100 %, ceci implique une contrainte.
Au total

$$\sum_{j=1}^{8}\left(\frac{\alpha_j}{\alpha_j+\beta_j+\gamma_j}+\frac{\beta_j}{\alpha_j+\beta_j+\gamma_j}+\frac{\gamma_j}{\alpha_j+\beta_j+\gamma_j}\right)=1 \quad (13)$$

3.3 **Programme d'optimisation avec contrôle optimal**

La matrice des paramètres de contrôle des pondérations de chaque secteur s'écrit comme suit :

Tableau 27 : Structure des paramètres

	Fonctionnement	Investissement	Transfert	Total
Éducation	α_1	β_1	$\boldsymbol{\gamma}_1$	$\alpha_1+\beta_1+\boldsymbol{\gamma}_1$
Santé	α_2	β_2	$\boldsymbol{\gamma}_2$	$\alpha_2+\beta_2+\boldsymbol{\gamma}_3$
Economie	α_3	β_3	$\boldsymbol{\gamma}_3$	$\alpha_3+\beta_3+\boldsymbol{\gamma}_3$
BTP & Énergie	α_4	β_4	$\boldsymbol{\gamma}_4$	$\alpha_4+\beta_4+\boldsymbol{\gamma}_4$
Institutions	α_5	β_5	$\boldsymbol{\gamma}_5$	$\alpha_5+\beta_5+\boldsymbol{\gamma}_5$
Sécurité	α_6	β_6	$\boldsymbol{\gamma}_6$	$\alpha_6+\beta_6+\boldsymbol{\gamma}_6$
Réseau professionnel	α_7	β_7	$\boldsymbol{\gamma}_7$	$\alpha_7+\beta_7+\boldsymbol{\gamma}_7$
Réseau social	α_8	β_8	$\boldsymbol{\gamma}_8$	$\alpha_8+\beta_8+\boldsymbol{\gamma}_8$
	$\sum_{j=1}^{8}\alpha_j$	$\sum_{j=1}^{8}\beta_j$	$\sum_{j=1}^{8}\gamma_j$	$\sum_{j=1}^{8}(\alpha_j+\beta_j+\gamma_j)$

En transformant le tableau 1 afin d'avoir une structure unitaire, on obtient le tableau 2 suivant :

Tableau 28 : Structure unitaire des paramètres

	Fonctionnement	Investissement	Transfert	Total
Éducation	α'_1	β'_1	$\boldsymbol{\gamma}'_1$	$\alpha'_1 + \beta'_1 + \boldsymbol{\gamma}'_1$
Santé	α'_2	β'_2	$\boldsymbol{\gamma}'_2$	$\alpha'_2 + \beta'_2 + \boldsymbol{\gamma}'_3$
Economie	α'_3	β'_3	$\boldsymbol{\gamma}'_3$	$\alpha'_3 + \beta'_3 + \boldsymbol{\gamma}'_3$
BTP & Énergie	α'_4	β'_4	$\boldsymbol{\gamma}'_4$	$\alpha'_4 + \beta'_4 + \boldsymbol{\gamma}'_4$
Institutions	α'_5	β'_5	$\boldsymbol{\gamma}'_5$	$\alpha'_5 + \beta'_5 + \boldsymbol{\gamma}'_5$
Sécurité	α'_6	β'_6	$\boldsymbol{\gamma}'_6$	$\alpha'_6 + \beta'_6 + \boldsymbol{\gamma}'_6$
Réseau professionnel	α'_7	β'_7	$\boldsymbol{\gamma}'_7$	$\alpha'_7 + \beta'_7 + \boldsymbol{\gamma}'_7$
Réseau social	α'_8	β'_8	$\boldsymbol{\gamma}_8$	$\alpha'_8 + \beta'_8 + \boldsymbol{\gamma}'_8$
	$\sum_{j=1}^{8} \alpha'_j$	$\sum_{j=1}^{8} \beta'_j$	$\sum_{j=1}^{8} \gamma'_j$	$\sum_{j=1}^{8} (\alpha'_j + \beta'_j + \gamma'_j) = 1$

Avec $\alpha'_j = {\alpha_j}/{\sum_{j=1}^{8}(\alpha'_j + \beta'_j + \gamma'_j)}$; $\beta'_j = {\beta_j}/{\sum_{j=1}^{8}(\alpha'_j + \beta'_j + \gamma'_j)}$ et $\gamma'_j = {\gamma_j}/{\sum_{j=1}^{8}(\alpha'_j + \beta'_j + \gamma'_j)}$

$$\begin{cases} Minimum_{j,t}\left(\sum_{t=1}^{20}\sum_{j=1}^{8}\left[log(DDMI_{jt}) - log(\widehat{DDMI}_{jt})\right]^2\right) Sous\ Contra \\ log(DDMI_{jt}) = \alpha_j log(Fon_{jt}) + \beta_j log(Inv_{jt}) + \gamma_j log(Tr_{jt}) \\ \sum_{j=1}^{8}\frac{\beta_j}{\alpha_j + \beta_j + \gamma_j} = A \end{cases}$$

Suite des contraintes :

$$\sum_{j=1}^{8}\left(\frac{\alpha_j}{\alpha_j+\beta_j+\gamma_j}+\frac{\beta_j}{\alpha_j+\beta_j+\gamma_j}+\frac{\gamma_j}{\alpha_j+\beta_j+\gamma_j}\right)=1$$

Suite

$$\alpha_j+\beta_j+\gamma_j=1$$

$$\forall j,\quad \frac{\alpha_j}{\alpha_j+\beta_j+\gamma_j}+\frac{\beta_j}{\alpha_j+\beta_j+\gamma_j}+\frac{\gamma_j}{\alpha_j+\beta_j+\gamma_j}=1$$

3.4 Méthode du Gradient réduit généralisé (GRG)

Encadré 3 : Généralité sur le GRG (Gradient Réduit Généralisé)

Le Solveur de Microsoft Excel utilise le code d'optimisation non linéaire Gradient réduit généralisé (GRG) mis au point en 1978 aux États-Unis par Leon Lasdon de l'Université du Texas (Austin) et Allen Waren de la Cleveland State University.

Le Gradient réduit généralisé (GRG) est un algorithme mathématique de résolution des problèmes d'optimisation. Cette technique est utilisée dans plusieurs domaines, notamment dans la finance, pour résoudre des problèmes de programmation linéaire et d'allocation de portefeuille.

Cette méthode, l'une des plus populaires pour résoudre les problèmes d'optimisation non linéaire exige que la fonction objectif soit différentiable. L'idée principale de cette méthode est de résoudre le problème non linéaire traitant des inégalités actives. Les variables sont séparées en un ensemble de variables de base (dépendantes) et de variables non basiques (indépendantes). Ensuite, le gradient réduit est calculé pour trouver le minimum dans la direction de l'objectif de recherche. Ce processus est répété jusqu'à ce que la convergence soit obtenue.

- **Optimisation sans gradients**

Il existe des problèmes pour lesquels la fonction objectif n'est pas dérivable. De tels problèmes sont appelés des problèmes non lisses. On qualifie également leurs fonctions objectives de non lisses, contrairement aux fonctions lisses.

Une fonction $f : \mathbb{R}^d \to \mathbb{R}$ est dite non lisse si elle n'est pas dérivable partout.

Comme les fonctions non lisses ne sont pas différentiables partout, il n'est pas envisageable de résoudre les problèmes non lisses via des méthodes basées sur le gradient. Il existe cependant plusieurs approches possibles pour traiter ces problèmes.

Une technique consiste par exemple à trouver une formulation lisse équivalente à celle du problème non lisse. Le problème minimiser $w \in \mathbb{R}\ |\omega|$ est par exemple équivalent à :

$$\underset{w,t^+,t^- \in \mathbb{R}}{\text{minimiser}} t^+ + t^- \quad \text{s. c.} \quad w = t^+ - t^-, t^+ \geq 0, t^- \geq 0.$$

Cette reformulation est un programme linéaire, qui fait partie des classes de problèmes classiques, pour lesquelles des algorithmes et codes très efficaces existent.

Lorsque la fonction est non lisse, mais lipschitzienne (ce que l'on notera $C_L^{0,0}$, par analogie avec $C_L^{1,1}$), on peut en revanche essayer d'appliquer une méthode de gradient, en raison de la propriété suivante :

Soit $f: \mathbb{R}^d \to \mathbb{R}$ une fonction lipschitzienne. Alors, f est dérivable en presque tout point de $\mathbb{R}^d$.

En revanche, il existe des fonctions lipschitzienne comme les réseaux de neurones qui ne sont pas dérivables en tout point. En revanche, il est possible de traiter ces problèmes comme dérivables presque partout ; cela reste un problème pour certifier qu'un point est minimum local, car il est fréquent que les fonctions non lisses ne soient pas dérivables en leurs points extrémaux. Ainsi, la notion de gradient généralisée est utilisée dans ce but.

- **Optimisation avec le gradient réduit généralisé**

Soit $f: \mathbb{R}^d \to \mathbb{R}$ une fonction convexe. Un vecteur $g \in \mathbb{R}^d$ est appelé un sous gradient ou gradient réduit de f en $w \in \mathbb{R}^d$ si :

$$\forall z \in \mathbb{R}^n, f(z) \geq f(w) + g^T(z - w).$$

L'ensemble des sous-gradients de f en w est appelé le sous-différentiel de f en w; on le note $\theta f(w)$.

Lorsque la fonction f est dérivable en w, on a $\theta f(w) = \{\nabla f(w)\}$, ce qui montre que la notion de sous-différentiel généralise bien celle du gradient.

Les sous-différentiels permettent de caractériser l'optimalité (globale) pour les fonctions convexes, comme le montre le résultat ci-dessous :

Soit $f: \mathbb{R}^d \to \mathbb{R}$ une fonction convexe, et $w \in \mathbb{R}^d$.

$$0 \in \theta f(w) \Leftrightarrow w \text{ minimum de } f$$

Références bibliographiques

—Chapra, S., Canale, R., 2009. Numerical Methods for Engineers, sixth ed. McGraw-Hill, New York, NY.

– Lasdon, L.S., Waren, A. D., Jain, A., Ratner, M., 1978. Design and testing of a generalized reduced gradient code for nonlinear programming. ACM Trans. Math. Softw. (TOMS) 4 (1), 34-50.

- Maia, A., Ferreira, E., Oliveira, M. C., Menezes, L. F., & Andrade-Campos, A. (2017). Numerical optimization strategies for spring back compensation in sheet metal forming. Computational Methods and Production Engineering, 51-82. doi:10.1016/b978-0-857094810.00003-3.

– Royer, C. W. (2024), Outils d'optimisation pour les sciences des données et de la décision, Université Paris Dauphine.

– Venkataraman, P., 2009. Applied Optimization with MATLAB Programming. John Wiley & Sons, New York, NY.

Section 4 : Arbitrage budgétaire et solutions de contrôle optimal : cas du Sénégal

Cette section présente les résultats des analyses de l'évolution des différentes dimensions du DDMI et celle des parts moyennes quinquennales des fonctions budgétaires.

Évolution des dimensions du DDMI

- **L'Indice de couverture de la dépendance économique (ICDE)**

L'indice de couverture de la dépendance économique (ICDE)[9] subit une évolution dichotomique sur la période 2001-2020. La 1re phase est marquée par une baisse continue de l'ICDE passant de 18,7 % en 2001 à 5,7 % en 2010, montrant une perte de capacité du pays en matière de couverture de la demande sociale. Cette période de contre-performance dans la prise en charge des besoins des individus économiquement dépendants coïncide avec les saisons de sécheresses successives enregistrées sur la période et la crise économique et financière de 2008-2009.

À partir de 2011, il est noté une croissance continue de l'ICDE jusqu'en 2020, atteignant 46 %. Ce regain de dynamisme dans la couverture de la demande sociale s'explique, en partie, par le renforcement des programmes de protection sociale et de transferts sociaux mis en œuvre dans le cadre du Plan Sénégal émergent (Plan Sésame pour les personnes âgées, Bourses de sécurité familiales, Couverture maladie universelle, cartes d'égalités de chances pour les personnes vivant avec un handicap).

---

[9] ICDE = rapport entre le surplus généré par les groupes d'âge économiquement indépendants et le déficit de celui des groupes d'âge économiquement dépendants.

Graphique 17 : Évolution de l'ICDE entre 2001 et 2020

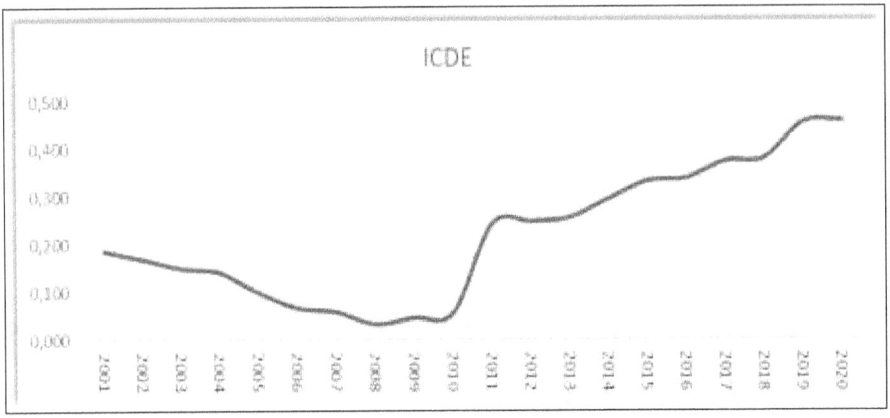

Source : CREG, CEA et calculs Équipe-pays, 2023

- **L'Indice de la qualité du cadre de vie (IQCV)**

L'indice de la qualité du cadre de vie (IQCV) est marqué par une évolution en dents de scie sur la période 2001-2020. Une des principales causes de cette évolution erratique résulte des perturbations enregistrées sur toute la période dans la sous-dimension liée à la gouvernance, la démocratie et l'engagement civique des citoyens. Les régimes politiques qui se succèdent au pouvoir semblent fonctionner au gré de leur propre vision, fragilisant ainsi les acquis institutionnels et de bonne gouvernance du pays. Il est constaté également que le volet participation des parties prenantes à l'élaboration des réglementations et le volet taux de participation aux élections fluctuent intensément et demeurent à des niveaux relativement faibles.

Graphique 18 : Évolution de l'IQCV de 2001 à 2020

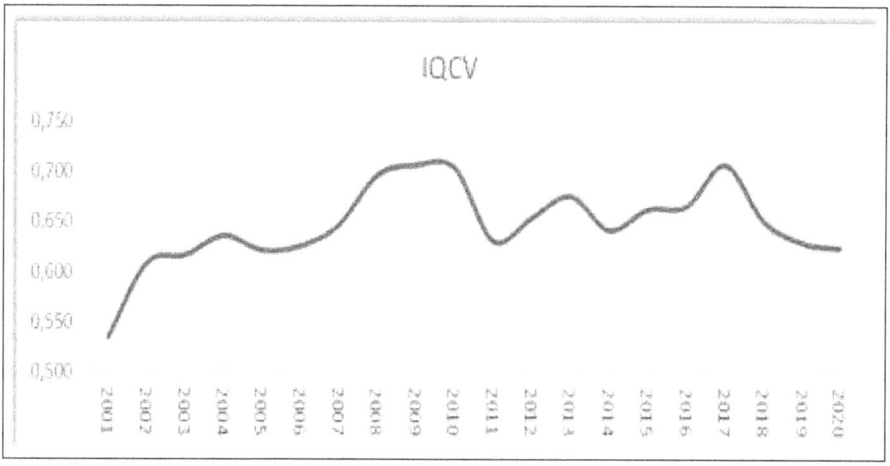

Source : CREG, CEA et calculs Équipe-pays, 2023

- **L'Indice synthétique de sortie de la pauvreté (ISSP)**

L'analyse des dynamiques de l'indice synthétique de sortie de la pauvreté (ISSP) montre l'évolution de la proportion des ménages qui ont pu se maintenir dans la non-pauvreté. Cette évolution est marquée par trois phases principales. Une 1re phase (2001-2004) où l'ISSP s'est maintenu autour de 63,6 %. Une 2e phase (2005-2010) marquée par une rupture à partir de 2005 avec une baisse de l'ISSP atteignant un niveau plancher de 50,7 % et ce, jusqu'en 2010. La 3e phase est marquée par un regain de croissance de l'ISSP sur la période 2011-2020.

En revanche, la proportion des ménages qui sont restés pauvres durant les trois phases de la transition a sensiblement diminué ainsi que la part de la population en situation de vulnérabilité. Ainsi, cette amélioration des conditions de vie des populations constitue l'impact positif des politiques de réduction de la pauvreté entreprises par l'État pendant plus de deux décennies.

Graphique 19 : Évolution de l'ISSP de 2001 à 2020

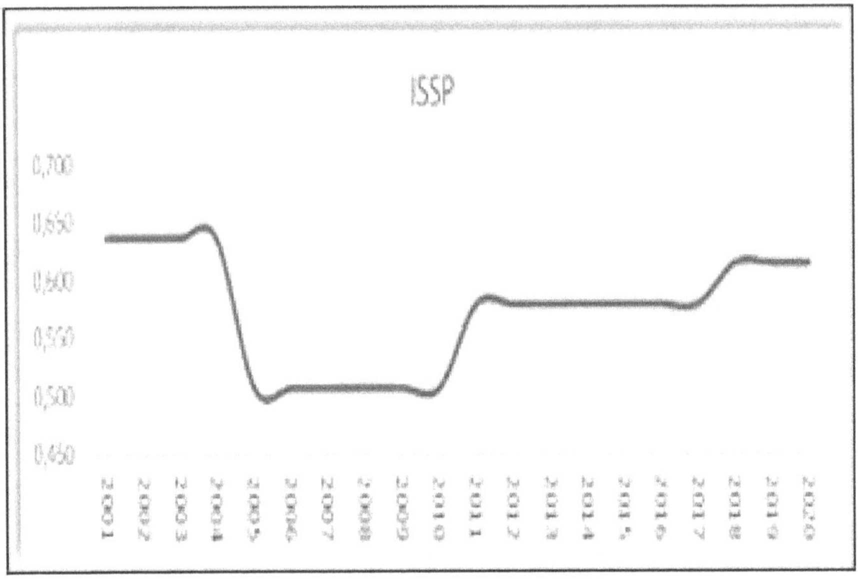

Source : CREG, CEA et calculs Équipe-pays, 2023

- **L'Indice de développement humain étendu (IDHE)**

L'indice de développement humain étendu (IDHE) suit une évolution en trois phases sur la période 2001-2020. La première période qui s'étale de 2001 à 2008 est marquée par une évolution erratique de l'IDHE avec une valeur fluctuante entre 0,063 et 0,067. À partir de 2008 jusqu'en 2017, correspondant à la deuxième phase, on assiste à une croissance fulgurante de l'IDHE, atteignant son pic en 2017 avec une valeur de 0,106. Cette croissance forte et soutenue de l'IDHE résulte notamment de la mise en œuvre de plans et programmes de développement de la santé et de l'éducation (PNDS, PDEF, PAQUET, PSE, etc.)[10]. La troisième phase, comprise en 2017 et 2020, est marquée par une reprise de l'évolution en dents de scie de l'IDHE et correspondant à la période intense de la pandémie de COVID-19 avec toutes ses conséquences néfastes aux plans économique et social.

[10] PNDS : Plan national de Développement sanitaire (2009-2018) ; PDEF : Programme décennal de l'Education et de la Formation ; PAQUET-EF : Programme d'amélioration de la qualité, de l'équité et de la transparence de l'éducation et de la formation ; PSE : Plan Sénégal émergent

Graphique n° 4 : Évolution de l'indice de développement humain étendu (IDHE)

Graphique 20 : Évolution de l'IDHE de 2001 à 2020

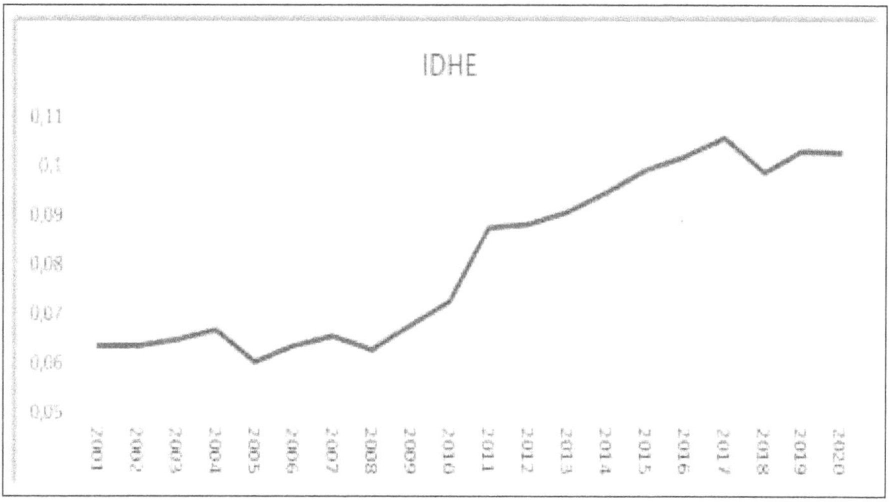

Source : CREG, CEA et calculs Équipe-pays, 2023

- **L'Indice synthétique des réseaux, territoires et migrations (ISRT)**

Concernant l'évolution de l'indice synthétique des réseaux, territoires et migrations (ISRT), il est noté une tendance globalement à la hausse sur la période sous revue passant de 0,018 5 à 0,062 7 entre 2001 et 2020. Toutefois, l'évolution de l'ISRT peut être scindée en deux phases de croissance avec des rythmes différents. La 1re phase de croissance (2001-2007), enregistre un léger accroissement de l'ISRT de 0,003 5 point, passant d'une valeur de 0,018 5 en 2001 à 0,022 0 en 2007. La seconde phase (2008-2020) est marquée par une croissance remarquable de l'ISRT atteignant son pic en 2020 avec une valeur estimée à 0,062 8.

Graphique 21 : Évolution de l'IRST entre 2001 et 2020

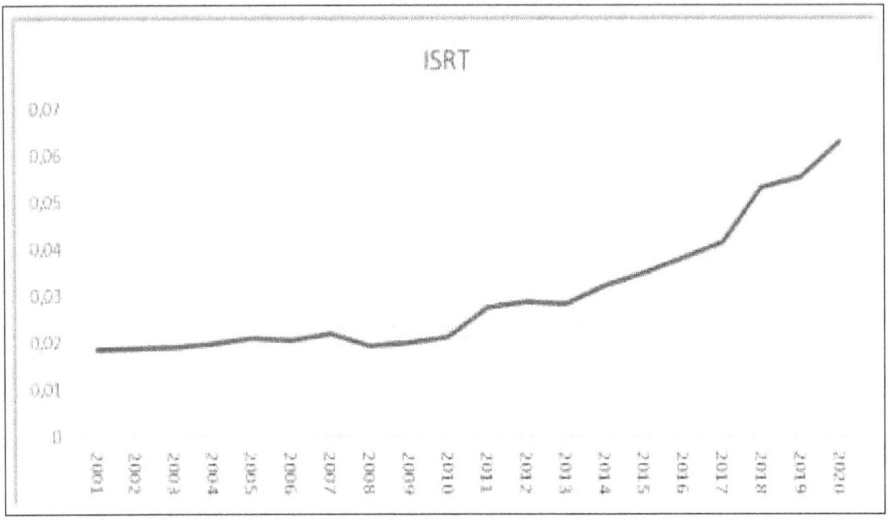

Source : CREG, CEA et calculs Équipe-pays, 2023

4.2 Contributions quinquennales au DDMI

Concernant l'évolution des parts ou contributions moyennes quinquennales des différentes dimensions du DDMI, l'ICQV occupe la 1re place puisque sa contribution au DDMI est prépondérante, partant de 9,7 % sur la période 2001-2005, elle atteint 12,4 % sur la période 2016-2020.

La 2e place est occupée par l'ISSP avec une contribution moyenne au DDMI estimée à 9,9 % sur la période 2001-2005, atteignant son pic sur la période 2016-2020 avec une contribution estimée à 11,4 %. Toutefois, une baisse notable est enregistrée sur la période 2006-2010 avec une contribution de 7,1 % malgré la mise en œuvre de la 2e génération du Document stratégique de réduction de la Pauvreté (DSRP II) sur la période.

L'IDHE occupe la 3e place avec une contribution progressivement croissante au DDMI avec respectivement 6,4 % (2001-2005), 6,6 % (2006-2010), 9,2 % (2011-2015) et 10,2 % sur la période 2016-2020. Cette contribution progressive se justifie amplement par la mise en œuvre, depuis 2000, de politiques, plans et programmes de développement de l'éducation et de la santé (PDEF, PAQUET-EF, PNDS, etc.).

La 4e place, en matière de contribution au DDMI, revient à la couverture de la dépendance économique qui a tendance globale à la hausse exceptée la période 2006-2010 où il est constaté une baisse drastique avec une contribution de seulement 0,8 %. Le pic de la contribution de l'ICDE est enregistré sur la période 2016-2020 avec une valeur de 7,6 %.

À la 5e et dernière position est placée la sous-dimension « réseaux, territoires et migrations » dont la contribution au DDMI observe une tendance à la hausse sur toute la période 2001-2020 avec le meilleur score enregistré sur la période 2016-2020, soit 5 %.

Graphique 22 : Évolution des contributions moyennes quinquennales des composantes du DDMI

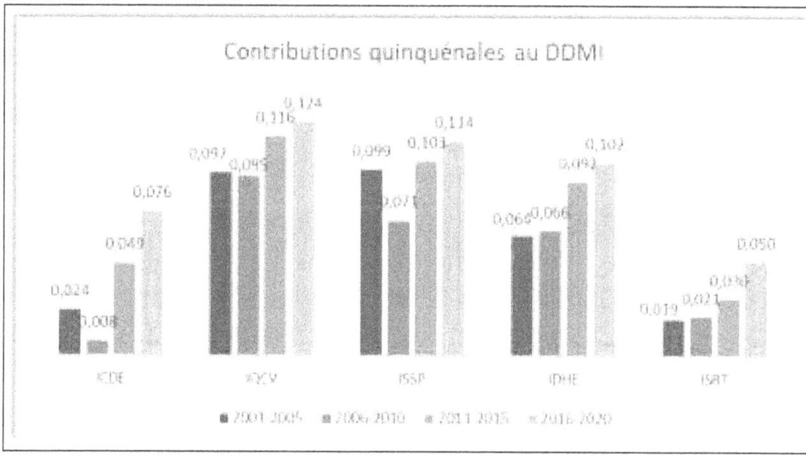

Source : CREG, CEA et calculs Équipe-pays, 2023

4.3 Analyse des séries du budget fonctionnel

L'analyse des séries du budget fonctionnel sur les quatre sous-périodes (2000-2004, 2005-2009, 2010-2014 et 2015-2021) montre globalement que les contributions ou parts moyennes quinquennales des huit (8) fonctions budgétaires dans le budget général sont restées relativement stables sur la période 2000-2021.

La part de la fonction – Economie[11] dans le budget général, demeure plus importante sur toute la période 2000-2021 avec une contribution qui fluctue entre 33,3 % et 35,2 %. Cette prépondérance de la contribution de la fonction Économie prouve toute l'importance

[11] La contribution de la fonction — Économie reflète la part des dépenses budgétaires du secteur de l'économie hors BTP-Energie dans le budget général, ce qu'on appelle part des dépenses des autres secteurs économiques

accordée par l'État au financement des activités de production de biens et services publics, sources de croissance forte et soutenue.

La fonction – Institution et la fonction – Éducation se positionnent respectivement à la 2e et 3e position avec des contributions moyennes relativement stables sur les quatre sous-périodes. La contribution de la fonction Institution est restée au voisinage de 18 % de 2000 à 2014 et a par la suite baissé jusqu'à 15,7 % sur la sous-période 2015-2021, montrant ainsi l'impact des réformes en matière de bonne gouvernance, notamment de rationalisation des dépenses publiques, opérées par l'État dans le cadre du Plan Sénégal émergent (PSE).

Quant à ***la fonction Éducation***, sa contribution s'est maintenue autour de 17 %, montrant l'intérêt accordé par l'État au développement des compétences, mais également les retombées positives générées par les pressions des fréquentes revendications des syndicats du système éducatif sur l'État.

La fonction BTP-Energie arrive en 4e position avec une proportion stable dans le budget général d'environ 13 % sur les trois premières sous-périodes (2000-2004, 2005-2009, 2010-2014). Cette proportion atteint 14,4 % sur la sous-période 2015-2021, traduisant les efforts déployés par l'État dans le financement d'infrastructures et équipements publics dans le cadre de la mise en œuvre du PSE.

La fonction Sécurité occupe la 5e place et sa part dans le budget général est restée relativement stable sur la période 2000-2021 avec des valeurs fluctuant autour de 7 % sur les quatre sous-périodes avec un pic de 7,9 % pour la sous-période 2015-2021. Ce pic s'explique notamment par les efforts déployés par l'État pour bien équiper les forces de défense et de sécurité et par conséquent, renforcer la prévention contre la menace terroriste dans un foyer de tension ouest-africaine.

La fonction Santé occupe la 6e place avec une part constante de 4,3 % dans le budget global sur les deux premières sous-périodes (2000-2004 et 2005-2009). Cette contribution de la fonction Santé augmente progressivement par la suite, atteignant 4,4 % sur la sous-période 2010-2014 et 5 % sur la sous-période 2015-2021, reflétant les efforts fournis par l'État pour améliorer les incitations financières du personnel de santé ainsi que le plateau technique.

La fonction-Réseau social (7e) et la fonction Réseau professionnelle (8e) arrivent en dernières positions avec respectivement une part dans le budget général comprise entre 3 % et 4 % et 1,8 % et 2,3 % sur toute la période allant de 2000 à 2021. Les faibles parts de ces deux fonctions dans le budget général montrent que les dépenses de loisirs ou de prestige et de communication ne constituent pas des priorités de l'État au cours de ces deux dernières décennies.

Graphique 23 : Évolution des contributions ou parts moyennes quinquennales des fonctions budgétaires sur la période 2000-2021

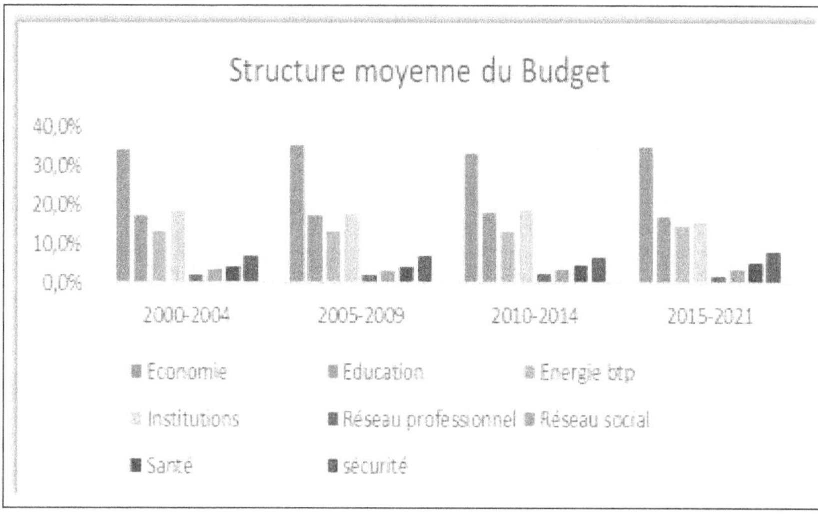

Source : Ministère des Finances et du Budget
et calculs de l'équipe-pays, 2023

4.4 Solutions du contrôle optimal sous contrainte budgétaire

Nous présentons ci-dessous quatre scénarios de solution de contrôle optimal sous contrainte budgétaire. Les structures globales optimales équilibrées montrent pour chaque solution en ligne les structures sectorielles et en colonne les structures par nature de dépenses qui minimise la norme (ici le coût total du budget) qui permet d'avoir une performance optimale du DDMI. Il faut noter que les structures sont des poids de chaque fonction budgétaire et de chaque nature de dépense dans le coût global du budget de l'État du Sénégal.

La norme globale qui sert de référence pour l'optimisation de la structure budgétaire est de 322,72. Les solutions du contrôle optimal sont obtenues à la suite de plusieurs itérations. À chaque itération correspond une structure optimale possible dont la norme est inférieure à la norme globale de référence. Nous présentons ci-dessous le résultat des trois dernières itérations de solutions optimales.

Tableau 29 : Solution 1 du contrôle optimal avec contrainte budgétaire

	Structure globale optimale équilibrée			
Norme = 319,08	**FON**	**INV**	**TRF**	**TOTAL**
Economie	12,9 %	2,3 %	12,2 %	27,4 %
Éducation	8,6 %	0,8 %	5,7 %	15,2 %
Énergie BTP	4,1 %	10,3 %	11,0 %	25,4 %
Institutions	6,9 %	0,2 %	4,5 %	11,7 %
Réseau professionnel	0,5 %	0,4 %	0,9 %	1,9 %
Réseau social	2,1 %	0,6 %	1,5 %	4,2 %
Santé	1,8 %	1,8 %	3,9 %	7,5 %
Sécurité	3,9 %	0,1 %	2,6 %	6,7 %
Total général	40,9 %	16,6 %	42,5 %	100,0 %

Source : CREG 2024

La première solution optimise la structure du budget suivant une norme d'une valeur de 319,08. Cette itération permet de réduire le coût total du budget de 1,127 % par rapport au coût total de référence. Dans cette structure, les dépenses en fonctionnement, investissement et transferts de l'ensemble des huit fonctions économiques représentent respectivement 40,9 %, 16,6 % et 42,5 % du coût total. Selon la solution 1, l'essentiel des ressources est alloué à l'économie, à l'énergie-BTP, à l'éducation et aux institutions. Ce sont alors les grandes masses de dépense de cette structure budgétaire. En accordant une part substantielle des ressources allouées à l'économie au fonctionnement (12,9 %) et aux transferts (12,2 %), le gouvernement fait l'option de se positionner comme une force importante de demande d'emploi ou d'amélioration des conditions des travailleurs du secteur des affaires économiques. Cela peut aussi traduire la capacité du gouvernement à améliorer le climat des affaires à travers la passation des commandes publiques. Les postes de dépenses dans le secteur de l'énergie-BTP sont destinés prioritairement aux investissements (10,3 %) et aux transferts (11,0 %). Les investissements dans ce secteur financent la réalisation des infrastructures publiques (routes, aéroport, etc.), les centrales énergétiques et les infrastructures de télécommunication. Le secteur de l'éducation et la fonction institution ont des structures similaires à ce qui est observé dans le secteur des affaires économiques. Les postes dominants sont donc les dépenses en fonctionnement et de transferts. Ces dépenses représentent respectivement 8,6 % et 5,7 % dans le secteur de l'éducation puis 6,9 % et 4,5 % pour la fonction institution. Cependant, il faut remarquer que l'investissement dans le capital humain reste le parent pauvre de cette solution optimale. Les ressources allouées aux investissements dans l'éducation et la santé sont très faibles (respectivement 0,8 % et 1,8 % du budget). Ces allocations ne permettent pas par exemple au gouvernement de couvrir les besoins en équipement scolaires, équipements sanitaires et en formation de qualité à l'endroit des enseignants et des agents de santé. Ce portefeuille laisse moins de place à la Recherche et Développement (R&D) qui ne bénéficie quasiment pas de financement dans ces secteurs (éducation et santé). En réalité, cette structure ne permet pas au gouvernement d'axer son développement économique sur la production de la connaissance, l'innovation et la technologie. Ceci se confirme aussi par la proportion quasi marginale (0,1 %) réservée aux investissements de défense et de sécurité. Dans un pays stable comme le Sénégal, ce poste budgétaire sert beaucoup plus à l'achat d'équipements militaires permettant la participation de l'armée nationale aux missions de maintien de la paix dans d'autres régions du continent et du monde.

Tableau 30 : Solution 2 du contrôle optimal avec contrainte budgétaire

	Structure globale optimale équilibrée			
Norme = 319,06	FON	INV	TRF	TOTAL
Economie	13,0 %	1,8 %	12,6 %	27,42 %
Éducation	8,4 %	0,9 %	5,9 %	15,17 %
Énergie BTP	4,1 %	10,7 %	10,6 %	25,43 %
Institutions	6,9 %	0,2 %	4,5 %	11,67 %
Réseau professionnel	0,5 %	0,4 %	1,0 %	1,91 %
Réseau social	2,1 %	0,6 %	1,5 %	4,21 %
Santé	1,8 %	1,9 %	3,9 %	7,48 %
Sécurité	4,0 %	0,1 %	2,5 %	6,70 %
Total général	40,94 %	16,60 %	42,45 %	100,0 %

Source : CREG 2024

La solution 2 permet de minimiser le coût du budget de 1,134 % avec une norme d'une valeur de 319,06. La structure par nature de dépense est la même avec le fonctionnement, les investissements et les transferts qui représentent 40,94 %, 16,60 % et 42,45 % du budget total. Il faut aussi remarquer que du point de vue des grandes masses de dépenses décrites dans la première solution, la différence n'est pas significative. Ainsi, l'analyse présentée dans la solution 1 est aussi valable pour cette solution. En revanche, il y a quelques changements de structures qui méritent qu'on s'y attarde.

Dans la structure de la fonction économie, les dépenses de fonctionnement et de transferts sont revalorisées respectivement avec des augmentations de 0,1 point et 0,4 point de pourcentage. Cette légère revalorisation du fonctionnement peut par exemple servir à l'amélioration des conditions de travail dans le secteur, soit avec une augmentation des salaires et éléments de salaires, soit par une augmentation marginale des commandes publiques. L'augmentation des transferts implique une augmentation des subventions accordées au secteur des affaires économiques (par exemple, la subvention des engrais agricoles). Cependant, les dépenses en investissements sont revues à la baisse respectivement de 0,5 point par rapport à la première solution, ce qui peut être une mauvaise chose pour l'environnement des affaires et la promotion du secteur privé dans le pays.

La solution 2 propose une réduction de 0,2 point de pourcentage des dépenses de fonctionnement qui sont compensées par une augmentation des dépenses en investissement et de transfert de 0,1 point et 0,2 point de pourcentage. Outre l'amélioration des équipements d'éducation, ce changement de structure peut aussi servir à l'augmentation des bourses académiques.

En ce qui concerne la fonction énergie-BTP, les changements concernent les dépenses d'investissements et de transferts. Le planificateur du budget réalise une opération à somme nulle, en retranchant de 0,4 point de pourcentage les dépenses de transferts puis en augmentant les dépenses d'investissements de la même proportion. Cette décision pourrait avoir pour conséquence une augmentation du coût de certains produits énergétiques si la modification concerne par exemple la réduction des subventions sur les produits énergétiques, notamment le pétrole, le gaz et l'électricité. En revanche, il est possible d'assister à une augmentation des recettes fiscales si cette modification touche plutôt aux exonérations ou incitations accordées aux entreprises du secteur de l'énergie-BTP.

Cette solution améliore également de 0,1 point de pourcentage les dépenses d'investissements dans le secteur de la santé. Cette augmentation est sans doute en faveur de l'amélioration du plateau technique sanitaire que l'on sait défaillant dans bon nombre de pays en développement à l'instar du Sénégal.

Tableau 31 : Solution 3 du contrôle optimal avec contrainte budgétaire

	Structure globale optimale équilibrée			
Norme = 318,53	**FON**	**INV**	**TRF**	**TOTAL**
Economie	12,7 %	2,4 %	12,3 %	27,42 %
Éducation	8,5 %	0,8 %	5,9 %	15,17 %
Énergie BTP	3,6 %	9,4 %	12,4 %	25,43 %
Institutions	6,8 %	0,1 %	4,8 %	11,67 %
Réseau professionnel	0,5 %	0,4 %	1,0 %	1,91 %
Réseau social	2,1 %	0,8 %	1,3 %	4,21 %
Santé	1,7 %	1,4 %	4,4 %	7,48 %
Sécurité	4,9 %	1,3 %	0,6 %	6,70 %
Total général	40,94 %	16,60 %	42,45 %	100,0 %

Source : CREG 2024

Il est important de souligner avant toute chose que sur le plan purement mathématique, la solution optimale la plus efficiente est la dernière solution, car elle optimise le DDMI au coût le plus bas possible. Ce coût correspond à une norme de 318,53 pour la dernière itération (solution 3). Cette norme constitue une baisse du coût budgétaire de 1,30 % par rapport à la norme globale de référence. Toutefois, il est important de clarifier que sur le plan politique ou stratégique, les décideurs peuvent opter pour une structure budgétaire différente de la structure optimale.

Cette structure optimale reste semblable à la première solution à bien des égards. Cependant, elle est moins en faveur de la politique énergétique et du renforcement du système sanitaire. Par exemple, une réduction des dépenses d'investissements énergétiques au profit de l'augmentation des transferts influence plus le pouvoir d'achat des consommateurs au lieu de favoriser une augmentation des taux de couverture géographique, de desserte ou d'électrification, qui sont les principaux objectifs de la politique énergétique.

Une dernière remarque concerne la fonction institution qui n'a quasiment pas varié à travers les différentes solutions. Même au niveau de la dernière solution où nous avons observé un changement, il s'agit d'une modification au profit des dépenses de transferts. Ce constat exprime une réalité institutionnelle liée à la lourdeur du système de gouvernance, la bureaucratie, et la complexité du système politique dans le pays. Cela pose aussi des problèmes d'efficacité et d'efficience des institutions étatiques. Cette situation expose alors le pays à une augmentation de la corruption et un retard dans l'application et la transmission de décisions publiques.

Synthèse des résultats

Les résultats des solutions 1, 2 et 3 montrent qu'il y a une convergence dans la structure optimale des fonctions budgétaires. Les fonctions Economie et Energie-BTP représentent respectivement 27,42 % et 25,43 % du budget tandis que sur la période 2000-2021, ces fonctions contribuaient à environ 33,3 % et 35,2 % pour la fonction Economie et 13,4 % (ou 14,4 %) pour la fonction Energie-BTP. Ainsi, les structures optimales équilibrées révèlent un surfinancement des affaires économiques au détriment du sous-financement de la fonction Energie-BTP.

Une légère réévaluation à la baisse de la fonction Éducation est envisagée dans les solutions optimales, rapportant la contribution de cette fonction au budget à 15,17 % contre 17 % alloué en moyenne ces vingt dernières années. Pour ce qui concerne la fonction Santé, bien qu'on n'ait pas atteint les objectifs de Maputo (15 %), les solutions optimales équilibrées consacrent plus de ressources à la santé, soit au moins 2,48 points de pourcentages de plus, car sur la période 2000-2021 l'allocation des ressources au profit de cette fonction a varié entre 4,4 % et 5 %.

Selon l'analyse des structures moyennes du budget fonctionnel, la fonction Institution représente le deuxième poste d'allocation, avec une contribution qui varie entre 15 % et 18 % du budget. Les quatre solutions optimales convergent pour une contribution de 11,67 %, soit une baisse minimale de 3,03 points de pourcentages. En matière de sécurité, malgré l'expansion des groupes djihadistes dans la région du Sahel, en particulier dans les pays voisins, l'intégrité territoriale est préservée au Sénégal. Cette situation pourrait offrir une marge de manœuvre afin d'envisager une légère baisse de la contribution de la fonction Sécurité. Ainsi, cette contribution qui varie entre 7 % et 7,9 % peut être ramenée à 6,70 %.

Les politiques publiques mises en œuvre ces dernières années ont accordé très peu d'importance aux fonctions réseau social et professionnel. Elles captent en moyenne à peine 5 % des ressources disponibles. Les allocations en faveur du réseau social par exemple sur la période 2000-2021 varient entre 3 % et 4 %. La contribution du réseau professionnel est moins importante et varie entre 1,8 % et 2,3 %. Cette faible allocation s'explique par le fait que la contribution de ces fonctions dans la création de la richesse nationale est négligeable. Mais, en revanche, ces fonctions jouent un rôle prépondérant dans l'économie, car elles permettent de garantir la cohésion sociale, l'unité nationale et améliorent le sentiment d'appartenance des populations vulnérables et exclues. À cet effet, la réévaluation et le maintien de la contribution des fonctions réseau social et professionnel à 6 % sont un impératif social au Sénégal.

Conclusion

Ce papier a traité du problème de l'allocation fonctionnelle du budget de l'État du Sénégal qui optimise le bien-être de la population sous contrainte budgétaire. La fonction de production du bien-être est appréhendée par l'indice de suivi du développement durable et du dividende démographique. L'analyse du budget a été faite sur la période de 2000 à 2021 avec une structure moyenne du budget comportant huit fonctions à savoir : la fonction Economie, Énergie-BTP, Éducation, Santé, Institution, Sécurité, Réseau social et professionnel.

En nous basant sur les théories du contrôle optimal de Pontryagin (1959), nous avons conçu un programme d'optimisation avec contrôle optimal, sous contrainte budgétaire pour générer des solutions de structures globales optimales équilibrées. Ce programme a permis au terme de plusieurs itérations de retenir quatre solutions possibles.

L'analyse comparée des trois solutions montre qu'il n'existe pas une grande marge de manœuvre dans la restructuration du budget d'un scénario à un autre, car les structures du budget sont rigides. Les résultats des solutions montrent également qu'il y a une convergence dans la structure optimale des fonctions budgétaires. De plus, il faut souligner qu'il n'existe pas de *« best solution »*, car la solution statistiquement intuitive peut s'avérer inefficace sur le plan politique et social. Ainsi, le scénario à retenir devrait être celui qui réalise au mieux les objectifs de développement du pays. Cette solution doit être alors compatible au programme de développement du gouvernement et à la vision des dirigeants.

Références bibliographiques

Adli, Z., et Akacem, K. (2012). LE CONSENSUS DE WASHINGTON, LE FMI ET L'ALGÉRIE.

Aguey, S. (2020). INVESTIMENT PUBLIC ET CHANGEMENT STRUCTUREL : UNE ANALYSE EN ÉQUILIBRE GÉNÉRAL DYNAMIQUE. Annales des Sciences économiques et de Gestion, 20(1).

Bellman, R. 1953. An introduction to the theory of dynamic programming. Technical report.

Bozio, A., et Grenet, J. (Eds.). (2010). Economie des politiques publiques. La Découverte.

Creel, J. (2001). Faut-il contraindre la politique budgétaire en Union monétaire : les enseignements d'une maquette simulée. Revue de l'OFCE, no<(sup> 77), 199-249. https://doi.org/10.3917/reof.077.0199

Creel, J., et Sterdyniak, H. (1998). Du bon usage des politiques monétaire et budgétaire en Europe. Revue d'économie financière, (45), 167-196.

Dramani, L., Akpo, E., Oga, J. B., Guidimé, C. D., Konan, S., Agbahoungba, S., ... & Mabika, C. (2022). Demographic Dividend Monitoring Index Conceptual Framework and Case Studies in Africa. In The Routledge Handbook of African Demography (pp. 654-675). Routledge.

French-Davis, R. (2010). Latin America: The structural fiscal balance policy in Chile: A move toward counter-cyclical macroeconomics. Journal of Globalization and Development, 1(1).

Guèye T. N. (2021). Effets des dépenses publiques d'éducation, la fiscalité et la corruption sur la croissance économique en Afrique de l'Ouest : une analyse empirique sur données de panel. European Scientific Journal, ESJ, 17 (38), 160. https://doi.org/10.19044/esj.2021.v17n38p160

Kalman, R. (1959). On the general theory of control systems. IRE Transactions on Automatic Control, 4(3), 110-110.

Kalman, R. E. (1960). A new approach to linear filtering and prediction problems.

Kane, C. S. (2018). Cyclicité des politiques budgétaires dans l'Union Économique et Monétaire ouest africain (UEMOA). REVUE CEDRES-ETUDES, 7(66).

Kuate Fotue, L. (2015). Allocation des dépenses publiques pour la transformation structurelle.

Llorca, M. (2016). Défis à relever pour la politique budgétaire en Amérique latine en matière de stabilisation et de redistribution. Cuadernos de Economía, 35(SPE67), 119-147.

Lyapunov, A. M. (1992). The general problem of the stability of motion. International journal of control, 55(3), 531–534.

Mankiw G. N., et Taylor M. P. (2013). Principe de l'économie. De Boeck supérieur.

Mtiraoui, A. (2015). L'impact de l'action du pouvoir public sur le Développement économique : Application au Secteur de l'éducation dans la région MENA.

Musgrave, R. A. (1959). The Theory of Public Finance: A Study in Public Economy. New York: McGraw Hill.

Pontryagin, L. S. (1959). Optimal regulation processes. Uspekhi Matematicheskikh Nauk, 14(1), 3-20.

Rota-Graziosi, G., Caldeira, E., Dama, A. A., Djoufelkit, H., & Ehrhart, H. (2021). La qualité de la dépense publique dans les pays en développement : mesure et déterminants.

Trinnou, G. M. (2021). ANAYSE DES FACTEURS EXPLICATIFS DE L'EFFORT FISCAL ET DU POTENTIEL FISCAL DANS LES PAYS DE L'UEMOA, Document d'étude et de Recherche N° COFEB/DER/2021/03.

CHAPITRE 8

ANALYSE DE LA SENSIBILITÉ BUDGÉTAIRE EN ÉQUILIBRE PARTIEL-ARRIMAGE

Introduction

Les principes d'économie publique

Depuis la fin de la transition économique, avec le passage de l'économie planifiée à une économie de marché et la globalisation du libre-échange des facteurs de production, il y a eu un regain d'intérêt pour la place de l'État dans l'économie et l'importance de ses interventions. Il était donc important de remettre en perspective le rôle de l'État, l'étendue de ses interventions, et l'efficacité de ses actions au-delà du simple cadre analytique qui met en exergue les contrastes entre les principaux courants de pensées économiques, notamment les keynésiens qui sont favorables à une intervention de l'État, et les classiques qui militent pour la politique du laissez-faire. C'est dans ce contexte que l'économie publique s'est imposée comme l'alternative objective la plus holistique pour traiter des questions de l'État, son rôle et ses actions dans l'économie contemporaine.

- **Economie publique : définition et objet**

L'économie publique est la discipline des sciences économiques qui s'intéresse à l'intervention publique au sens large (Bozio et al., 2010). En effet, l'intervention publique fait référence à l'ensemble des actions par lesquelles un gouvernement ou une autorité publique intervient dans la sphère économique. La notion d'autorité publique dans ce cadre s'étend aux collectivités locales et aux organismes de sécurité sociale pour former le trio que la comptabilité nationale désigne sous le terme d'administrations publiques (APU). Elle a donc pour objet l'évaluation, la production et la maintenance des biens publics (Hebert, 1994).

Les théories de l'économie publique contribuent à l'analyse économique à travers deux approches complémentaires. La première approche est dite positive et permet d'évaluer les impacts des politiques publiques sur l'économie et la deuxième approche qui est normative renseigne les décideurs sur la politique la plus efficace en fonction des objectifs préalablement définis.

La notion de service et bien public et leurs caractéristiques

La théorie de l'équilibre général étudie la production et l'échange de biens privés. Les biens privés sont à la fois rivaux et excluables. Le principe de rivalité induit que la quantité consommée par un consommateur réduit d'autant la quantité disponible pour les autres consommateurs. Quant au critère d'excluabilité, c'est la possibilité d'exclure ou d'empêcher n'importe quel individu d'utiliser un bien. Ainsi, par opposition aux biens privés, les biens publics ne sont ni excluables ni rivaux (Mankiw and Taylor, 2013). Les deux critères susmentionnés sont valables pour caractériser tous les biens et services produits dans une économie et permettent de les classer en quatre grandes familles à savoir : les biens privés, les biens communaux, les biens publics et les biens de club. Le tableau ci-dessous résume la typologie des biens classés selon les critères de rivalité et d'excluabilité.

Tableau 32 : Typologie des biens

	Avec exclusion d'usage	**Sans exclusion d'usage**
Rival	Biens privés Ex. : pomme	Biens communaux Ex. : pâturage
Non rival	Biens de club Ex. : TV cryptée	Biens publics Ex. : défense nationale

Selon Mankiw et Taylor (2013), les trois biens publics les plus importants sont la défense nationale, la recherche fondamentale et la lutte contre la pauvreté. Pour Bozio et al., 2010, l'action publique ne se limite pas aux fonctions régaliennes de l'État, mais s'élargit aujourd'hui à la fourniture de biens et services d'éducation, de santé, de protection sociale et de réduction des inégalités.

Le rôle (fonctions) de l'État dans l'économie (R. Musgrave)

Dans leur livre intitulé "Public finance in theory and practice", Musgrave et Musgrave (1989) ont défini quatre (4) fonctions de l'État dans l'économie. Il s'agit de (a) la fonction d'allocation, (b) la fonction de redistribution, (c) la fonction de stabilisation et enfin (d) la fonction de coordination des politiques budgétaires.

- **La fonction d'allocation**

L'État intervient dans l'allocation des ressources, c'est-à-dire dans leur utilisation. Il effectue des dépenses pour financer ses fonctions régaliennes consistant dans le maintien de l'ordre au niveau interne (activité de police et de justice) et au niveau externe (activité de défense). Il est également producteur de services non marchands (éducation, santé, logements sociaux) et contrôle des entreprises publiques placées dans le secteur marchand.

- **La fonction de redistribution**

La redistribution des revenus est l'ensemble des mesures prises par l'État pour modifier la répartition des revenus en prélevant des impôts et des cotisations (prélèvements obligatoires) et en distribuant des revenus de transfert. Cette redistribution permet la couverture des risques sociaux (maladie, maternité, chômage et vieillesse) et agit sur les inégalités et la pauvreté au nom de la justice sociale.

- **La fonction de stabilisation**

L'État a pour mission de stabiliser l'économie, c'est-à-dire préserver les équilibres économiques (plein-emploi, stabilité des prix, solde du commerce extérieur) et obtenir une croissance soutenue en mettant en œuvre des politiques économiques conjoncturelles adaptées à la situation économique du moment. Les deux principaux instruments de stabilisation de l'économie dont dispose l'État sont la politique monétaire et la politique budgétaire.

- **La fonction de coordination de la politique budgétaire**

La politique budgétaire comporte un certain nombre d'objectifs distincts, mais ceux-ci se chevauchent dans la pratique, ce qui complique la conception d'une politique efficace. Par exemple, lorsqu'une politique expansionniste est nécessaire, le gouvernement a le choix entre d'une part augmenter les dépenses publiques ou réduire le niveau d'imposition et d'autre part réduire les dépenses publiques ou augmenter le niveau d'imposition. Ainsi, la fonction de coordination de la politique budgétaire voudrait que l'intervention de l'État garantisse la neutralité des mesures de stabilisation par rapport aux objectifs d'allocation et de redistribution des ressources. Cette fonction permet d'assurer aussi la cohérence de la politique budgétaire avec les objectifs politiques du gouvernement. Dans le cadre d'une union monétaire, cette fonction devient plus importante, car la politique budgétaire est désormais le seul instrument à la disposition de l'État pour amortir les fluctuations de l'activité et soutenir la croissance. Le pacte de stabilité et de croissance de l'Union européenne et le pacte de convergence de l'UEMOA sont des exemples d'instruments de coordination de la politique budgétaire.

- **Les grands principes budgétaires**

Dans le but de garantir le respect des principes fondamentaux de clarté, de sincérité et assurer la transparence dans la gestion des ressources publiques, quatre (4) principales règles budgétaires[12] à savoir l'annualité, l'unité, l'universalité et la spécialité ont été édictées.

- **L'annualité**

Ce principe exprime l'idée que l'autorisation budgétaire donnée à l'exécutif pour collecter les recettes publiques et exécuter les dépenses à travers la loi de finances ne vaut que pour un an.

- **Le principe de l'unité**

Le principe d'unité budgétaire signifie que toutes les recettes et les dépenses de l'État doivent figurer dans un document unique appelé budget. Le budget doit être présenté à la représentation nationale et doit être à l'équilibre (le total des recettes au cours d'un exercice doit être au total des dépenses).

- **Le principe d'universalité**

Le principe d'universalité est complémentaire à celui d'unité et comporte deux règles à savoir la non-affectation et la non-compensation. La règle de non-affectation consiste à imputer l'ensemble des recettes sur l'ensemble des dépenses. Il n'est donc pas autorisé d'affecter une recette particulière à une dépense particulière. En ce qui concerne la règle de non-compensation, qualifiée parfois de règle du produit brut, elle consiste à interdire la compensation d'une dépense par une recette.

- **Le principe de spécialité**

Selon ce principe, les crédits qui sont ouverts par une loi de finances sont affectés à des dépenses déterminées. L'autorisation donnée par les parlementaires au gouvernement en matière de dépense n'est pas donnée en un bloc, de façon globale. L'autorisation de dépenser est détaillée pour chaque catégorie de crédit. La conséquence est qu'un

---

[12] http://www.vie-publique.fr/fiches/21823-quels-sont-les-grands-principes-budgetaires ("Quels sont les grands principes budgétaires ?" 2022)

crédit ne pourra être utilisé que pour financer la dépense pour laquelle il a été prévu. Par conséquent, chaque crédit voté a une destination, et le gouvernement au cours de l'exercice budgétaire ne peut pas en principe modifier cette destination.

L'économie du Bien-être

L'économie du bien-être est un domaine qui explore la mesure et l'évaluation du bien-être des individus et des sociétés, en complément des indicateurs économiques traditionnels tels que le produit intérieur brut (PIB) ou le revenu national. Elle constitue une branche de l'économie qui vise à évaluer les situations sociales et à guider la prise de décision publique (Baujard, 2017). Son approche est essentiellement welfariste dans la mesure où les analyses sont orientées généralement sur les préférences individuelles des membres de la société.

- **L'économie du bien-être : Débats, contributions et politiques pour améliorer le bien-être des individus et des sociétés**

Il vise à analyser le bien-être des individus et des sociétés, ainsi qu'à formuler des politiques économiques pour améliorer leur bien-être général. Dans ce contexte, de nombreux auteurs ont engagé des débats approfondis pour mieux appréhender le concept et identifier les mesures appropriées afin d'aider les décideurs politiques à promouvoir le bien-être collectif.

Arthur Pigou, économiste néoclassique, s'est intéressé à l'élaboration d'une politique économique visant à améliorer la situation sociale de tous. Dans son livre "The Economics of Welfare" (1920), Pigou a introduit le concept central de "bien-être économique" et a proposé des outils pour mesurer et évaluer le bien-être au sein d'une société. L'auteur considère que le bien-être économique peut être amélioré en allouant efficacement les ressources et en égalisant les coûts et les avantages marginaux. Ainsi, il a suggéré que l'intervention gouvernementale, par le biais de taxes ou de subventions, pourrait aider à améliorer le bien-être collectif. Dans cette même lancée, Amartya Sen a joué un rôle clé dans le développement de l'économie du bien-être. Son livre "Choice, Welfare and Measurement" (1982) a marqué une avancée importante en redéfinissant le bien-être et en proposant des mesures alternatives. Sen a critiqué les approches traditionnelles centrées sur le revenu et la consommation, soulignant qu'elles négligeaient les aspects essentiels du bien-être. Il a introduit le concept de *"capabilités"* pour évaluer le bien-être, en se concentrant sur les capacités réelles des individus à réaliser leurs aspirations. Selon Sen, le bien-être englobe des dimensions telles que la santé, l'éducation, la liberté de choix et les relations sociales. Il a préconisé des politiques économiques visant à élargir les capabilités individuelles et à promouvoir l'équité sociale pour améliorer le bien-être collectif. L'approche de Sen a eu un impact significatif en élargissant la vision du bien-être pour inclure des aspects non monétaires et en mettant l'accent sur la réduction des inégalités. Ses travaux ont contribué à façonner les débats et les politiques économiques en mettant en avant les résultats réels pour les individus et en proposant des mesures plus complètes du bien-être.

Après les travaux d'Amartya Sen, d'autres auteurs majeurs ont contribué de manière significative à l'économie du bien-être. Nous pouvons citer entre autres les travaux de Martha Nussbaum (2000) qui a développé le concept de "capabilités humaines" en mettant l'accent sur les droits et les libertés en tant que moteurs du bien-être. Richard Layard et al (2014) a formulé la théorie de l'économie du bonheur, soulignant l'importance de la santé mentale, des relations sociales de qualité et de l'équité dans la détermination du bien-être. Joseph Stiglitz et Jean-Paul Fitoussi (2009) ont dirigé une commission qui a proposé de nouveaux indicateurs de bien-être, prenant en compte des dimensions telles que la santé, l'éducation, l'environnement et les inégalités. Ces contributions ont enrichi la compréhension du bien-être et ont influencé les débats et les politiques économiques en mettant l'accent sur des aspects plus significatifs du bien-être des individus.

À travers ces contributions et approches théoriques, on peut constater l'importance de l'État dans l'amélioration du bien-être de la population. D'ailleurs, l'approche keynésienne souligne le rôle de l'État dans la régulation de l'économie et la fourniture de biens publics, qui sont essentiels pour le bien-être de la population (Vivien, 2007). Selon cette perspective, l'État peut intervenir de manière proactive pour corriger les défaillances du marché et garantir une allocation efficace des ressources. Des approches, telles que l'économie du bien-être et l'économie politique mettent l'accent sur la justice sociale et l'équité dans l'allocation des biens et ressources. Ces approches considèrent que l'État joue un rôle crucial dans la redistribution des revenus et la réduction des inégalités afin d'améliorer le bien-être global de la population. Les analyses permettent de constater la diversité des approches qui, par ricochet, s'accompagne d'une diversité des mesures (Perron, 2019).

- **Perspectives variées sur l'évaluation du bien-être**

Amartya Sen (82) propose d'évaluer le bien-être des individus en mesurant leur accès à des éléments essentiels tels que la santé, l'éducation et la liberté de choix. Martha Nussbaum (2000) suggère une liste de capacités fondamentales, telles que la bonne santé, les relations sociales et la réalisation personnelle, qui devraient être prises en compte dans la mesure du bien-être. Richard Layard (2005) met l'accent sur l'évaluation subjective du bien-être en utilisant des enquêtes pour évaluer la satisfaction de vie des individus. Ruut Veenhoven (1984), David Bartram (2012) et Simon Langlois (2014) s'accordent sur le fait que la satisfaction envers la vie menée comporte une dimension cognitive, tandis que le bonheur renvoie à la dimension émotionnelle du bien-être. Ed Diener (1994) considère que le bien-être subjectif comprend des niveaux d'affectivité à long terme, un manque d'effets désagréables et la satisfaction de la vie. Michel Forsé et Maxime Parodi (2014) identifient trois déterminants de la satisfaction à l'égard de sa propre vie : les ressources individuelles, l'emploi et la qualité de la vie professionnelle, ainsi que les différents aspects de la vie affective et sociale. Joseph Stiglitz, Jean-Paul Fitoussi et Amartya Sen (2009) ont suggéré d'inclure des indicateurs tels que la santé, l'éducation, l'environnement, les inégalités de revenus et la participation citoyenne pour évaluer le bien-être au-delà du PIB. L'Indice de développement humain (IDH), développé par le Programme des Nations Unies pour le développement (PNUD), combine des indicateurs tels que l'espérance de vie, l'éducation et le revenu pour mesurer le niveau de développement humain dans un pays. À cela s'ajoute le bonheur intérieur brut (FIB), proposé par le Bhoutan, prend en compte des dimensions telles que la santé mentale, la spiritualité, la préservation de l'environnement, la culture et la gouvernance pour évaluer le bien-être national (Dasho et al, 2012).

En conclusion, l'économie du bien-être offre une perspective alternative et complémentaire à l'économie traditionnelle en mettant l'accent sur le bien-être des individus et des sociétés. Elle propose des approches et des mesures plus complètes pour évaluer et améliorer le bien-être, en reconnaissant que le progrès économique ne peut être pleinement apprécié que lorsqu'il est accompagné d'une amélioration du bien-être humain.

Section 1 : Relation entre les fonctions budgétaires et les composantes du DDMI

o L'Éducation et les composantes du DDMI

Niang (2005) a cherché à analyser l'incidence des dépenses publiques d'éducation sur la pauvreté au Sénégal. Il a ainsi comparé les courbes de concentration de ces dépenses gouvernementales à celle des consommations des ménages. Il ressort des résultats que les dépenses publiques dans l'enseignement primaire sont relativement mieux réparties en matière d'équité entre les catégories sociales, que celles des ménages. Cependant, les dépenses publiques liées à l'enseignement technique et professionnel apparaissent peu profitables aux ménages les plus pauvres (20 % des moins riches).

Dans le même sillage, Lanjouw et al. (2001), ont mené une analyse statique de l'impact des dépenses publiques d'éducation et de santé sur la pauvreté en Indonésie. Ils ont trouvé que les dépenses consacrées à l'éducation de base et les soins de santé primaires sont généralement plus favorables aux pauvres. En revanche, les dépenses liées à l'enseignement supérieur et aux hôpitaux sont moins bénéfiques à cette catégorie sociale.

Afonso et al. (2008), quant à eux, ont cherché à analyser l'impact des dépenses publiques, de l'éducation et des institutions sur la distribution des revenus dans les pays avancés, en utilisant un outil non paramétrique en l'occurrence les modèles DEA (Data envelopment analysis). Les résultats de l'étude montrent que les politiques publiques affectent significativement la répartition des revenus à travers les dépenses sociales, et indirectement via une formation ou un capital humain hautement qualifié et des institutions économiques saines.

À travers un modèle d'équations simultanées, Fan et al. (1999) ont, pour leur part, cherché à estimer les effets directs et indirects des différents types de dépenses publiques sur la pauvreté rurale et la productivité en Inde. Les résultats de leurs recherches ont montré que les investissements publics dans les infrastructures rurales telles que les routes, la recherche-développement dans l'agriculture et les dépenses en éducation ont un impact positif très sensible sur la réduction de la pauvreté et la hausse de la productivité. Toutefois, pour les autres types de dépenses liées par exemple à l'irrigation, la conservation des eaux et des sols, la santé, et le développement rural et communautaire, les contributions respectives à la réduction de la pauvreté et la hausse de la productivité restent assez modestes. Dans la même lignée, Fan et al. (2002), en conduisant des études similaires en Chine, ont trouvé que les dépenses publiques orientées vers l'éducation ont le plus fort impact sur la réduction de la pauvreté rurale et des inégalités régionales, en plus de l'effet significatif sur la hausse de la production. Ces auteurs ajoutent que l'augmentation de l'emploi non agricole en milieu rural explique en grande partie cette diminution.

Par ailleurs, Dabla-Norris et Matovu (2002) ont cherché à mesurer les effets des dépenses de l'État, sous forme de transferts publics dans les secteurs de l'éducation et des infrastructures, sur les décisions des ménages en matière de scolarisation des enfants ou d'accumulation d'actifs. À travers un modèle dynamique à générations imbriquées, les auteurs ont trouvé qu'une hausse des dépenses publiques dans l'enseignement primaire et secondaire a un impact positif sur la réduction de la pauvreté et sur l'économie, malgré une baisse des investissements dans les infrastructures. En outre, l'impact de transferts publics sur les agrégats macroéconomiques et la pauvreté dépend fortement de leurs ampleurs. Autrement dit, s'ils sont assez conséquents et ciblent les couches les plus défavorisées alors des effets considérables pourraient être attendus sur la réduction de la pauvreté et la croissance économique. Cependant, de faibles transferts auraient un impact assez marginal sur la pauvreté et l'économie.

Dans un autre registre, Balma et al. (2010) ont utilisé un MEGC pour évaluer les répercussions directes et indirectes des politiques publiques en matière d'éducation sur le bien-être, la pauvreté et la distribution des revenus au Burkina Faso. Les résultats des simulations indiquent qu'une augmentation uniforme de 40 % des dépenses publiques en éducation de base compensée par une hausse de la taxe de vente (une taxe additionnelle sur les biens de consommation) se traduirait non seulement par une amélioration du bien-être, mais aussi par une baisse de l'incidence de la pauvreté pour les ménages salariés. Cependant, les résultats montrent que dans ces conditions de coût unitaire de l'éducation élevé chez les ménages agriculteurs, leur situation ne s'améliorerait pas en matière de bien-être et de pauvreté, alors que la structure de la répartition des revenus resterait inchangée.

- **La Santé et les composantes du DDMI**

Les premiers travaux théoriques en économie de santé adoptent l'approche néoclassique. Selon cette approche, les personnes sont considérées substantiellement comme rationnelles et adoptent leurs décisions personnelles en matière d'échanges marchands. Dans le secteur de la médecine libérale, nous avons donc un modèle producteur-consommateur ou le médecin joue le rôle d'un producteur, et/ou le patient est considéré comme un consommateur soit comme un investisseur dans son capital-santé. Cette approche présente désormais de nombreuses limites, notamment l'indépendance de l'offre et de la demande et la gouvernance du consommateur. Tandis que le médecin disposerait d'un pouvoir discrétionnaire qui lui permettrait d'utiliser la demande pour ses services personnels. Depuis les années 1970, l'hypothèse de la demande induite par l'offre constitue un pilier important de l'utilisation du modèle néo-classique en médecine ambulatoire (Evans 1974). Dans cette perspective, les dépenses de santé sont dissociées de la responsabilité financière, autrement dit, les médecins et les patients n'interviennent pas dans la détermination du coût total de leurs décisions ; par conséquent, le rôle du prix est réduit. Ces modèles présentent aussi des limites supplémentaires dont les conflits d'intérêts et l'asymétrie informationnelle entre les différents groupes de personnels dans l'établissement hospitalier (corps médical, malade, personnel administratif, infirmier…) qui ne sont pas intégrés dans l'analyse (KHALDI, N., & ARIB, F. 2022).

Les apports de la théorie de l'agence (normative et positive) dans l'économie de santé permettent de surmonter quelques limites de la théorie néo-classique, ainsi d'offrir des éléments qui peuvent aider à prendre des décisions en matière de politique économique.

En termes de relations d'agence, l'apport théorique de l'approche du système de soins se manifeste essentiellement dans la prise en compte explicite des divergences d'intérêts, des asymétries d'information et des risques associés à l'activité économique. Selon Bejean, 1997, les relations entre les personnels du système de santé sont modélisées en termes de relations d'agence multiples, notamment entre le médecin traitant et le patient en médecine ambulatoire, entre l'assuré et l'assureur dans le domaine de l'assurance-maladie, entre le personnel médical et l'administrateur gestionnaire de l'hôpital, entre cet administrateur et ses autorités de tutelle (…) ». En matière de politique économique, le principal apport de la théorie de l'agence est de démontrer que certaines règles de récompense ou d'allocation budgétaire sont surmanipulées par les agents. Par conséquent, des incitations doivent être introduites pour limiter le comportement opportuniste des acteurs. L'application de la théorie de l'agence en économie de santé trouve cependant des limites relatives au modèle théorique lui-même et à ses hypothèses.

L'économie des conventions permet théoriquement de surmonter les limites de l'approche contractuelle en suggérant des explications très réalistes des comportements économiques. Elle apporte des éléments complémentaires nécessaires à l'analyse suggérée par la théorie de l'agence, notamment en matière de politique économique. Au niveau théorique, la théorie de l'économie des conventions et l'hypothèse de rationalité procédurale permettent de bien comprendre le comportement et les mesures de prise de décisions dans le secteur de la santé.

Sur le plan empirique, les premiers modèles de mesure des sources de croissance économique ont commencé avec Solow (1957) et Denison (1962). Ces auteurs n'ont pas pris en compte le facteur santé. Mais Bloom et al (2001) et Sala-i-martin (2001) ont considéré la santé comme une des principales sources de la croissance. En effet, une population en bonne santé joue un rôle moteur dans la croissance économique. Ces auteurs ont perçu la santé comme un produit final du processus de croissance. Ils stipulent que les personnes à hauts revenus sont bien portantes parce qu'elles ont plus facilement accès aux biens et aux services propices à une bonne santé. En outre, selon Ulmann (2003), l'amélioration de l'état de santé dépend du progrès technique et de la médecine. Il note que la croissance économique entraîne une hausse du revenu des ménages. L'accès à des conditions de vie meilleures améliore l'état de santé (bonne nutrition, habitation salubre…), mais également les dépenses affectées à la santé augmentent. Cet auteur insiste sur le fait qu'au niveau national, l'amélioration de l'état de santé de la population ne se réalisera que s'il existe une répartition égalitaire de la richesse.

Frenk (2004) affirme que la performance en matière de santé est fortement dépendante de l'économie, mais aussi des systèmes de santé eux-mêmes. Il insiste sur l'importance de la prise en considération de ce lien dans la science et économie de santé. En effet, investir dans la santé n'est pas seulement souhaitable, c'est surtout essentiel dans la plupart des sociétés. En d'autres termes, les systèmes de santé se trouvent confrontés à des enjeux difficiles et complexes du fait, notamment, des pressions nouvelles qu'exercent le vieillissement de la population, le développement des maladies chroniques et le recours intensif à des technologies médicales coûteuses, mais vitales. Ainsi, la nécessité de concevoir les politiques de financement de la santé et de déterminer les investissements correspondants en tenant compte des interactions avec l'économie est une idée primordiale.

Selon les travaux de la Commission macroéconomie et santé de l'Organisation mondiale de la Santé (OMS), les performances en matière de santé et les performances économiques sont interdépendantes. Ainsi, la pauvreté, la malnutrition et la mortalité infantiles provoquent la réduction, notamment, de l'espérance de vie. Pour cette raison, les populations des pays riches jouissent d'un meilleur état de santé que celles des pays pauvres. Aussi, le revenu national influence directement le développement des systèmes de santé, notamment via le système d'assurance et les dépenses publiques. Alors que le revenu national détermine principalement le niveau des dépenses de santé, ces dernières augmentent, toutefois, à un rythme supérieur, une réalité mise en évidence par Miniar Ben A. S. et Sami H. en 2015.

Les économistes de la santé considèrent donc la santé publique comme un important facteur de croissance et de bien-être. Elle représente à la fois un bien de consommation et un capital. En tant que capital, elle permet à chacun de générer des revenus sur le marché du travail. En tant que bien de consommation, elle permet aux individus d'accroître leur bien-être et leur donne la liberté de poursuivre leurs intérêts. Sous l'angle économique, la santé est un facteur de capital humain et donc un moteur de développement économique. En fait, l'état de santé est de plus en plus intégré dans les théories de la croissance économique comme facteur de dynamisme.

- **Les « Institutions » et les composantes du DDMI**

Jusqu'en 1945 aux États-Unis, l'institutionnalisme rivalisait largement avec le marginalisme. À la fin du XIXe siècle, Thorstein Veblen a inspiré le mouvement de l'institutionnalisme économique. Ce courant de pensée a formellement pris forme au début du XXe siècle, sous la direction de Wesley C. Mitchell à l'université Columbia (New York) et principalement de John R. Commons à l'université du Wisconsin. Cet intérêt précoce pour les institutions connaît une éclipse prolongée jusqu'aux années 1970. Les institutions sont alors négligées et traitées comme une donnée (une variable exogène) tant par le courant de la synthèse néoclassique que par le monétarisme. Il faut attendre en fait la parution de Markets and Hierarchies en 1975 pour qu'Oliver E. Williamson appelle de ses vœux la naissance d'une nouvelle économie institutionnelle (New Institutional Economics), dont l'entreprise devient alors l'objet privilégié sous sa plume. Sous l'impulsion de Douglass C. North, lui aussi prix Nobel, cette approche microéconomique des institutions est, par la suite, étendue à l'analyse des facteurs de la croissance et du développement (Gilles M. 2010).

En outre, les politiques de développement préconisées par le consensus de Washington ont montré leurs limites dès le début des années 1990. Donc, la réflexion s'est dès lors recentrée sur les facteurs institutionnels considérés de plus en plus comme étant la cible prioritaire des politiques d'aide au développement. Alors que les sociologues s'interrogent sur le déclin de ces dernières, les institutions sont à la mode chez les économistes comme en témoigne l'attribution du prix Nobel d'économie 2009 à Oliver E. Williamson et Elinor Ostrom pour leurs travaux sur la gouvernance économique.

Afin de démontrer le rôle vital que jouent les institutions dans le développement et la croissance économiques, de nombreuses études s'appuyant sur ce nouveau paradigme ont été menées mettant en évidence l'influence des environnements institutionnels sur l'efficacité des réformes sectorielles (Edison, 2003).

Les travaux de Demetriades et Law (2006) restent dans une certaine mesure précurseurs en ce qui concerne l'évaluation de l'effet du développement financier sur la croissance en fonction de la qualité des institutions. Ainsi, à l'aide d'un échantillon de 72 pays sur la période 1978-2000, les auteurs montrent les effets favorables du développement financier sur la croissance dans les pays à revenu intermédiaire disposant d'institutions saines. Dans les pays à revenu faible, où les institutions sont de faible qualité, le développement financier ne génère aucune croissance. À la suite de Demetriades et Law (2006), Law et al. (2013) approfondissent l'analyse des seuils de qualité institutionnelle dans la relation finance-croissance sur un échantillon de 85 pays sur la période 1980-2008. Les auteurs suggèrent que l'impact de la finance sur la croissance n'est positif et significatif qu'au-delà d'un certain seuil de développement institutionnel. En dessous de ce seuil, la relation est non significative. Un réexamen de cette relation est proposé par Law et al. (2018) à l'aide d'un modèle quadratique sur panel dynamique. Les résultats obtenus montrent que la « malédiction » financière survient lorsque les institutions sont altérées. Ainsi, les institutions jouent un rôle important dans le lien entre développement financier et croissance, et les pays disposant d'une meilleure qualité institutionnelle profitent largement du développement du secteur bancaire. De surcroît, des marchés financiers intégrés dans un cadre institutionnel solide sont plus efficaces pour assurer un développement économique durable.

EBO'OH NTJEN, S. D., NEBA, C. Y. (2021) montrent qu'un cadre institutionnel politique de bonne qualité diminue le niveau seuil de qualité des institutions économiques à même d'améliorer l'effet du développement financier sur la croissance économique en Afrique subsaharienne. À travers un échantillon de 30 pays de l'Afrique subsaharienne sur la période 1996 à 2018, ils ont élaboré par un modèle non linéaire de croissance endogène une estimation par cointégration sur donnée de panel. Il apparaît dans leurs résultats que le développement financier agit négativement à court terme et positivement à long terme. Les institutions modifient l'effet du développement financier sur la croissance. Ainsi, une amélioration de la qualité des institutions politiques quittant de la moyenne des pays de l'Afrique subsaharienne vers celle des économies plus stables (Sénégal), fait passer le seuil institutionnel économique de 15,708 9 points à 10,342 3 ; soit une baisse de 5,366 6. De même, lorsqu'on fait varier la qualité des institutions économiques de la moyenne des économies de l'Afrique subsaharienne vers celle d'une économie à forte qualité d'institutions économiques (Afrique du Sud), une hausse 1 % d'écart type du développement financier entraîne une marge de 0,001 8 % de gain d'efficacité productive.

L'analyse de Gasmi et al (2006) montre par une étude économétrique que certaines caractéristiques décrivant la sphère politique, plus particulièrement la « responsabilisation politique », ont un impact significatif sur la performance de la régulation du secteur des télécommunications que ces auteurs mesurent par la performance économique de ce secteur.

Selon Pouvourville et Contandriopoulos (2000), il y a trois pratiques d'analyse économique relatives au domaine de l'économie de la santé : l'étude des interrelations entre la santé et le développement social, l'analyse de l'impact des déterminants de santé sur l'état sanitaire des individus et l'analyse de l'impact de cette dimension sur le développement par l'intermédiaire du capital humain qui contribue à l'amélioration de la qualité des facteurs de production.

À titre illustratif, Acemoglu & Johnson (2005) ont constaté que les institutions qui touchent tous les secteurs de l'économie ont un effet direct important sur le développement financier. Ils ont montré que les droits de propriété et les institutions contractantes sont des déterminants importants du développement financier. Chauffour (2011) a soutenu que les institutions, mesurées par la liberté économique et les libertés civiles et politiques, déterminent pourquoi certains pays réalisent et maintiennent une meilleure croissance économique. Baier & al., (2012) ont noté que dans la période suivant immédiatement une crise, il y a généralement une diminution de la liberté économique qui découle d'une réglementation accrue, ce qui laisse présager une croissance économique plus lente à l'avenir. Hafer, (2013) a montré que les pays ayant un niveau de liberté économique initiale plus élevé révèlent en moyenne des niveaux de développement des intermédiaires financiers plus importants dans les années suivantes. Nawaz, (2015) a également établi que les institutions jouent un rôle important dans la détermination de la croissance économique des économies développées par rapport aux économies en développement.

Pour la région d'études, Ben Naceur & al. (2014) ont montré que la qualité des institutions, en particulier l'État de droit, favorisait le développement financier en signalant la confiance dans la qualité du système juridique à l'appui de l'activité économique. Gazdar & Cherif (2015) ont indiqué que la finance est plus susceptible de soutenir la croissance économique dans les pays de la région MENA dotés d'un environnement institutionnel sain.

Sghaier, (2018) a constaté, en utilisant une analyse en panel dynamique (GMM), que le développement financier a un effet positif sur la croissance économique. L'auteur affirme également que les institutions semblent travailler en complément du développement financier et que l'effet de celui-ci est plus prononcé en présence de la variable de qualité institutionnelle. En conséquence, l'auteur recommande d'accorder une importance particulière à la mise en œuvre de politiques qui aboutissent à l'approfondissement des systèmes financiers. Ainsi, en favorisant le développement du système financier d'un pays, la croissance économique sera accélérée.

Dans la même veine, Minea et Villieu (2010) endogénéisent les institutions à travers un modèle simple de croissance endogène avec dépenses publiques (en référence à Barro, 1990), dans lequel ils supposent que la qualité des institutions est évaluée par les coûts de collecte associés à la mobilisation des recettes fiscales. Les auteurs suggèrent entre autres qu'il existe des effets de seuil dans la relation entre finance et croissance, associés aux différences de qualité institutionnelle. Le développement financier influence positivement la croissance économique lorsque la qualité institutionnelle dépasse un certain seuil, alors qu'en deçà l'impact est négatif.

- **La « Sécurité » et les composantes du DDMI**

Ces dernières années, la « sécurité » est devenue une question tout à fait centrale. Confronté à une multitude de menaces allant du terrorisme et des virus informatiques à la fraude et au crime organisé, le monde est perçu par beaucoup comme de plus en plus dangereux. De ce fait, la sécurité retient davantage l'attention et la demande de biens et de services dans ce domaine connaît une progression constante, ce qui donne naissance à une palette large et diversifiée d'activités économiques tant publiques que privées, qui composent l'économie de la sécurité émergente (Barrie S, 2004).

Il est certain que la guerre compte parmi les phénomènes sociaux dont il est difficile de soutenir qu'ils sont susceptibles de se traduire par autre chose que l'entropie : pertes humaines, destructions matérielles, démobilisations problématiques, pensions aux invalides et aux familles des victimes, endettements massifs, interruptions des circuits économiques, enfin, en cas de défaites, amputations territoriales et indemnités de guerre au profit du vainqueur (Diebolt C. et Jaoul M. 2004). Les marxistes ajoutent aux méfaits des conflits ouverts l'accumulation de capital obérée par l'accaparement étatique des fortunes privées sous forme d'emprunts. L'histoire de l'humanité donne de nombreux exemples de nations ruinées par la guerre, naturellement lorsque celle-ci finit en désastre militaire et même parfois, en cas de victoire, lorsque le pays a dû consentir pour l'emporter un effort trop lourd.

D'après Miller et al. (1996), les victimes encaissent trois types de coûts du crime : 1) les dépenses directes comme les factures médicales et les pertes de propriété, 2) la baisse de productivité et 3) les pertes non monétaires, dont la peur, la souffrance et la perte de qualité de vie (de Pamela E, 2010).

La question se pose de savoir quel est le poids spécifique des facteurs économiques et du sous-développement dans l'explication des conflits et dans le processus d'engrenage et de propagation non régulée qui les caractérisent. La guerre doit être financée et peut avoir pour motivation la captation de richesses. Les conflits sont favorisés par le sous-développement économique, le chômage des jeunes, la pauvreté et l'impossibilité pour les États d'assurer les fonctions régaliennes. Selon la Banque Mondiale, 2003), 80 % des PMA ont connu des conflits. Elle estime aussi qu'un revenu par tête deux fois supérieur divise par deux le risque de guerre.

Dans leur modèle théorique qui fonde leurs tests empiriques, Collier et Hoeffler (2000) se placent dans le cadre utilitariste de Grossman (1991). Ils opposent la rébellion, forme de criminalité organisée caractérisée par l'avidité, au gouvernement supposé légitime et recevant les doléances. Les variables les plus significatives sont économiques. Les conflits sont d'autant plus probables que le niveau de revenu par tête est faible, que la part des matières premières est importante dans les exportations et que le pays est polarisé autour de deux grands groupes ethniques. Ces facteurs ont été depuis affinés et complétés. La nature des matières premières est centrale et les ressources du sous-sol, notamment les hydrocarbures, sont davantage facteurs de conflictualité que les matières premières agricoles (Bannon, Collier, 2003). Les questions de crédibilité des pouvoirs et de mesures redistributives vis-à-vis des groupes exclus sont centrales pour expliquer les conflits (Azam, 2000). De nombreuses études consacrées à l'Afrique ont cherché à spécifier les facteurs économiques de conflictualité (Annan, 1998 ; Elbadawi, Sambanes 2000 ; Hugon, 2003 ; Nour Abdel Lotif, 1999). Selon les tests d'Anyawu (2002), les principaux facteurs explicatifs des guerres civiles africaines sont le faible taux de croissance du PIB, l'importance des ressources naturelles, la durée de la paix, le fractionnement social et le nombre d'habitants (Hugon P, 2006).

Les effets économiques de l'insécurité et des conflits armés se manifestent par une destruction ou par une dévalorisation du capital physique (infrastructures, équipements), du capital humain ainsi que du capital social qui repose sur la confiance, les règles ou les réseaux de relations. Les comparaisons internationales montrent que les guerres font chuter le revenu par tête de 15 %, amputent de deux points le taux de croissance et conduisent à une fuite des capitaux frappant en moyenne 20 % des actifs (Hugon P, 2006).

Selon toujours ce même auteur, les dépenses militaires n'ont pas d'effet d'entraînement et d'innovation dans la mesure où, exception faite de l'Afrique du Sud, l'Afrique subsaharienne est importatrice d'armes. Les conflits ont également des impacts transfrontaliers négatifs, impacts que malheureusement les statistiques, élaborées dans des cadres nationaux, saisissent fort mal. La guerre peut en outre avoir un coût élevé en termes de dépenses militaires et d'endettement extérieur, mais dans la plupart des cas les technologies militaires employées sont simples, et donc peu onéreuses.

○ Le « réseau social » et les composantes du DDMI

La fonction budgétaire « réseau social » est en étroite relation avec la dimension 2 du DDMI en sa sous-dimension des « liens sociaux ». En ce sens, une revue de la littérature sur les liens sociaux et ses impacts sur différents domaines peut être réalisée.

C'est le cas du domaine de l'emploi, pour lequel Bunel et Lenoir (2004) se sont intéressés pour le cas spécifique des jeunes diplômés marocains. Face à l'impact de moins en moins important du niveau de diplôme sur l'accès à l'emploi et à un salaire élevé, nos auteurs face à la mobilisation par les sortants des universités de modes de recherche d'emploi comme le réseau social, ont cherché à analyser l'impact du réseau familial et d'amis sur la probabilité de trouver un emploi et sur la rémunération obtenus cinq ans après la sortie de l'université. Ce qui leur a permis de ressortir comme principale conclusion que si le réseau social accroît la probabilité de trouver un emploi, il conduit en revanche à des emplois moins bien rémunérés.

Ouellet (2008) s'est quant à lui intéressé à un autre domaine précis à savoir le domaine de la migration. En effet, son étude sur la place du réseau social et de soutien dans le parcours migratoire et d'insertion des personnes immigrantes établies à Rivière-du-Loup. De cette étude, il en ressort que c'est principalement le désir des migrants de se réaliser, et non l'implication du réseau social, qui les a guidés dans leurs parcours migratoires et d'insertion. De plus, la création d'un réseau social s'est révélée être un processus plus complexe que simplement établir de nouveaux contacts avec des personnes par le biais d'individus ou d'institutions.

Le cadre des PME et de la relation avec le réseau social a également été abordé. Tel a été le cas de l'étude sur « le réseau social du dirigeant de petite et moyenne entreprise : un outil stratégique au service de sa communication » réalisée par Brassier-Rodrigues et Brassier (2010). Face à la nécessité des dirigeants de PME de réfléchir à une approche stratégique de leur communication qui permette de répondre aux attentes des marchés de manière adaptée et réactive, nos auteurs considèrent le réseau social du dirigeant comme pouvant constituer un outil de communication avantageux. Et au terme de leurs analyses, ils en concluent que les PME ont intérêt à développer une stratégie de communication fondée sur les outils de communication classiques, tout en créant et en entretenant un réseau social en direction des partenaires commerciaux « industriels ».

- **Le « réseau professionnel » et les composantes du DDMI**

La fonction budgétaire « réseaux professionnels » quant à elle s'associe majoritairement à la dimension 2 du DDMI. En effet, cette fonction budgétaire est en étroite liaison avec l'Indice de la Qualité du Cadre de Vie (IQCV), particulièrement avec ses sous-dimensions « Équilibre travail-vie privée » et « Bien-être subjectif » en raison notamment du potentiel impact que peut avoir une variation budgétaire des « réseaux professionnels » sur ces deux sous-dimensions. Et ces derniers ont d'ailleurs fait l'objet d'études diverses en raison de leur importance comme facteur de développement du cadre de vie de la population.

En effet, la sous-dimension de l'équilibre travail-vie privée constitue déjà un vaste sujet de réflexion ayant engendré une vaste littérature basée sur différents questionnements. Parmi ces questionnements, nous retrouvons la question de la réalisabilité de l'objectif d'équilibre entre la vie professionnelle et la vie privée. Cela a ainsi été étudié notamment en Afrique du Sud par Malherbe (2020) à la suite de l'élargissement en 2018 du champ d'application de la législation sud-africaine sur les congés et les prestations de sécurité sociale pour les parents salariés. Des suites de l'étude, le principal constat est que l'équilibre entre vie professionnelle et vie privée des parents et des aidants n'a pas reçu l'attention nécessaire dans le programme législatif sud-africain, malgré la générosité de la Constitution. Les décideurs politiques et les législateurs sud-africains pourraient donc s'inspirer des dispositions de la directive 2019/1158 sur le congé parental et la garde d'enfants pour élaborer un cadre sud-africain unique visant à assurer l'équilibre entre vie professionnelle et vie privée pour les parents et les aidants. Sous un autre angle, Zahra (2020) s'est également intéressé à la question de l'équilibre entre vie privée et vie professionnelle en étudiant son impact sur la performance au travail. À travers cette étude, il a été possible de constater que des niveaux élevés de surcharges des rôles et d'interférence entre le travail et la famille ont une incidence sur les efforts de recrutement et de conservation des organisations, ce qui exerce souvent des effets négatifs sur leur rentabilité.

La sous-dimension du bien-être subjectif, à l'image de la sous-dimension de l'équilibre travail-vie privée, a également fait l'objet d'une littérature abondante à son sujet. Langlois (2014) s'était intéressé à la question du bien-être en la mettant en relation avec le bonheur et le sentiment de justice. Des suites de son étude, il en ressort comme principaux résultats que la mesure du bonheur et la mesure de la satisfaction à l'égard de la vie menée ne sont pas complètement interchangeables, bien que fortement corrélées ; la relation bien établie entre le revenu et le sentiment de bien-être ne peut pas être analysée sans prendre en compte la représentation sociale que les acteurs sociaux se font de leur situation ; et enfin qu'il est important de prendre en compte le sentiment de justice dans l'estimation du bien-être, en distinguant le jugement porté sur sa situation personnelle et le jugement posé sur la société dans son ensemble. Cette notion de bien-être subjectif a également fait l'objet d'études plus récentes dont celle de Richard (2022). Celle-ci s'est concentrée sur la relation entre le bien-être subjectif et les transitions vers et hors la pauvreté. À cet effet, elle constate que le bien-être subjectif des individus est corrélé à l'entrée et à la sortie de la pauvreté en conditions de vie, mais que les individus ne semblent pas affectés par les transitions vers et hors la pauvreté monétaire à 60 % du revenu médian. Seul le franchissement du seuil monétaire correspondant à 80 % du revenu médian est perçu comme significatif par les individus interrogés, ce qui en fait une ligne subjective de pauvreté.

- **Le « BTP-ENERGIE » et les composantes du DDMI**

La fonction budgétaire des BTP-énergie est en rapport avec diverses composantes du DDMI à savoir principalement, la dimension 2 (IQCV) à travers sa sous-dimension « conditions de logement » et la dimension 5 (ISRT) par le biais de ses sous-dimensions « urbanisation » et « infrastructures » et peut contribuer à leur évolution et par conséquent à l'amélioration du DDMI. Ces sous-dimensions sont donc d'une importance réelle dans l'évolution de l'indice et donc de la croissance des pays. Cette importance est d'ailleurs constatée bien avant aux vues de la littérature existante sur ces sous-dimensions.

En effet, s'agissant du logement, les études notamment celles mettant en exergue sa relation avec la croissance économique sont relativement nombreuses. C'est le cas de Poirier (2000) qui a recherché le rôle du secteur du logement dans le développement des économies nationales et son influence sur la croissance économique. Et qui a conclu au terme de ses travaux que la qualité, et non la quantité, des logements influence la progression de la productivité des travailleurs de façon significative. De plus, cette influence du logement s'étend aussi à de nombreux autres aspects de la vie économique et sociale tels que l'éducation et la santé. Il en est de même pour Bigot, Daudey et Hoibian (2014) qui, sous la demande de l'Union Sociale pour l'habitat (USH) se sont posé la question à savoir si le logement et plus spécifiquement le logement social est un atout ou un handicap pour la croissance. En réponse à cette interrogation, ils trouvent à la suite de leur étude que l'hypertrophie du secteur du logement pourrait être à l'origine d'un moindre dynamisme économique et d'une perte de compétitivité dans les pays, comme la France, où l'inflation immobilière est importante.

Le secteur des infrastructures n'est pas en reste en matière d'études réalisées. En atteste cette étude récente de Traoré et Traoré (2022) sur les infrastructures et la croissance économique au Mali. Et les principaux résultats de cette étude sont que i) l'infrastructure de transport est un déterminant positif et significatif de la croissance du PIB par habitant à court et à long terme ; ii) une augmentation des stocks d'infrastructure d'eau et d'assainissement entraîne un accroissement du PIB/tête significatif à court terme, mais pas à long terme ; et iii) les stocks d'infrastructure de l'énergie et de télécommunication n'ont pas d'effet significatif sur la croissance économique à court comme à long terme. En définitive, la principale conclusion à tirer est qu'il serait par conséquent intéressant d'investir davantage dans les infrastructures physiques. Un investissement accru dans les infrastructures physiques et une mobilisation des ressources importantes pour l'entretien des infrastructures peuvent constituer un puissant moteur de croissance économique.

- **L'économie et les composantes du DDMI**

La fonction budgétaire « économie » englobe un vaste éventail de domaine. D'où son lien avec l'ensemble des composantes du DDMI. Il ne manque donc pas de littérature sur les différents domaines liant l'économie et le DDMI.

Parmi ces différents domaines, ressort, entre autres, le domaine de la pauvreté, notamment sous l'angle des entrées et sorties, de la robustesse et de la vulnérabilité, mais également sous l'angle des effets des politiques budgétaires sur la pauvreté. Concernant la dynamique de la pauvreté en matière d'entrées et de sorties, Mededji (2007) s'y est fortement intéressé dans le cadre spécifique du milieu urbain du Bénin. Il conclut de son étude que la proportion des ménages pauvres de court terme est plus importante que celle des pauvres de long terme et qu'au sein des pauvres de court terme, les entrées sont supérieures aux sorties. Le cadre de la robustesse et de la vulnérabilité à la pauvreté a aussi suscité l'intérêt de différents auteurs, dont Akhénaton (2016). Ce dernier, à la suite de ses travaux en RDC, observe que les ménages ruraux sont légèrement plus vulnérables à la pauvreté que les ménages urbains et la pauvreté des ménages se transmet de génération en génération et ne résulte pas des événements isolés. La pauvreté est donc chronique. Ihnach et al. (2020), se sont quant à eux intéressés aux effets des politiques budgétaires sur la pauvreté et les inégalités au Maroc. Et cette étude a permis de constater que tous les déciles sont bénéficiaires nets de la politique budgétaire à l'exception des deux déciles les plus riches où les impôts payés dépassent les bénéfices reçus. Le décile le plus pauvre est le premier bénéficiaire net, profitant, notamment, de la gratuité des prestations publiques au titre de l'éducation et de la santé, et des transferts et subventions sur les produits à la consommation.

D'autres domaines lient également la fonction budgétaire de l'économie au DDMI. C'est le cas de l'environnement qui a notamment fait l'objet d'études dont celle d'Obringer (2007) sur le lien entre la croissance économique chinoise et l'environnement qui a fait ressortir la gravité des atteintes à l'environnement qui ont été nécessaires à la croissance fulgurante de la Chine et qui aujourd'hui représentent un obstacle à cette croissance. Ce qui a entraîné une montée en puissance des exigences de contrôles et de normes liés à l'environnement. C'est également le cas du domaine des infrastructures pour lequel nous prenons l'exemple de l'étude de Thiao (2019) sur le lien entre les dépenses publiques d'infrastructures et la croissance économique au Sénégal. Les résultats de son étude suggèrent principalement que l'activité économique est plus sensible à la baisse qu'à la hausse des dépenses publiques d'infrastructures. Et par conséquent, le maintien des dépenses publiques d'infrastructures à des niveaux relativement élevés nuit à la croissance économique sénégalaise.

Section 2 : Mesure de la sensibilité budgétaire

Le Demographic Dividend Monitoring Index (DDMI) ou l'Indice de synthétique de suivi du Dividende démographique (I2S2D) est un indicateur servant à mesurer la capture du dividende démographique en synergie avec le développement durable. Il permet à un pays ou à un territoire d'évaluer sa progression dans la production de bien-être.

Le DDMI porte sur cinq (5) dimensions : (i) la dépendance économique (ii) la qualité du cadre de vie (iii) les transitions dans la pauvreté, (iv) le capital humain élargi et (v) les réseaux et territoires. Chaque dimension couvre un (1) à sept (7) champs ou sous-dimensions. À leur tour, les sous-dimensions sont constituées de plusieurs indicateurs élémentaires qui leur sont spécifiques.

La méthodologie utilisée dans la première dimension est l'approche par les Comptes nationaux de transfert (NTA). L'objet de cette méthode est de produire une mesure, tant individuelle qu'agrégée, de l'acquisition et de la répartition des ressources économiques aux différents âges. Cela consiste à introduire l'âge dans la Comptabilité nationale. Ces comptes sont destinés à comprendre la façon dont les flux économiques circulent entre les différents groupes d'âge d'une population pour un pays et pour une année donnée. Ils indiquent notamment à chaque âge les différentes sources de revenus et les usages de ces revenus en termes de consommation, que celle-ci soit privée ou publique, et d'épargne. Ils permettent ainsi d'étudier les conséquences économiques liées à la modification de la structure par âge de la population (United Nations, 2013).

La dimension 2 (ou Qualité du cadre de vie) s'inspire de la méthodologie du Better Life Index développée par l'OCDE (2011). Dans sa formulation standard, le cadre de vie couvre onze (11) sous-dimensions considérées comme essentielles au bien-être. Mais dans le cadre de suivi du DD, seules sept (Engagement civique, Liens sociaux, Environnement ; Équilibre travail-vie privée et Sécurité) des onze sont retenues comme l'analyse du cadre de vie, les quatre (4) autres étant pris en compte par les autres dimensions. Chaque sous-dimension du cadre de vie est mesurée à partir d'un à quatre indicateurs. À l'intérieur de chaque sous-dimension, on calcule la moyenne des indicateurs élémentaires qui le composent avec la même pondération, ces derniers étant normalisés au préalable. L'Indicateur de la qualité du cadre de vie (IQCV) est une moyenne pondérée des indicateurs composites sous-dimensionnels.

L'analyse des dynamiques dans la pauvreté effectuée au niveau de la dimension 3 s'appuie sur une nouvelle approche de mesure des transitions dans la pauvreté de Dang et Lanjouw (2013).

Ces derniers ont développé une méthode de construction de pseudo-panel et d'estimation de la matrice de transition sur deux ou plusieurs enquêtes de pauvreté. L'idée est de suivre des cohortes d'individus (ou de ménages) dans le temps.

Les dimensions 4 et 5 sont inspirées de la méthode de l'IDH et des Clusters respectivement. Se basant sur les trois sous-dimensions classiques de l'IDH, la dimension 4 introduit la fécondité dans la construction de l'indicateur pour tenir compte des aspects relatifs à la démographie et à la soutenabilité du développement. Quant à la dimension 5, elle couvre quatre (4) sous-dimensions : l'urbanisation, la migration, les infrastructures et les flux financiers. Chaque sous-dimension comporte un certain nombre d'indicateurs permettant de la quantifier. Les indicateurs sont normalisés de sorte que les valeurs soient comprises entre 0 (le pire score) et 1 (le meilleur score). L'indice sous-dimensionnel est obtenu par la moyenne géométrique des indicateurs qui composent la sous-dimension. L'Indicateur synthétique des réseaux et territoires (ISRT) représente lui aussi la moyenne géométrique des indices sous-dimensionnels.

Par construction, le DDMI est dépourvu d'unité et sa valeur varie entre 0, qui indique une situation exécrable et 1 qui révèle une situation excellente. Il est obtenu par la moyenne géométrique des indicateurs synthétiques découlant des cinq (5) dimensions mentionnées ci-devant. Sa formule est la suivante :

$$I2S2D = \sqrt[5]{ICDE * IQCV * ISSP * IDHE * ISRT}$$

où ICDE est l'indicateur de couverture de la dépendance économique,

IQCV est l'indicateur de la qualité du cadre de vie,

ISSP est l'indicateur synthétique de sortie de la pauvreté,

IDHE est l'indicateur de développement humain élargi, et

ISRT est l'indicateur des réseaux et territoires

Son interprétation se fait à travers une grille donnée. Dans cette grille, les pays ou territoires sont répartis en trois catégories selon la valeur de l'indicateur. Ainsi lorsque l'indicateur a une valeur inférieure à 0,50, la situation du pays ou territoire est qualifiée de faible. Cependant, la situation est qualifiée de moyenne lorsque l'indicateur a une valeur se situant entre 0,5 et 0,8. Enfin, lorsque la valeur de l'indicateur sera supérieure ou égale à 0,8, la situation du pays ou du territoire sera qualifiée de bonne (ou élevée ou meilleure).

Méthodologie de la transformation budgétaire

La méthodologie de la transformation budgétaire nécessite en premier lieu de répartir le budget national conformément aux dimensions du dividende démographique. Ces fonctions au nombre de quatre sont les suivantes :

– La fonction budgétaire « Capital humain » : regroupe l'ensemble des dépenses de fonctionnement et d'investissement liées à la santé et à l'Éducation. Il s'agit précisément de l'ensemble des dépenses en santé et en éducation effectuées par l'État (tous ministères confondus) ;

– La fonction budgétaire « Gouvernance » : qui regroupe les dépenses de fonctionnement et d'investissement liées aux institutions et à la sécurité. Il s'agit plus précisément de l'ensemble des dépenses institutionnelles[13] et de sécurité[14] effectué par l'État (tous ministères confondus).

– La fonction « Structure de l'économie » : Cette fonction regroupe des dépenses de fonctionnement et d'investissement liées aux BTA/Énergie et aux autres secteurs de production (primaire, secondaire et tertiaires effectués par tous ministères) ;

– la fonction « Réseaux professionnels et sociaux » : regroupant l'ensemble des dépenses de fonctionnement et d'investissement liées à la Communication et aux Loisirs réalisées par l'ensemble des départements ministériels.

Méthodologie de la Retropolation et du Raccordement du DDMI

La méthodologie de rétropolation et de raccordement de DDMI consiste dans un premier temps à calibrer le DDMI des années où les données d'enquêtes sont disponibles, et dans un second temps, à travers la méthode d'étalonnage calage, de raccorder le DDMI des autres années entre deux enquêtes consécutives. Cela permet d'avoir une série continue de DDMI.

1. Retropolation ou Calibrage des points distants DDMI

Il s'agit ici dans un premier temps de recenser toutes les années pour lesquelles il existe des données d'enquêtes. L'objectif de cet exercice est de calculer les DDMI pour ces années afin de disposer des points distants.

[13] La fonction budgétaire « Institutions » prend en compte toutes les dépenses de fonctionnement et d'investissement liées à l'architecture institutionnelle du pays. Il s'agit entre autres des dépenses des institutions comme la Présidence, la Primature, le Parlement, le ministère des Affaires étrangères, le Conseil économique et social, le Sénat, le Haut Conseil des collectivités locales, etc.

[14] La fonction budgétaire « Sécurité » prend en compte toutes les dépenses de fonctionnement et d'investissement liées à la sécurité. Il s'agit entre autres des dépenses des institutions comme le ministère de l'Intérieur, le ministère des Forces armées, ministère de l'Environnement (Eaux et forêts), etc.

2. Étalonnage calage

Le raccordement est basé sur la méthode d'étalonnage calage. Il s'agira dans cette étape de calculer le DDMI sur plusieurs années afin de disposer d'informations suffisantes pour l'arrimage du budget et le calcul des élasticités. Les indicateurs composant le DDMI seront donc calculés sur la base des données d'enquêtes et des annuaires statistiques pour le niveau national. De façon synthétique, il s'agit de raccorder par un processus d'étalonnage calage le DDMI sur les 10 à 15 années passées afin d'avoir des données suffisantes permettant la robustesse statistique.

Méthodologie Arrimage DDMI Budget Fonctionnel

1. **Correspondance DDMI et fonctions budgétaires : Table de passage**

Les axes stratégiques de développement économique et social des États des pays d'études sont résumés en 04 dimensions à savoir le (i) Capital humain (ii) la Gouvernance (iii) les réseaux professionnels et sociaux et enfin (iv) la structure de l'économie.

Chaque dimension est composée de deux sous composantes comme l'indique la représentation ci-après :

Figure 11 : Les dimensions du DDMI

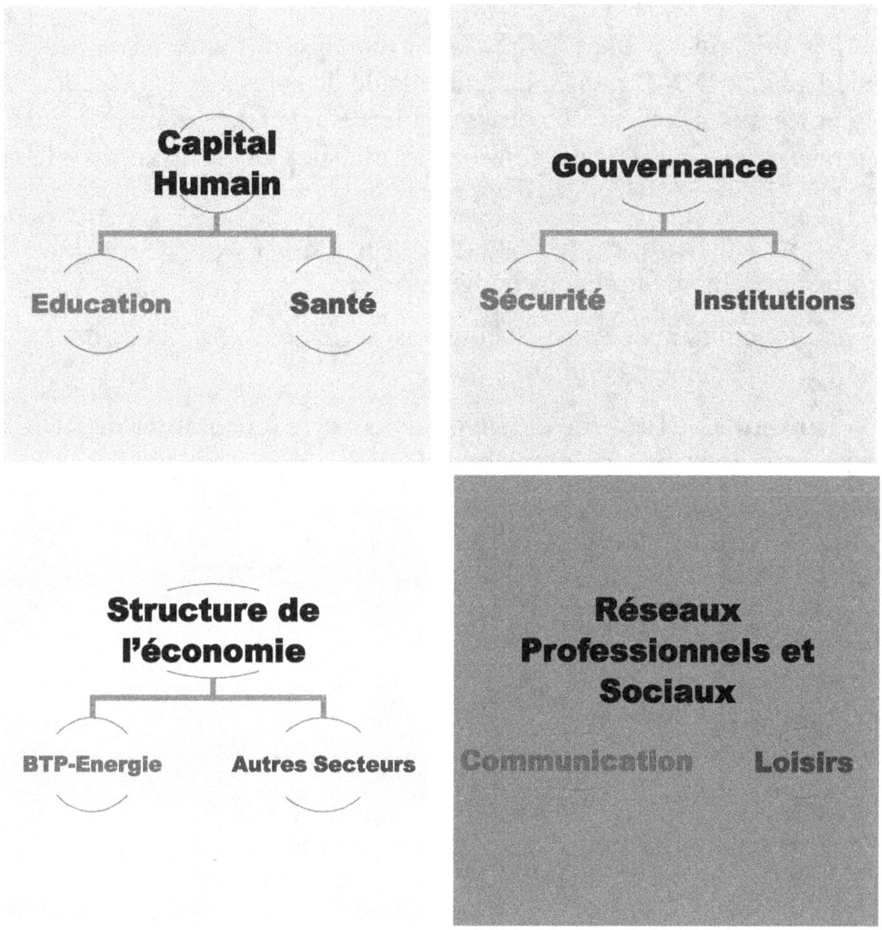

Source : CREG 2023

L'indicateur de suivi du dividende démographique ou Demographic Dividend Monitoring Index (DDMI) reprend les aspects de la vie économique et sociale qui entrent dans la capture du dividende démographique :

1. **Lien entre les 8 fonctions budgétaires et les dimensions du DDMI**

Nécessité d'expliquer les liens entre les fonctions budgétaires et les dimensions du DDMI (Déterminants des fonctions budgétaires) voir dans la littérature.

Partir des 24 sous dimensions pour alimenter les fonctions budgétaires.

2. Étapes de l'arrimage

Étape 1 : Vérifications des séries du Budget et du DDMI

Il s'agit à cette étape de passer au peigne fin toutes les séries du budget et du DDMI préalablement calculé dans les étapes précédentes du processus. L'objectif étant de vérifier la cohérence d'ensemble des grandeurs et procéder au contrôle qualité des séries avant la phase d'analyse descriptive et des estimations.

Étape 2 : **Table de passage** – construire les comptes de DDMI correspondant aux fonctions budgétaires –

La fonction budgétaire Institutions est suivie par l'indicateur du DDMI, engagement civique.

Tableau 33 : Table de passage – construire les comptes de DDMI correspondant aux fonctions budgétaires

Composantes du développement	Fonctions budgétaires	Dimensions du DDMI	Caractéristiques
Capital Humain	Education	Education	
	Santé	Santé	
Gouvernance	Institutions	Engagement civique	Composite
	Sécurité	ISSP (trappe à pauvreté[15]) + Sécurité	Composite
Réseaux Professionnels et Sociaux	Réseau social	Réseau social	Non composite
	Réseaux professionnels	Équilibre travail vie privée + bien-être subjectif (revue de la littérature)	Composite
Structure de l'économie	BTP – Énergie	Urbanisation + infrastructures + logement+	Composite
	Économie	ICDE + ISSP + niveau de vie + migration + Infrastructures + environnement	Composite

Étape 3 : **Construction des indices budgétaires, Indices de structures ou indices Base 100, avec une référence**.

Pour des raisons d'équivalence entre le DDMI qui est sous forme d'un indice, il est important de transformer les dépenses publiques et

[15] Les exclus de la croissance.

privées en indices. Il est nécessaire de rappeler que les indices de dépenses peuvent être sous forme structure ou sous une forme base 100 en considérant une année de base.

Étape 4 : **Analyse graphique des séries de DDMI et des fonctions budgétaires**.

L'analyse graphique encore dite descriptive est une étape qui précède les tests économétriques. L'objectif de cette dernière est d'appréhender intuitivement la relation qui pourrait exister entre les grandeurs macroéconomiques. Elle permet également de suivre les tendances des différentes séries afin d'identifier les points d'inflexion et les valeurs aberrantes

Étape 5 : **Analyse économétrique de chaque série – Corrélogramme, test de racines unités.**

Les tests préliminaires sont importants dans toute étude économétrique. En série temporelle où les risques de régressions fallacieuses sont réguliers, ces tests préliminaires sur les séries permettent de connaître la nature et les propriétés des séries.

Étape 6 : **Spécification du Modèle théorique macrobudgétaire**

Le modèle théorique macrobudgétaire s'inspire des différentes théories économiques. Ici dans le cadre de ce modèle, nous inspirons du modèle classique Cobb Douglas en spécifiant les fonctions DDMI comme des fonctions de productions pouvant être expliquées par un ensemble des variables dites explicatives.

Étape 7 : Spécification du modèle empirique et Estimation des élasticités budgétaires via un modèle d'ensemble.

Une fois, le modèle empirique ou encore le cadre défini, l'étape 7 est consacré à la spécification empirique du modèle. Il s'agit ici d'identifier clairement les variables qui vont entrer dans la modélisation. Nous aurons deux types de variables à savoir les variables explicatives et les variables expliquées.

Étape 8 : **Estimation du modèle empirique et Analyse des résultats économétriques**

Une fois le modèle empirique spécifié, l'étape suivante consiste à mobiliser les méthodes économétriques appropriées pour l'estimation des paramètres du modèle. Les résultats issus de cette estimation feront donc l'objet d'une analyse économétrique qui consiste dans un premier temps à voir la significativité globale du modèle en d'autres termes, le pouvoir explicatif du modèle. Dans un second temps il s'agira d'interpréter les résultats en leur donnant du sens dans la sphère réelle. Ceci permettra d'en tirer des implications de politiques économiques.

Étape 9 : Test de robustesse et de prédication du modèle économique

Il s'agit d'une étape cruciale dans toute étude empirique. Elle permet de donner une validité scientifique aux résultats obtenus et dans quelle mesure le modèle permet de prédire les valeurs de la variable dépendante. Ainsi, une fois le modèle estimé, ce dernier est soumis à une batterie de tests de robustesse.

Étape 10 : Analyse approfondie des résultats validés et conception des Policy brief.

La dernière étape de l'arrimage est consacrée à l'analyse économique des résultats au regard des différentes hypothèses formulées (signes attendus) et des théories. Elle consiste en effet à interpréter les coefficients et l'amplitude des différentes variables explicatives.

3. **Spécification de la Modélisation Macro Budgétaire**

Fonction de production

Soit Y, l'Indice synthétique de suivi du dividende démographique ou demographic dividend monitoring index (DDMI). Dans sa fonction économique, nous supposons qu'il est la combinaison de dépenses privées et

$$Y = AK^{\alpha}L^{\beta}$$

Une fonction de production Cobb Douglas.

Nous considérons les fonctions économiques et budgétaires retenues dans la transformation budgétaire.

Encadré 4 : La fonction de production Cobb Douglass

En général, une fonction de production est une spécification de la façon dont la quantité de production se comporte en fonction des intrants utilisés dans la production. Ce concept peut être appliqué au niveau des entreprises individuelles, des industries ou des économies entières.

En économie, la forme fonctionnelle Cobb-Douglas des fonctions de production est largement utilisée pour représenter la relation entre une production et des intrants. Elle a été proposée par Knut Wicksell (1851-1926) et testée sur la base de données statistiques par Charles Cobb et Paul Douglas en 1928.

La fonction utilisée par les auteurs pour modéliser la production se présente comme suit :

$$P(L, K) = AL^{\alpha}K^{\beta}$$

où :

– P = production totale (la valeur monétaire de tous les biens produits au cours d'une année)

– L = facteur travail (le nombre total d'heures-personnes travaillées au cours d'une année)

– K = apport en capital (la valeur monétaire de toutes les machines, de tous les équipements et de tous les bâtiments)

– À la productivité totale des facteurs

– α *et* β sont les élasticités de production du travail et du capital, respectivement. Ces valeurs sont des constantes déterminées par la technologie disponible.

L'élasticité de la production mesure la réactivité de la production à un changement des niveaux de travail ou de capital utilisés dans la production, toutes choses égales par ailleurs.

Du capital utilisé dans la production, toutes choses égales par ailleurs. Par exemple, si $\alpha = 0{,}15$, une augmentation de 1 % du travail entraînera une augmentation d'environ 0,15 % de la production.

De plus, si :

$\alpha + \beta = 1$, la fonction de production a des rendements d'échelle constants. En d'autres termes, si L et K augmentent chacun de 20 %, P augmente de 20 %.

Les rendements d'échelle sont une propriété technique de la production qui permet d'examiner les changements dans la production à la suite d'un changement proportionnel de tous les intrants (où tous les intrants augmentent d'un facteur constant).

Si la production augmente dans la même proportion, alors il y a des rendements d'échelle constants, parfois appelés simplement rendements d'échelle. Si la production augmente moins que cette variation proportionnelle, il y a des rendements d'échelle décroissants. Si la production augmente de plus de cette proportion, il y a des rendements d'échelle croissants (IRS).

Cependant, si

$\alpha + \beta < 1$, les rendements d'échelle sont décroissants, et si

$\alpha + \beta > 1$, les rendements d'échelle sont croissants.

Dans l'hypothèse d'une concurrence parfaite, on peut montrer que α et β sont les parts du travail et du capital dans la production.

Pour chaque fonction, il sera retenu la fonction de production suivante :

$$Y = AK^{\alpha}L^{\beta}$$

Plus précisément pour la fonction :

Fonction 1 : modélisation macrobudgétaire du secteur de la Santé

$$Y_1 = A_1\, K_{1Pr}^{\lambda 1}\, K_{1Pu}^{\alpha 1}\, L_1^{\beta 1} \qquad \textbf{(1)}$$

$\boldsymbol{K_{1Pr}}$Représente les investissements privés dans la fonction économique (1).

$\boldsymbol{K_{1Pu}}$Représente les investissements publics dans la fonction économique (1).

Ainsi, la production de bien-être dans une fonction particulière est conditionnée par l'allocation de ressources permettant de produire les biens et services permettant de dériver le bien-être. On peut alors écrire :

$$Y_1 = A_1\, K_{1Pr}^{\lambda_1}\, K_{1Pu}^{\alpha 1}\, L_1^{\beta_1}$$

Au niveau public, les dépenses (DEP) sont caractérisées par 03 natures budgétaires notamment :

- Fonctionnement *(Fonc)*
- Investissement *(Inv)*

– Transferts *(Trf)*

En considérant ces trois natures budgétaires, l'équation (1) devient :

$Y_1 = A_1\, K_{1Pr}^{\lambda_1}\, Fonc_1^{\alpha_{11}}\, Inv_1^{\alpha_{12}}\, Trf_1^{\alpha_{12}}\, L_1^{\beta_1}$ **(2)**

En linéarisant, nous obtenons :

$\log Y_1 = \log A_1 + \lambda_1 logK_{1Pr} + \alpha_1 logFonc_1 + \alpha_2 logInv_1 + \alpha_3 logTrf_1 + \beta_1 \log L_1$ **(3)**

Avec : $\lambda_1\,;\, \alpha_1; \alpha_2;\, \alpha_3\ et\ \beta_1 > 0$

$$\mathrm{I}(Fon_1) = \frac{Fonc_1}{DEP_1} \quad \textbf{(4)}$$

$$\mathrm{I}(Inv_1) = \frac{Inv_1}{DEP_1} \quad \textbf{(5)}$$

$$\mathrm{I}(\mathrm{Trf}_1) = \frac{Trf_1}{DEP_1} \quad \textbf{(6)}$$

$\log Y_1 = \log A_1 + \lambda_1 logK_{1Pr} + \alpha_1' logDEP_1 + \beta_1 \log L_1$ **(7)**

$\alpha_1' = \alpha_1 + \alpha_2 + \alpha_3$ **(8)**

$DEP_1 = Fonc_1 + Inv_1 + Trf_1$ **(9)**

Le DDMI est conçu comme une fonction de bien-être. Il est équivalent à un output (vérifié par un test de validité externe entre l'évolution à niveau DDMI/PIB ou évolution taux de croissance DDMI et PIB ou entre Log DDMI et LOG Pib.

De ce fait, la validation du test confirme l'équivalence DDMI et PIB. Ainsi, le DDMI peut être utilisé comme une fonction d'output globale. Ceci revient à dire que les fonctions de production de l'output global sont équivalentes à des fonctions d'output global de bien-être.

Toutefois, l'innovation dans ce modèle consiste à identifier la nature ou la source du bien-être.

De ce qui précède, on peut écrire :

$DDMI_1 \equiv Y_1$ **(10)**

Le DDMI est un indice compris entre 0 et 100 alors que les dépenses sont en unités monétaires. Pour respecter l'équivalence de l'équation (10), toutes les variables en valeurs monétaires seront transformées en indices. Ainsi, on aura :

$\log DDMI_1 = \log A_1 + \lambda_1 logI(K_{1Pr}) + \ \alpha_1 logI(Fonc_1) + \alpha_2 logI(Inv_1) + \ \alpha_3 logI(Trf_1) + \beta_1 \log I(L_1)$ **(11)**

$I(K_{1Pr})$= indice des dépenses privées dans la fonction (1) **(12)**

$I(L_1)$= indice du stock de main-d'œuvre dans la fonction (1). **(13)**

Fonction 2 : modélisation macrobudgétaire du secteur de l'éducation

$Y_2 = A_2\ K_{2Pr}^{\lambda_2}\ Fonc_2^{\alpha_4}\ Inv_2^{\alpha_5}\ Trf_2^{\alpha_6}\ L_2^{\beta_2}$ **(14)**

$\log Y_2 = \log A_2 + \lambda_2 logK_{2Pr} + \ \alpha_4 logFonc_2 + \ \alpha_5 logInv_2 + \alpha_6 logTrf_2 + \beta_2 \log L_2$ **(15)**

$$\mathrm{I}(Fon_2) = \frac{Fonc_2}{DEP_2} \quad \mathbf{(16)}$$

$$\mathrm{I}(Inv_2) = \frac{Inv_2}{DEP_2} \quad \mathbf{(17)}$$

$$\mathrm{I}(\mathrm{Trf}_2) = \frac{Trf_2}{DEP_2} \quad \mathbf{(18)}$$

$\log Y_2 = \log A_2 + \lambda_2 logK_{2Pr} + \ \alpha_2' logDEP_2 + \beta_2 \log L_2$ **(19)**

$\alpha_2' = \alpha_4 + \alpha_5 + \alpha_6$ **(20)**

$DEP_2 = Fonc_2 + \ Inv_2 + \ Trf_2$ **(21)**

$DDMI_2 \ \equiv \ Y_2$ **(22)**

$\log DDMI_2 = \log A_2 + \lambda_2 logI(K_{2Pr}) + \ \alpha_4 logI(Fonc_2) + \alpha_5 logI(Inv_2) + \ \alpha_6 logI(Trf_2) + \beta_2 \log I(L_2)$ **(23)**

$I(K_{2Pr})$= indice des dépenses privées dans la fonction (14) **(24)**

$I(L_2)$= indice du stock de main-d'œuvre dans la fonction (14). **(25)**

Fonction 3 : modélisation macrobudgétaire du secteur des institutions

$Y_3 = A_3\ K_{3Pr}^{\lambda_3}\ Fonc_3^{\alpha_7}\ Inv_3^{\alpha_8}\ Trf_3^{\alpha_9}\ L_3^{\beta_3}$ **(26)**

$\log Y_3 = \log A_3 + \lambda_3 logK_{3Pr} + \ \alpha_7 logFonc_3 + \ \alpha_8 logInv_3 + \alpha_9 logTrf_3 + \beta_3 \log L_3$ **(27)**

$$\mathrm{I}(Fon_3) = \frac{Fonc_3}{DEP_3} \quad \mathbf{(28)}$$

$$\mathrm{I}(Inv_3) = \frac{Inv_3}{DEP_3} \quad \mathbf{(29)}$$

$$\mathrm{I}(\mathrm{Trf}_3) = \frac{Trf_3}{DEP_3} \quad \mathbf{(30)}$$

$\log Y_3 = \log A_3 + \lambda_3 logK_{3Pr} + \alpha_3' logDEP_3 + \beta_3 \log L_3$ **(31)**

$\alpha_3' = \alpha_7 + \alpha_8 + \alpha_9$ **(32)**

$DEP_3 = Fonc_3 + Inv_3 + Trf_3$ **(33)**

$DDMI_3 \equiv Y_3$ **(34)**

$\log DDMI_3 = \log A_3 + \lambda_3 logI(K_{3Pr}) + \alpha_7 logI(Fonc_3) + \alpha_8 logI(Inv_3) + \alpha_9 logI(Trf_3) + \beta_3 \log I(L_3)$ **(35)**

$I(K_{3Pr})$= indice des dépenses privées dans la fonction (26) **(36)**

$I(L_3)$= indice du stock de main-d'œuvre dans la fonction (26). **(37)**

Fonction 4 : modélisation macrobudgétaire du secteur de la sécurité

$Y_4 = A_4\, K_{4Pr}^{\lambda_4}\, Fonc_4^{\alpha_{10}}\, Inv_4^{\alpha_{11}}\, Trf_4^{\alpha_{12}}\, L_4^{\beta_4}$ **(38)**

$\log Y_4 = \log A_4 + \lambda_4 logK_{4Pr} + \alpha_{10} logFonc_4 + \alpha_{11} logInv_4 + \alpha_{12} logTrf_4 + \beta_4 \log L_4$**(39)**

$$\mathrm{I}(Fon_4) = \frac{Fonc_4}{DEP_4} \quad \mathbf{(40)}$$

$$\mathrm{I}(Inv_4) = \frac{Inv_4}{DEP_4} \quad \mathbf{(41)}$$

$$\mathrm{I}(\mathrm{Trf}_4) = \frac{Trf_4}{DEP_4} \quad \mathbf{(42)}$$

$\log Y_4 = \log A_4 + \lambda_4 logK_{4Pr} + \alpha_4' logDEP_4 + \beta_4 \log L_4$ **(43)**

$\alpha_4' = \alpha_{10} + \alpha_{11} + \alpha_{12}$ **(44)**

$DEP_4 = Fonc_4 + Inv_4 + Trf_4$ **(45)**

$DDMI_4 \equiv Y_4$ **(46)**

$\log DDMI_4 = \log A_4 + \lambda_4 logI(K_{4Pr}) + \alpha_{10} logI(Fonc_4) + \alpha_{11} logI(Inv_4) + \alpha_{12} logI(Trf_4) + \beta_4 \log I(L_4)$ **(47)**

$I(K_{4Pr})$= indice des dépenses privées dans la fonction («38) **(48)**

$I(L_4)$= indice du stock de main-d'œuvre dans la fonction (38). **(49)**

Fonction 5 : modélisation macrobudgétaire du secteur des réseaux professionnels

$Y_5 = A_5\, K_{5Pr}^{\lambda_5}\, Fonc_5^{\alpha_{13}}\, Inv_5^{\alpha_{14}}\, Trf_5^{\alpha_{15}}\, L_5^{\beta_5}$ **(50)**

$\log Y_5 = \log A_5 + \lambda_5 logK_{5Pr} + \alpha_{13} logFonc_5 + \alpha_{14} logInv_5 + \alpha_{15} logTrf_5 + \beta_5 \log L_5$**(51)**

$$\mathrm{I}(Fon_5) = \frac{Fonc_5}{DEP_5} \quad \textbf{(52)}$$

$$\mathrm{I}(Inv_5) = \frac{Inv_5}{DEP_5} \quad \textbf{(53)}$$

$$\mathrm{I}(\mathrm{Trf}_5) = \frac{Trf_5}{DEP_5} \quad \textbf{(54)}$$

$\log Y_5 = \log A_5 + \lambda_5 logK_{5Pr} + \alpha'_5 logDEP_5 + \beta_5 \log L_5$ **(55)**

$\alpha'_5 = \alpha_{13} + \alpha_{14} + \alpha_{15}$ **(56)**

$DEP_5 = Fonc_5 + Inv_5 + Trf_5$ **(57)**

$DDMI_5 \equiv Y_5$ **(58)**

$\log DDMI_5 = \log A_5 + \lambda_5 logI(K_{5Pr}) + \alpha_{13} logI(Fonc_5) + \alpha_{14} logI(Inv_5) + \alpha_{15} logI(Trf_5) + \beta_5 \log I(L_5)$ **(59)**

$I(K_{5Pr})$= indice des dépenses privées dans la fonction (50) **(60)**

$I(L_5)$= indice du stock de main-d'œuvre dans la fonction (50). **(61)**

Fonction 6 : modélisation macrobudgétaire du secteur des réseaux sociaux

$Y_6 = A_6\, K_{6Pr}^{\lambda_6}\, Fonc_6^{\alpha_{16}}\, Inv_6^{\alpha_{17}}\, Trf_6^{\alpha_{18}}\, L_6^{\beta_6}$ **(62)**

$\log Y_6 = \log A_6 + \lambda_6 logK_{6Pr} + \alpha_{16} logFonc_6 + \alpha_{17} logInv_6 + \alpha_{18} logTrf_6 + \beta_6 \log L_6$**(63)**

$$\mathrm{I}(Fon_6) = \frac{Fonc_6}{DEP_6} \quad \textbf{(64)}$$

$$\mathrm{I}(Inv_6) = \frac{Inv_6}{DEP_6} \quad \textbf{(65)}$$

$$\mathrm{I}(\mathrm{Trf}_6) = \frac{Trf_6}{DEP_6} \quad \textbf{(66)}$$

$\log Y_6 = \log A_6 + \lambda_6 logK_{6Pr} + \ \alpha'_6 logDEP_6 + \beta_6 \log L_6$ **(67)**

$\alpha'_6 = \alpha_{16} + \alpha_{17} + \alpha_{18}$ **(68)**

$DEP_6 = Fonc_6 + \ Inv_6 + \ Trf_6$ **(69)**

$DDMI_6 \ \equiv \ Y_6$ **(70)**

$\log DDMI_6 = \log A_6 + \lambda_6 logI(K_{6Pr}) + \ \alpha_{16} logI(Fonc_6) + \alpha_{17} logI(Inv_6) + \ \alpha_{18} logI(Trf_6) + \beta_6 \log I(L_6)$ **(71)**

$I(K_{6Pr})$= indice des dépenses privées dans la fonction (62) **(72)**

$I(L_6)$= indice du stock de main-d'œuvre dans la fonction (62). **(73)**

Fonction 7 : modélisation macrobudgétaire du secteur BTP & énergie

$Y_7 = A_7 \ K_{7Pr}^{\lambda_7} \ Fonc_7^{\alpha_{19}} \ Inv_7^{\alpha_{20}} \ Trf_7^{\alpha_{21}} \ L_7^{\beta_7}$ **(74)**

$\log Y_7 = \log A_7 + \lambda_7 logK_{7Pr} + \alpha_{19} logFonc_7 + \ \alpha_{20} logInv_7 + \alpha_{21} logTrf_7 + \beta_7 \log L_7$**(75)**

$$\mathrm{I}(Fon_7) = \frac{Fonc_7}{DEP_7} \quad \textbf{(76)}$$

$$\mathrm{I}(Inv_7) = \frac{Inv_7}{DEP_7} \quad \textbf{(77)}$$

$$\mathrm{I}(\mathrm{Trf}_7) = \frac{Trf_7}{DEP_7} \quad \textbf{(78)}$$

$\log Y_7 = \log A_7 + \lambda_7 logK_{7Pr} + \ \alpha'_7 logDEP_7 + \beta_7 \log L_7$ **(79)**

$\alpha'_7 = \alpha_{19} + \alpha_{20} + \alpha_{21}$ **(80)**

$DEP_7 = Fonc_7 + \ Inv_7 + \ Trf_7$ **(81)**

$DDMI_7 \ \equiv \ Y_7$ **(82)**

$\log DDMI_7 = \log A_7 + \lambda_7 logI(K_{7Pr}) + \ \alpha_{19} logI(Fonc_7) + \alpha_{20} logI(Inv_7) + \ \alpha_{21} logI(Trf_7) + \beta_7 \log I(L_7)$ **(83)**

$I(K_{7Pr})$= indice des dépenses privées dans la fonction (74) **(84)**

$I(L_7)$= indice du stock de main-d'œuvre dans la fonction (74). **(85)**

Fonction 8 : modélisation macrobudgétaire du secteur de l'économie

$Y_8 = A_8 \ K_{8Pr}^{\lambda_8} \ Fonc_8^{\alpha_{22}} \ Inv_8^{\alpha_{23}} \ Trf_8^{\alpha_{24}} \ L_8^{\beta_8}$ **(86)**

$\log Y_8 = \log A_8 + \lambda_8 logK_{8Pr} + \alpha_{22} logFonc_8 + \ \alpha_{23} logInv_8 + \alpha_{24} logTrf_8 + \beta_8 \log L_8$**(87)**

$$\mathrm{I}(Fon_8) = \frac{Fonc_8}{DEP_8} \quad \textbf{(88)}$$

$$\mathrm{I}(Inv_8) = \frac{Inv_8}{DEP_8} \quad \textbf{(89}$$

$$\mathrm{I}(\mathrm{Trf}_8) = \frac{Trf_8}{DEP_8} \quad \textbf{(90)}$$

$\log Y_8 = \log A_8 + \lambda_8 logK_{8Pr} + \ \alpha'_8 logDEP_8 + \beta_8 \log L_8$ **(91)**

$\alpha'_8 = \alpha_{22} + \alpha_{23} + \alpha_{24}$ **(92)**

$DEP_8 = Fonc_8 + \ Inv_8 + \ Trf_8$ **(93)**

$DDMI_8 \ \equiv \ Y_8$ **(94)**

$\log DDMI_8 = \log A_8 + \lambda_8 logI(K_{8Pr}) + \ \alpha_{22} logI(Fonc_8) + \alpha_{23} logI(Inv_8) + \ \alpha_{24} logI(Trf_8) + \beta_8 \log I(L_8)$ **(95)**

$I(K_{8Pr})$= indice des dépenses privées dans la fonction (86) **(96)**

$I(L_8)$= indice du stock de main-d'œuvre dans la fonction (86). **(97)**

Bouclage du modèle

Comme nous avons 08 fonctions, et que chaque fonction nécessite 12 équations, nous aurons au total 8x12 soit au total 96 équations.

Par ailleurs, pour chaque année, on doit avoir les identités de convergence suivantes :

$\sum_{J=1}^{8} DEP_j = Budget\ exécuté$ (98)

$\sum_{J=1}^{8} K_{jPr} = Dépenses\ privées$ (99)

$\sum_{J=1}^{8} L_j = Stock\ de\ main\ d'oeuvre$ (100)

$\prod_{J=1}^{8} DDMI_j = DDMI$ (101)

Estimation via le modèle à équations simultanées ou via le module modèle de Eviews.

Section 3 : Analyse des élasticités budgétaires sectorielles

Les paramètres du modèle macro-budgétaire sont estimés à partir des données réelles de deux pays que nous appellerons *pays Y* et *pays Z* pour les besoins de l'illustration. Pour chaque fonction économique par pays, nous avons quatre coefficients. D'une part, il y a un coefficient alpha (α) pour chaque nature budgétaire (fonctionnement, investissement, transfert), ce qui permet d'apprécier l'effet et l'amplitude des natures de dépense sur l'indicateur de bien-être au niveau sectoriel, notamment le DDMI du secteur concerné. D'autre part, nous avons le coefficient bêta (β), qui permet de mesurer les effets et l'amplitude des dépenses totales du secteur sur l'indice sectoriel. En gros, nous avons trente-deux (32) coefficients pour chaque pays, dont 24 paramètres qui sont des coefficients (α) et 8 coefficients bêta (β). Le seuil de confiance des résultats est représenté dans le tableau par des astérisques (*). Les seuils de confiance de 90 %, 95 % et 99 % sont respectivement représentés par une, deux et trois astérisques.

Tableau 32 : Élasticités budgétaires de la composante capital humain

FONCTIONS	Coefficient α						Coefficient β	
	FON		INV		TFR			
	PAYS Y	*PAYS Z*	*PAYS Y*	*PAYS Z*	*PAYS Y*	*PAYS Z*	*PAYS Y*	*PAYS Z*
Education	0,484**	0,829***	0,234***	-0,01	0,300	-0,023	0,467***	0,113***
Santé	0,366***	0,121***	0,591***	0,084***	0,247***	0,908***	-0,012	0,008

Source : Estimations du CREG, 2024

La transformation fonctionnelle du budget dont nous avons précédemment discuté permet de déterminer le budget alloué à chaque fonction économique pour la production du bien-être dans un secteur. A priori, une augmentation des allocations budgétaires devrait contribuer à une amélioration de l'indicateur de bien-être du secteur. Lorsque nous analysons les coefficients (β) des pays Y et Z, une hausse du budget total influence significativement le DDMI pour certains secteurs, ce qui n'est pas le cas pour d'autres secteurs. Par exemple, un changement de 10 % du budget total du secteur de l'éducation induit une amélioration de l'indice DDMI éducation de 4,67 % dans le pays Y et une augmentation moins importante, estimée à 1,13 % pour le pays Z. Lorsque nous raisonnons par nature budgétaire, les dépenses de fonctionnement influencent significativement l'indicateur du secteur, tandis que les dépenses de transfert sont significativement nulles. En augmentant de 10 % le budget alloué au fonctionnement, les pays Y et Z peuvent espérer une hausse moyenne de l'indicateur de bien-être du secteur de

4,84 % et 8,29 %. Par ailleurs, les dépenses d'investissements dans le secteur de l'éducation sont efficaces uniquement dans le cas du pays Y et peuvent contribuer à améliorer l'indicateur de performance de 2,34 %, à mesure que ce poste de dépense bénéficie d'une allocation supplémentaire de 10 %.

En ce qui concerne la deuxième dimension de la composante capital humain, force est de constater que l'augmentation mécanique de l'allocation totale du secteur ne garantit pas une amélioration du DDMI santé. À ce niveau, les stratégies de réallocation budgétaire doivent exclusivement tenir compte des natures budgétaires pour améliorer le DDMI du secteur de la santé. Ainsi, dans les deux pays, tout changement dans l'allocation du budget du secteur, quelle que soit la nature budgétaire induit une amélioration positive du DDMI santé. En revanche, l'ampleur des effets induits varie d'un pays à un autre, voire d'un poste de dépense à un autre. Pendant qu'une augmentation du budget de fonctionnement de 10 % améliore le DDMI santé de 3,66 % dans le pays Y, la hausse moyenne dans le pays Z est seulement de 1,21 %. Si les deux pays décident d'augmenter leurs dépenses d'investissements en santé de 10 %, le pays y sera plus efficace, car les effets induits sur son DDMI sectoriel sont largement supérieurs à celui du pays Z. Le pays y enregistrerait sur cette opération une amélioration de son indicateur de 5,91 % contre une hausse marginale de 0,84 % pour le pays Z. inversement, le pays Z serait plus efficace, si la même expérience est répétée, mais cette fois-ci avec les dépenses de transfert. Pour ce pays, l'effet induit des dépenses de transferts sur le DDMI du secteur de la santé est presque proportionnel, soit une augmentation de 9,08 % contre seulement 2,47 % pour le pays Y.

Tableau 33 : Élasticités budgétaires de la structure de l'économie

FONCTIONS	Coefficient α						Coefficient β	
	FON		INV		TFR			
	PAYS Y	*PAYS Z*	*PAYS Y*	*PAYS Z*	*PAYS Y*	*PAYS Z*	*PAYS Y*	*PAYS Z*
Energie-BTP	-0,197***	0,061***	0,351***	0,787***	0,861***	0,082***	0,113***	0,000 4
Économie	0,368***	0,708***	0,223***	0,266***	0,529***	0,079	0,022	0,094***

Source : Estimations du CREG, 2024

Les secteurs de l'énergie-BTP et des affaires économiques jouent un rôle central dans la production du bien-être. Cette composante a pour but de produire des biens et services pour renforcer la structure de l'économie et doter les populations d'infrastructures de base. Le budget total alloué aux services énergétiques et d'infrastructures de base dans le pays Y influence significativement le DDMI du secteur de l'énergie-BTP, tandis que son effet est significativement non nul dans le cas du pays Z. Lorsque le pays Y augmente le budget total du secteur énergie-BTP de 10 %, le DDMI du secteur s'améliore en moyenne de 1,13 %. Les allocations budgétaires par nature de dépense sont aussi efficaces sauf pour les dépenses de fonctionnement du pays Y qui influencent négativement le DDMI énergie-BTP. Ce résultat est particulièrement controversé, car cela révèle que ce poste de dépense participe à la dégradation du DDMI du secteur énergie-BTP. Cette inefficacité du budget de fonctionnement dans le secteur de l'énergie-BTP peut cacher plusieurs dysfonctionnements. Les défaillances les plus récurrentes dans ce secteur sont souvent liées à la mise en œuvre d'une mauvaise politique de recrutement, une dominance des emplois précaires et temporaires, les bas salaires, la viscosité des salaires ou les fortes disparités salariales, etc. En revanche, le budget fonctionnement de ce secteur contribue faiblement certes, mais positivement à l'amélioration de l'indicateur de performance du secteur. Cette amélioration est estimée en moyenne à 0,61 point de pourcentage pour une allocation budgétaire supplémentaire de 10 %. Les dépenses d'investissements sont plus efficaces dans le pays Z comparativement au pays Y dans lequel l'amplitude est moins importante. Ainsi, lorsque les deux pays augmentent leurs budgets d'investissement en énergie-BTP de 10 %, le DDMI sectoriel augmente de 7,87 points de pourcentages dans le pays Z contre 3,51 points dans le pays Y. Contrairement à ce qui est observé avec le budget d'investissement, en ce qui concerne le budget de transfert, c'est plutôt le pays Y qui est le plus efficace. Pour un même niveau de changement, le DDMI énergie-BTP pourrait augmenter en moyenne de 8,61 % dans le pays Y et de 0,82 % dans le pays Z.

Le DDMI du secteur des affaires économiques est faiblement sensible à une augmentation du budget total du secteur dans le pays Z tandis que dans le pays Y il n'y a aucune influence significative. Une hausse de 10 % des dotations budgétaires du secteur des affaires économiques entraîne un accroissement moyen de 0,94 % du DDMI de ce secteur. Cet indicateur est aussi sensible au budget de fonctionnement et d'investissement aussi bien dans le pays Y que dans le pays Z. Une allocation haussière du budget de fonctionnement de 10 % entraîne un accroissement de l'indice du secteur respectivement de 3,68 % et 7,08 % dans les pays Y et Z, tandis qu'une allocation similaire appliquée au budget des investissements améliore l'indicateur de 2,23 % dans le Y et de 2,66 % dans le pays Z. Nous en déduisons que dans le secteur des affaires économiques, les dépenses de fonctionnement et d'investissement du pays Z sont alors plus efficaces. Les transferts provenant du secteur des affaires économiques dans les pays en développement sont souvent dominés par les subventions octroyées au secteur de l'agriculture et les exonérations sur les activités de commerce international (Importation ou exportation), etc. Ce poste de dépense peut alors contribuer au bien-être collectif en soutenant le pouvoir d'achat des individus. Nous notons une amélioration substantielle de 5,29 % de l'indice de bien-être du secteur lorsqu'on augmente le budget des affaires économiques du pays Y de 10 %. À la différence de ce qui est observé dans le pays Z, les *cashs transferts ou les subventions de soutien à l'économie* sont plus efficaces dans le pays Y.

Tableau 34 : Élasticités budgétaires de la composante gouvernance

FONCTIONS	Coefficient α						Coefficient β	
	FON		INV		TFR		*PAYS Y*	*PAYS Z*
	PAYS Y	*PAYS Z*	*PAYS Y*	*PAYS Z*	*PAYS Y*	*PAYS Z*		
Institution	0,051	0,744***	-0,181***	0,004	0,981***	0,252	-0,281***	0,030
Sécurité	0,976***	0,902***	0,018	0,015***	0,004	-0,032**	0,132***	0,076

Source : Estimations du CREG, 2024

La gouvernance utilise essentiellement les ressources financières pour la production des biens et services publics liés à la gestion institutionnelle et à la sécurité du pays. Les pays en développement sont connus pour avoir des institutions *budgétivores*. Le mauvais procès fait aux institutions à tort ou à raison se confirme quelque peu dans le cas des pays Y et Z. En effet, le DDMI de la fonction institution n'est pas sensible à l'augmentation du budget total alloué au secteur. La situation est beaucoup plus préoccupante dans l'exemple du pays Y, car non seulement le budget total est significativement associé au DDMI institution, mais il exerce une influence négative sur l'indice du secteur. Il faut comprendre par cette relation inverse que lorsque le budget total dédié aux institutions du pays Y augmente de 10 %, l'indice de bien-être du secteur baisse de 2,81 %. Les dépenses affectées aux fonctions des institutions sont efficaces seulement au niveau du pays Z et participe à accroître le DDMI du secteur de 7,44 %. En revanche, les dépenses d'investissement dans ce secteur n'exercent aucune influence dans le cas du pays Z et sont inversement associées au DDMI du secteur dans le cas du pays Y. Ainsi, une baisse de l'indice de bien-être du secteur institutionnel (DDMI Institution) de 1,81 % est induite par un accroissement du budget d'investissement de 10 %. Les dépenses de transfert ne sont efficaces que dans le pays Y et contribuent en moyenne à une amélioration quasi proportionnelle du DDMI, secteur de 9,81 %.

Le secteur de la sécurité est une fonction stratégique de l'État. En effet, aucune institution sociale ne peut pérenniser ses actions et assurer le bien-être de façon durable dans un environnement potentiellement instable et versatile. Il revient alors à chaque État de trouver les moyens d'assurer la sécurité des individus et de garantir l'intégrité de son territoire. La stratégie de financement du secteur est alors de mise pour atteindre ses objectifs dans un domaine aussi sensible qu'est la sécurité. L'inefficacité des dépenses totales de sécurité dans le pays Z prouve à suffisance qu'il ne suffit pas d'augmenter l'allocation globale du secteur pour améliorer le sentiment de sécurité des individus. En outre, dans le pays Y, une augmentation du budget total de la sécurité permet d'améliorer significativement le sentiment de sécurité des individus de 1,32 %. Par ailleurs, une amélioration de la solde des agents de sécurité et de défense, de leurs conditions de travail exerce une influence positive sur le DDMI sécurité et permet d'améliorer le sentiment de sécurité dans les deux pays (Y et Z) respectivement de 9,76 % et 9,02 %. L'acquisition de nouveaux équipements militaires et de sécurité (les engins de l'armée, les voitures de patrouilles, les armes, etc.) permet d'améliorer le niveau général de sécurité des individus de 0,15 % dans le pays Z. À l'inverse, dans le pays Y, ces investissements ne rassurent pas les individus outre mesure sur leur niveau général de sécurité dans ce pays. Une part importante des dépenses de transfert dans le secteur de la sécurité est affectée à la formation du personnel. Le fait que l'augmentation du budget alloué à ce poste de dépense n'influence pas le sentiment de sécurité des individus peut être problématique (exemple du pays Y). Mais cette situation est encore plus préoccupante lorsque comme dans le cas du pays Z il y a une relation inverse significative entre le budget du transfert et le DDMI du secteur. Cela signifie que le sentiment de sécurité des individus se dégrade au fur et à mesure que l'État augmente les efforts de formation du personnel par exemple. Cette évidence assez atypique est l'expression de diverses failles dans le système d'allocation des transferts à la sécurité qui devrait faire l'objet d'une analyse approfondie.

Tableau 35 : Élasticités budgétaires de la composante réseau professionnel et social

FONCTIONS	Coefficient α						Coefficient β	
	FON		INV		TFR			
	PAYS Y	*PAYS Z*	*PAYS Y*	*PAYS Z*	*PAYS Y*	*PAYS Z*	*PAYS Y*	*PAYS Z*
Réseau professionnel	0,016	0,667***	0,025*	0,128***	0,045***	0,387***	0,011***	0,004***
Réseau social	0,875***	0,180***	0,227***	0,056	0,101***	0,933***	0,004	0,005

Source : Estimations du CREG, 2024

Le réseau social et professionnel est quelque peu considéré comme le parent pauvre du système d'allocation budgétaire. Bien que l'importance de ces secteurs pour le renforcement de la cohésion sociale et du sentiment d'appartenance des individus ne soit plus à démontrer, le fait est que les secteurs du réseau social et professionnel continuent de recevoir les plus faibles allocations. Toutefois, le budget total du secteur réseau professionnel exerce une faible influence positive sur le DDMI du secteur. Dans le pays Y et Z, une réallocation budgétaire en faveur d'un accroissement du budget total de 10 % induit respectivement une amélioration du DDMI du secteur de 0,11 % et 0,04 %. Le budget de fonctionnement du pays Z est efficace et favorise une amélioration de l'indice de 6,67 % tandis qu'il n'y a aucun effet dans le pays Y. Un changement des dépenses d'investissement de 10 % entraîne un accroissement du DDMI réseau professionnel de 0,25 % dans le pays Y et 1,28 % dans le pays Z. Dans la même dynamique, on observe que les dépenses de transfert dans le secteur sont plus efficaces dans le pays Z avec une amélioration de l'indice de 3,87 % contre 0,45 %.

Quant au budget total du secteur du réseau social, il n'exerce aucune influence significative sur l'indicateur de bien-être du secteur aussi bien pour le pays Y que le pays Z. Cette inefficacité des allocations budgétaires totales peut, par exemple, s'expliquer par les problèmes de seuil, car les dotations du secteur restent à des niveaux relativement faibles comparativement aux autres secteurs. En relance, le budget de fonctionnement contribue à améliorer efficacement le DDMI, réseau social de 8,75 points de pourcentages dans le pays Y et seulement de

1,80 point de pourcentages dans le pays Z. À l'opposé de ce qui est observé au niveau des dépenses de fonctionnement, il s'avère que les dépenses de transfert du pays Z dans le secteur sont plus efficaces que celui du pays Y. Une augmentation du budget de transfert de 10 % induit un accroissement presque proportionnel de 9,33 % dans le pays Z contre une faible augmentation de seulement 1,01 % dans le pays Y. Seul ce pays garantit une efficacité des dépenses d'investissement dans le secteur avec une amélioration moyenne de l'indice DDMI réseau social de 2,27 %.

Conclusion

L'analyse économique de la dépense publique en équilibre partiel peut se faire en utilisant un modèle macro-budgétaire pour évaluer la sensibilité des allocations budgétaires par rapport à l'indicateur de bien-être (DDMI). Déterminer la manière dont les dépenses publiques initiées par le gouvernement dans chaque secteur impactent la qualité des services publics et par ricochet le bien-être des populations permet d'évaluer l'efficacité des politiques publiques. Le sens, l'amplitude et la significativité des variations mesurés par les élasticités budgétaires sont utilisés pour identifier les politiques sectorielles favorables au bien-être de la population, celles non favorables ainsi que les politiques qui n'ont aucun effet sur le bien-être collectif. Néanmoins, à cette étape, il convient de noter que les outputs de l'analyse permettent juste de faire des constats, d'avoir des évidences, etc. Ainsi, pour engager des réformes ou mettre en œuvre de nouvelles politiques sur la base de ces évidences, il serait utile de compléter la présente analyse par une étude prospective (la simulation des politiques publiques) des nouvelles initiatives.

Références bibliographiques

Arthur Pigou (1920), The Economics of Welfare, Macmillan and Co. Ltd.

Vivien, Franck-Dominique. « II. La confiance de la théorie économique standard dans une croissance durable », Franck-Dominique Vivien, éd., Le développement soutenable. La Découverte, 2007, pp. 31-56.

Baujard, Antoinette. « « L'économie du bien-être est morte. » Vive l'économie du bien-être ! », Gilles Campagnolo, éd., Philosophie économique. Un état des lieux. Éditions Matériologiques, 2017, pp. 77-128.

Bartram, D. (2012). Economic Migration and Happiness: Comparing Immigrants' and Natives' Happiness Gains from Income. Social Indicators Research, 108 (3), 361–376.

Dasho Karma Ura, Sabina Alkire, Tshoki Zangmo, and Karma Wangdi (2012). "A Short Guide to Gross National Happiness Index." The Centre for Bhutan Studies.

Layard, R., & Clark, A. E. (2014). What predicts a successful life? A life-course model of well-being. The Economic Journal, 124 (580), F720-F738.

Langlois, S. (2014). Subjective Well-Being and Cultural Values: Evidence from Latin America. Social Indicators Research, 116(2), 357-378.

Michel Forsé et Maxime Parodi (2014), bien-être subjectif et sentiment de justice sociale. https://www.jstor.org/stable/43998535

Nussbaum, M. C. (2000). Women and Human Development: The Capabilities Approach. Cambridge University Press.

Perron Zoé, Buzaud Julia, Diter Kevin, Martin Claude. Les approches du bien-être. Un champ de recherche multidimensionnel. In: Revue des politiques sociales et familiales, n° 131-132, 2019.

Stiglitz, J., Sen, A., & Fitoussi, J. (2009). Rapport sur la mesure des performances économiques et du progrès social. Commission sur la mesure des performances économiques et du progrès social.

Veenhoven, R. (1984). Conditions of Happiness. Dordrecht: D. Reidel Publishing Company.

Bozio, A., Grenet, J., Bach, L., Carbonnier, C., 2010. Économie des politiques publiques, la découverte. ed. Repères, Paris.

Hebert, R.F., 1994. Fondements et développements de l'économie publique. Dix-Huitième Siècle 26, 37-49. https://doi.org/10.3406/dhs.1994.1966

Mankiw, N.G., Taylor, M.P., 2013. Principes de l'économie. De BoeckP, Paris.

Musgrave, R., Musgrave, P., 1989. Public finance in theory and practice, 5th ed, Finance series. McGraw-Hill Book Co, New York.

Quels sont les grands principes budgétaires ? [WWW Document], 2022 … vie-publique.fr. URL http://www.vie-publique.fr/fiches/21823-quels-sont-les-grands-principes-budgetaires (accessed 6.14.23).

La croissance économique et le secteur du logement : étude statistique de la relation entre le stock de logements et la productivité des travailleurs dans les pays industrialisés. 2002. Thèse de doctorat.

BUNEL, Matthieu et LENOIR, Magali. Le réseau social des diplômés marocains : une garantie pour l'emploi, mais pas pour le salaire. January, Laboratoire du GATE-Université Lumière, Lyon, 2004.

MEDEDJI, Damien. Dynamique de la pauvreté urbaine au Bénin : une analyse en matière d'entrées et sorties. 2007.

OBRINGER*, Frédéric. La croissance économique chinoise au péril de l'environnement : une difficile prise de conscience. Hérodote, 2007, no 2, p. 95-104.

OUELLET, Maude. La place du réseau social et de soutien dans le parcours migratoire et d'insertion des migrants établis à Rivière-du-Loup. 2008. Thèse de doctorat. Université Laval.

BRASSIER-RODRIQUES, C. et BRASSIER, Pascal. Le réseau social du dirigeant de petite et moyenne entreprise : un outil stratégique au service de sa communication. Le grand livre de l'économie PME, Gilles Lecointre (Dir.), Gualino, Paris, 2010, p. 171-189.

HOIBIAN, R. Bigot-E. Daudey-S. Le logement social est-il un atout ou un handicap pour la croissance ? 2014.

LANGLOIS, Simon. Bonheur, bien-être subjectif et sentiment de justice sociale au Québec. L'Année sociologique, 2014, vol. 64, no 2, p. 389-420.

AKHÉNATON, I. Z. U. Analyse de la robustesse et de la vulnérabilité à la pauvreté en RDC. 2016.

THIAO, Abdou. Dépenses publiques d'infrastructures et croissance économique au Sénégal : une approche par le modèle NARDL. Revue Économie & Kapital, 2019, no 15.

EHRHART, Helene, IHNACH, Houssine, EL ANSARY, Abdenbi, et al. Les effets de la politique budgétaire sur la pauvreté et les inégalités au Maroc. 2020.

MALHERBE, Kitty. L'équilibre entre vie professionnelle et vie privée en Afrique du Sud : un objectif irréalisable ? Revue de droit comparé du travail et de la Sécurité sociale, 2020, no 3, p. 144-157.

ZAHRA, Djebaili. La conciliation entre vie privée et vie professionnelle et son impact sur la performance au travail. Revue Chercheur économique/volume, 2020, vol. 7, no 1, p. 178-193.

LAMINE, Traoré SOUAÏBOU SAMBA et MODIBO, Traoré. Infrastructures et croissance économique : cas du Mali. International Journal of Accounting, Finance, Auditing, Management and Economics, 2022, vol. 3, no 2-2, pp. 118-138.

RICHARD, Éléonore. Devenir pauvre : du revenu au ressenti : Transitions vers et hors la pauvreté et bien-être subjectif. Revue des politiques sociales et familiales, 2022, no 1, p. 23-45.

CHAPITRE 9

SIMULATION DE POLITIQUES PUBLIQUES EN ÉQUILIBRE GLOBAL

Introduction

Les simulations de politiques économiques en équilibre global sont des analyses qui évaluent l'impact de différentes politiques économiques sur l'économie mondiale dans son ensemble. Ces simulations utilisent souvent des modèles économiques complexes et des données empiriques pour prévoir comment les changements dans les politiques monétaires, fiscales, commerciales ou d'autres politiques pourraient influencer des variables économiques clés telles que la croissance économique, l'emploi, l'inflation, les taux de change et le commerce international.

Dans le contexte des pays en voie de développement, les simulations de politiques économiques jouent un rôle crucial dans la mise en œuvre des projets de développement économique et social. En effet, beaucoup de questions économiques ne peuvent être traitées de façon satisfaisante en équilibre partiel, c'est-à-dire au niveau d'un secteur d'activité ou d'un marché pris en isolation (Décaluwé et al, 2001). L'on cherchera à voir les effets des investissements dans le secteur éducatif sur la croissance économique ? Les effets directs et induits d'une politique fiscale portant sur la levée des barrières fiscales ? Autant de questions sur les conséquences des politiques mises en œuvre sur l'économie et le bien-être de la population de manière générale dont les réponses dans un cadre d'équilibre général sont plus satisfaisantes, car donnant une vue d'ensemble des canaux par lesquels passe la mise en œuvre d'une politique donnée. Les modèles d'équilibre général sont pour ainsi dire primordiaux pour l'atteinte des objectifs de développement des pays industrialisés comme des pays en voie de développement.

C'est dans ce cadre que de nombreux modèles ont été développés pour identifier les canaux de transmission des différentes politiques économiques. Les modèles les plus connus sont les modèles d'équilibre général calculable (Adelman et Robinson [1978], Shoven et Walley [1984], Decaluwe et Martens 1988)...) qui sont un instrument de l'analyse mésoéconomique, à mi-chemin entre la microéconomie et la macroéconomie ou combinant les deux. Ces modèles sont réalisés suivant des objectifs politiques et des paramètres économiques bien définis.

Toutefois, le développement économique rapide des dragons d'Asie, Corée du Sud, Taïwan, Singapour et Hong Kong, a mis en relief un facteur important qu'est la structure démographique de leurs populations respectives. Cette croissance rapide encore appelée dividende démographique a été facilitée selon (Bloom et Canning, 2003) par la structure démographique de ces pays qui présentait une forte population en âge de travailler qui a soutenu la croissance économique de l'époque. Ainsi, avec une population en charge moins importante, il y a une certaine réallocation des ressources publiques des secteurs sociaux (éducation et santé) vers les secteurs à fort potentiel de croissance économique.

Le facteur démographique est ainsi le parent pauvre de la politique économique, car n'étant pas pris en compte dans la comptabilité nationale, notamment les matrices de comptabilité sociale, principal outil des modèles de simulations du modèle d'équilibre général calculable.

C'est ainsi que de nouveaux modèles comptables ont été développés pour tenir compte des limites de la matrice de comptabilité sociale, les comptes nationaux de transferts (NTA) développés par Lee et Mason (2011). Ce dernier modèle introduit l'âge dans le système de comptabilité nationale. Il décrit comment, à chaque âge, les ressources s'acquièrent, se consomment et se partagent entre les générations et permet de calculer le dividende démographique pour un pays donné. Ce dividende démographique permet de voir la part de la croissance économique qui revient à la structure de la population. Ainsi, l'introduction de l'âge dans le système de comptabilité nationale a été un tournant décisif à la production d'un cadre normatif pour une exploitation optimale du potentiel de croissance économique des pays qui présentent une structure de leur population favorable à engranger une croissance économique accélérée. Ce cadre normatif développé par le Consortium régional pour la Recherche en Économie générationnelle (CREG) est connu sous le nom de Demographic Dividend Monitoring Index (DDMI) ou Indice synthétique de suivi du dividende démographique (I2S2D).

Le DDMI est un indice synthétique qui représente les différentes dimensions de la vie économique et sociale en cinq principales dimensions. La dimension 1, le Déficit du cycle de vie représente la capacité pour une population donnée à satisfaire ses besoins de consommation à l'aide des revenus du travail générés dans l'économie. Elle permet ainsi d'étudier les conséquences économiques liées à la modification de la structure par âge de la population. La dimension qualité du cadre de vie permet de mesurer la conformité du cadre de vie dans ses aspects sécuritaires, bien-être subjectif, et la pauvreté non monétaire de manière générale. La dimension 3, dynamique de pauvreté, permet de déterminer les entrées et les sorties de la pauvreté monétaire entre deux périodes. Elle permet ainsi d'apprécier la vulnérabilité ainsi que la stabilité dans les situations de pauvreté et de non-pauvreté. La dimension 4, développement humain élargi, apprécie le niveau de l'éducation et de la santé d'une population donnée. Et enfin, la dimension 5, réseaux et territoires, apprécie l'état et la structure de l'espace en matière d'infrastructures et de mobilité des ressources humaines, monétaires et des biens et services.

Au Niger, la structure démographique actuelle caractérisée par sa jeunesse avec environ 68 % de la population qui a moins de 25 ans (48,68 % ont moins de 14 ans et 19,36 % sont dans la tranche d'âge 15-24 ans), n'est pas encore favorable à la capture du dividende démographique. Cela comme en atteste le ratio de soutien économique du pays qui est de 37 % en 2010 et estimé à 34 % et 38 % respectivement en 2030 et 2050 ; soit un ratio bien inférieur au ratio de nombres autres pays africains comparables.

En Guinée, la structure démographique est aussi marquée par une prédominance de la population jeune avec 55,5 % de moins de 20 ans, et 64,1 % de moins de 25 ans. Celle-ci, entraînant un rapport de dépendance élevé de 92 % en 2021, n'est ainsi, tout comme pour le Niger, pas encore favorable à la capture du dividende démographique. Avec un ratio de soutien économique de 42 % en 2020 et estimé à 46 % et 50 % respectivement en 2035 et 2050, la Guinée devrait connaître une croissance du nombre de producteurs effectifs pour 100 consommateurs, facteur d'amélioration du potentiel du dividende démographique.

Face à la situation démographique de ces deux pays, il demeure primordial pour ces derniers d'agir en faveur d'une exploitation optimale de la structuration démographique pour une capture du dividende démographique, favorable à l'économie et au bien-être. En ce sens, une préoccupation majeure peut être de savoir : quel est l'effet des politiques publiques sur les secteurs affectant le dividende démographique ? À cet effet, un modèle de simulation macrobudgétaire a été développé, la Budgétisation sensible au dividende démographique (BSDD) qui permet de voir les canaux par lesquels, l'action du gouvernement affecte les dimensions qui permettent d'augmenter le dividende démographique.

Dans les développements qui vont suivre, nous allons premièrement dresser le contexte économique et social de l'Afrique de l'Ouest et faire une brève revue de la littérature sur les simulations de politiques publiques, ensuite nous présenterons la méthodologie de la BSDD et enfin les résultats et discussions.

Section 1 : Perspectives économiques en Afrique de l'Ouest

Situation géographique et démographique

La Communauté économique des États de l'Afrique de l'Ouest (CEDEAO), espace qui couvre une superficie de 6,4 millions de km², est une organisation régionale intergouvernementale fondée le 28 mai 1975 par le Traité de Lagos. Elle regroupe 15 pays d'Afrique de l'Ouest : Bénin, Burkina Faso, Cap-Vert, Côte d'Ivoire, Gambie, Ghana, Guinée, Guinée-Bissau, Libéria, Mali, Niger, Nigeria, Sénégal, Sierra Leone et Togo. Son siège est situé à Abuja, au Nigeria.

En 2019, la population de la CEDEAO était estimée à 393,4 millions d'habitants, soit une augmentation de 118 % par rapport à 1990 (180,8 millions). Le Nigéria, avec 203,3 millions d'habitants, représentait à lui seul plus de la moitié de cette population, suivi du Ghana (31,5 millions) et de la Côte d'Ivoire (26,2 millions) (AFI, 2025). Sur la base des données de la CEDEAO, la population totale de la région CEDEAO est estimée en 2022, à environ 419,5 millions d'habitants dont 26,1 millions d'habitants au Niger et 13,9 millions en Guinée.

La population de la CEDEAO est majoritairement jeune, avec 43,4 % âgée de moins de 15 ans en 2019, et une moyenne d'âge régionale de 18 ans. Le Niger (avec une population âgée de moins de 25 ans représentant près de 70 % de la population totale selon le dernier RGPH-2012) a la plus faible médiane d'âge de la région (15,4 ans) tandis que le Cap-Vert affiche la plus élevée (26,6 ans). La proportion de jeunes de 15 à 29 ans était de 47,5 % en 2019 et restera élevée dans les prochaines décennies, atteignant encore 42,3 % en 2043 (AFI, 2025). En Guinée, la population guinéenne est constituée à 44,7 % d'enfants de 0 à 14 ans (INS, 2019). Cette jeunesse importante de la population (bien que constituant un atout) et la lenteur de la transition démographique limitent la baisse du taux de fécondité, ce qui maintient une pression élevée sur les infrastructures sanitaires et éducatives.

En 2019, 53 % de la population vivait en milieu rural, bien que ce taux soit en déclin depuis 1990 (70 %). Des pays comme le Niger (83,5 %), le Burkina Faso (70 %) et la Guinée (63,5 %) restent très majoritairement ruraux. L'urbanisation rapide, notamment au Nigéria, en Côte d'Ivoire et au Ghana, fait émerger une croissance urbaine mal planifiée : 47 % des urbains vivent dans des bidonvilles (AFI, 2025).

Capital humain

– Education

L'éducation constitue un pilier essentiel du développement humain et économique dans la région de la CEDEAO. Toutefois, elle est confrontée à des défis structurels, logistiques et sécuritaires qui freinent sa pleine expansion, particulièrement dans les zones rurales et instables.

Dans l'ensemble de la région, les taux de scolarisation ont progressé au fil des décennies, mais restent en deçà des standards internationaux, notamment aux niveaux secondaire et supérieur. Le taux brut de scolarisation primaire est généralement supérieur à 70 % dans la majorité des pays membres, avec des pays comme le Ghana et le Cap-Vert dépassant les 90 % alors que le taux de scolarisation dans le secondaire demeure plus faible, avec des moyennes tournant autour de 45 %, selon les estimations de la CEDEAO. Les inégalités de genre et les disparités rurales/urbaines persistent, avec une scolarisation des filles plus faible dans les zones rurales, aggravée par les mariages précoces et la précarité des ménages.

Au Niger, le taux d'achèvement de l'enseignement primaire était de 54 % en 2021 pour les filles et de 61 % pour les garçons. Cependant, les taux d'achèvement du premier cycle de l'enseignement secondaire révèlent une chute considérable, avec seulement 14,8 % des filles et 17,1 % des garçons. En 2017, les taux bruts de scolarisation dans l'enseignement secondaire étaient de 20 % pour les filles et de 27 % pour les garçons. Le taux brut de scolarisation dans l'enseignement supérieur était de 3 % pour les femmes en 2020, contre 6 % pour les hommes (UNESCO, 2024).

La Guinée, malgré les progrès en matière d'éducation, présente toujours une pauvreté éducative, c'est-à-dire la proportion d'enfants incapables de lire et de comprendre un texte adapté à leur âge à l'âge de 10 ans, assez élevée avec 83 %. De ce fait, avec 98 % d'enfants inscrits à l'école primaire qui pourraient avoir un faible niveau d'apprentissage, il en résulte un taux d'achèvement de l'enseignement primaire assez faible étant de 56 % en 2021 pour les filles et de 70 % pour les garçons. De plus, les taux d'achèvement du premier cycle de l'enseignement secondaire révèlent une chute considérable, avec seulement 30,8 % des filles et 39,3 % des garçons. Les taux bruts de scolarisation dans l'enseignement secondaire révèlent un écart entre les sexes, avec 31 % de filles scolarisées contre 41 % de garçons. Le taux brut d'inscription dans l'enseignement supérieur était de 9 % pour les femmes en 2021, contre 4 % pour les hommes.

Ces faibles niveaux d'instruction observés dans la région CEDEAO, notamment au Niger et en Guinée, touchent particulièrement les filles. Cela est dû en partie aux taux relativement élevés de mariages d'enfants et de grossesses précoces.

– Santé

La santé constitue un enjeu central du développement humain et économique dans l'espace CEDEAO. Les pays membres font face à de profondes difficultés structurelles en matière de soins de santé, marquées par un accès limité, une faible qualité des services et une exposition élevée aux maladies transmissibles et non transmissibles. Ces défis persistent malgré les efforts nationaux et régionaux en matière de politiques sanitaires.

Les systèmes de santé de la région CEDEAO souffrent d'un déficit généralisé en ressources humaines, infrastructurelles, médicales et financières, ce qui limite considérablement leur capacité à répondre aux besoins croissants des populations (DFAT, 2020). Le fardeau épidémiologique dans la région est particulièrement lourd, avec la cohabitation de maladies transmissibles persistantes (paludisme, tuberculose multirésistante, maladies tropicales négligées), de maladies non transmissibles en progression (hypertension, diabète, maladies cardiovasculaires) et de la malnutrition (DFAT, 2020).

Le paludisme reste la première cause de morbidité et de mortalité, suivi par la tuberculose et les infections diarrhéiques. La situation est aggravée par des taux élevés de mortalité infantile et maternelle. Parmi les principales causes de décès des enfants de moins de 5 ans figurent la pneumonie, les complications intrapartum, les diarrhées et le paludisme, souvent aggravés par la malnutrition (DFAT, 2020).

La région de la CEDEAO présente certains des taux de mortalité maternelle et infantile les plus élevés au monde. Cela résulte en grande partie d'un accès insuffisant à des soins de qualité, en particulier en zones rurales, et de défaillances dans la prise en charge des urgences obstétricales (DFAT, 2020). La pandémie de COVID-19 a également révélé la vulnérabilité structurelle des systèmes de santé, bien que son impact direct ait été relativement limité en raison de la jeunesse de la population et d'une moindre exposition internationale (EREO, 2023).

En août 2020, la CEDEAO comptabilisait environ 28 000 cas actifs de COVID-19 et 2 296 décès, mais les ONG humanitaires estimaient que ces chiffres étaient sous-évalués en raison de capacités de dépistage limitées (DFAT, 2020). Cette pandémie a amplifié les pressions sur des systèmes de santé déjà fragiles, entraînant des interruptions dans les services essentiels (vaccination, soins maternels, nutrition).

Il est de plus constaté une faible dépense publique par habitant en santé, bien en deçà des normes internationales, soulignant que la région est loin de satisfaire aux exigences de l'objectif de développement durable n° 3 (bonne santé et bien-être) (AFI, 2025). En 2019, plus de 65 % de la population pauvre multidimensionnelle d'Afrique subsaharienne vivait en Afrique de l'Ouest, accentuant la vulnérabilité sanitaire des populations (AFI, 2025).

Les inégalités géographiques et socio-économiques dans l'accès aux soins sont également importantes dans la région. Les zones rurales et les groupes marginalisés, y compris les femmes et les jeunes, rencontrent davantage d'obstacles pour accéder aux services de santé. Des pratiques sociales telles que les mutilations génitales féminines, encore fréquentes dans plusieurs pays membres, constituent également un problème de santé publique et de droits humains (DFAT, 2020). Par ailleurs, les services de santé mentale et de santé reproductive restent largement sous-développés, malgré leur importance croissante, notamment chez les jeunes femmes, souvent touchées par des grossesses précoces et des complications obstétricales (DFAT, 2020).

À noter que l'insécurité chronique dans certaines zones, notamment au Sahel (Burkina Faso, Mali, Niger) et au nord du Nigéria, a provoqué la fermeture de centaines de centres de santé, laissant des milliers de personnes sans accès aux services essentiels. En 2019, près de 2 000 écoles et centres de santé étaient fermés dans ces pays en raison de l'insécurité (EREO, 2023). Ce qui compromet durablement la couverture sanitaire et l'atteinte des objectifs régionaux en matière de développement humain.

– Démographie

Concernant la mortalité, elle est marquée par des taux encore globalement élevés dans la zone CEDEAO. À titre illustratif, il est observé qu'au Niger, le taux de mortalité maternelle reste encore élevé, estimé à 441 pour 100 000 naissances vivantes en 2020. Le taux de mortalité néonatale a quant à lui augmenté, passant de 24 à 43 décès pour 1000 naissances vivantes entre 2012 en 2021 (OMS, 2025). De plus, en 2021, seulement 43 % des naissances ont été assistées par un personnel de santé qualifié, ce qui révèle l'urgence d'améliorer l'accès aux soins. Selon le rapport 2023 sur la surveillance des décès maternels périnatals et riposte (SDMPR), les principales causes directes de décès maternels au Niger sont notamment les hémorragies (34 %), les troubles de l'hypertension (28 %), les infections (24 %) et les accouchements difficiles (3 %). Bien que ces causes soient largement évitables, beaucoup de femmes accouchent encore à domicile, loin des structures de santé. Cette situation est accentuée par une faible couverture sanitaire de 55,45 % (Système national de l'information sanitaire-SNIS, 2023).

En Guinée, la mortalité maternelle demeure également élevée avec un taux estimé à 614 pour 100 000 naissances vivantes, dont 530 en milieu urbain et 657 en milieu rural (INS, 2017). Aussi, sur 1000 enfants nés vivants, 92 meurent avant d'atteindre leur premier anniversaire avec un risque de mortalité plus élevé en milieu rural (100 pour 1000) qu'en milieu urbain (71 pour mille). Le taux de mortalité des enfants de moins de 5 ans est passé de 123 à 111 pour 1 000 naissances vivantes de 2012 à 2018 et le taux de mortalité néo-natale est resté quasi stationnaire passant de 33 à 32 pour 1000 (EDS 2018).

S'agissant de la fécondité, il est observé que la région CEDEAO (Communauté Économique des États de l'Afrique de l'Ouest) se caractérise par des niveaux de fécondité parmi les plus élevés au monde, en particulier dans certains pays sahéliens. Cette situation a des répercussions profondes sur la transition démographique, le développement du capital humain, la pression sur les services sociaux et la croissance économique. Ce niveau élevé de fécondité est matérialisé par un Indice synthétique de fécondité (ISF) dans la région élevée avec de fortes disparités entre les pays. Le Niger affiche le taux le plus élevé, avec environ 6,8 enfants par femme en 2022, ce qui en fait le pays avec la fécondité la plus forte au monde (UNFPA, 2023). La Guinée, quant à elle, présente un ISF de 4,30 enfants par femme en 2022 (World Bank, 2023).

Pour ce qui est de la planification familiale dans la région de la CEDEAO, elle reste un défi majeur pour les politiques de santé publique. Elle constitue pourtant un levier essentiel pour réduire la mortalité maternelle, améliorer la santé reproductive, renforcer l'autonomisation des femmes et accompagner la transition démographique. Les taux de prévalence contraceptive demeurent faibles dans la majorité des pays de la CEDEAO, notamment pour les méthodes modernes avec un taux moyen d'utilisation des méthodes modernes de contraception dans la région inférieure à 20 %, avec des écarts importants entre les pays

(EREO, 2023). De plus, l'accès aux services de planification familiale est souvent limité par des facteurs structurels : pénurie de personnel qualifié, ruptures de stock, tabous culturels et pressions sociales. Le Niger détient l'un des plus faibles taux de prévalence contraceptive au monde avec un taux de prévalence contraceptive des méthodes modernes d'environ 10 % en 2021 (République du Niger, 2023). En effet, l'utilisation de la planification familiale (PF), reconnue pour être le principal moyen pour maîtriser la fécondité, n'a pas connu d'avancées significatives au Niger. Les résultats de l'EDSNMICS IV de 2012 ont mis en évidence un faible niveau d'utilisation des contraceptifs modernes chez les femmes en union, passée de 12 % en 2012 à 10 % en 2021 malgré un niveau élevé de connaissance des méthodes contraceptives et la gratuité de celles-ci dans les formations sanitaires publiques depuis 2006 (Konaté, Maiga et Chen, 2014) (République du Niger, 2023).

La Guinée présente elle aussi une situation faible en termes de planification familiale dans la région marquée par un taux de prévalence contraceptive moderne de 11 % (EDS, 2018), avec une légère progression dans les zones urbaines. Le taux reste cependant bien en dessous des objectifs fixés par la stratégie nationale de santé reproductive. Parmi les déterminants de ces faibles taux, nous avons : la faible scolarisation des filles ; les mariages précoces ; et la faible autonomie décisionnelle des femmes en matière de santé reproductive (DFAT, 2020).

Économie

Selon le rapport de la situation économique et sociale de l'ANSD, au niveau international, l'année 2019 est marquée par un ralentissement de l'activité économique mondiale avec un taux de croissance de 2,8 %, après 3,5 % d'un an plutôt.

Au niveau de l'économie de la zone CEDEAO, le PIB de la CEDEAO était estimé à 633,1 milliards de dollars US, soit 25,5 % du PIB total du continent africain en 2019. Le Nigéria dominait l'économie régionale avec 61,8 % du PIB régional, suivi du Ghana et de la Côte d'Ivoire. Le taux de croissance économique s'établissait à 3,6 % en 2019, mais a chuté à cause de la pandémie de COVID-19. Concernant le Niger, le taux de croissance du PIB est passé de 2,0 % en 2023 à 8,4 % en 2024 (4,9 % par habitant) grâce à la levée des sanctions et à une hausse de 48,5 % des exportations, notamment de pétrole. Cette croissance a été portée par l'agriculture (+11,1 %) après une bonne saison, et par l'industrialisation (+12,1 %), soutenue par la production pétrolière (Banque Mondiale, 2025). Et en Guinée, le PIB a connu une croissance estimée à 5,7 % en 2023 contre 4 % en 2022. Cette croissance est portée par l'agriculture et l'exploitation minière (AEO, 2024).

Concernant le secteur informel, il représentait 37,8 % du PIB régional, soit 279,6 milliards USD, avec une moyenne d'emploi informel atteignant 65,6 % de la population active. Des pays comme le Mali (81,8 %) et le Bénin (74,9 %) présentent les niveaux les plus élevés d'informalité, tandis que le Cap-Vert (35,7 %) et le Ghana (49,4 %) sont en dessous de la moyenne régionale (AFI, 2025). Au Niger, le secteur informel représente entre 55 % et 60 % du PIB du pays en 2022 à travers principalement les secteurs du commerce et de l'agriculture tandis qu'en Guinée, le secteur contribue pour près de 57,5 % du PIB en 2019 (Direction générale du Trésor, 2024, 2025) et 42 % du PIB en 2023 (INS, 2024).

La pauvreté reste un défi majeur de la région, avec de fortes disparités entre les États. Les projections montrent qu'en 2043, malgré une réduction relative de la pauvreté à 16 %, le nombre absolu de pauvres atteindra 117,1 millions de personnes. Selon les données de 2016, 65,3 % des pauvres multidimensionnels d'Afrique subsaharienne vivent en Afrique de l'Ouest. En 2019, 27,2 % des habitants vivaient sous le seuil de pauvreté monétaire international (2,15 USD/jour), soit environ 106,8 millions de personnes. Des pays comme le Niger, le Nigeria, le Libéria, le Togo et la Sierra Leone enregistrent des taux supérieurs à 25 %, tandis que le Cap-Vert (3,4 %), le Sénégal (9,2 %) et la Côte d'Ivoire (11,1 %) affichent les taux les plus faibles (AFI, 2025). En 2024, le Niger présente un taux d'extrême pauvreté de 45,3 % ; taux qui devrait reculer pour atteindre 35,8 % d'ici 2027, sous l'effet d'une forte croissance projetée du secteur agricole (Banque Mondiale, 2025). La Guinée, quant à elle, présente un taux de pauvreté de 51,9 % dû notamment à une inflation plus élevée et une création d'emplois insuffisante dans le secteur non minier (Banque Mondiale, 2025).

Concernant le marché du travail dans l'espace CEDEAO, il se caractérise par une forte prédominance du secteur informel, un taux de chômage élevé chez les jeunes et une faible capacité des économies à créer des emplois décents, notamment pour la population jeune et en forte croissance.

En 2020, le taux de chômage des jeunes âgés de 15 à 24 ans dans la région CEDEAO était estimé à 11,9 %. Ce taux reste relativement modéré à première vue, mais il ne tient pas compte de la qualité des emplois, car une grande partie de cette population travaille dans des conditions précaires dans le secteur informel. Si l'on excluait ce dernier, le taux de chômage serait considérablement plus élevé (AFI, 2025). Au Niger, le taux de chômage des jeunes de 15 à 24 ans est passé de 3,85 % en 2012 à 0,42 % en 2023 ; tandis qu'en Guinée, ce taux a connu une hausse, allant de 6,43 % en 2012 à 7,10 % en 2023 en passant par 8,46 en 2020 (Banque Mondiale, 2025).

Le secteur informel représente l'essentiel de l'activité économique et de l'emploi dans la région. En 2019, environ 65,6 % de la population active était employée dans le secteur informel. Ce taux est le troisième plus élevé en Afrique, après ceux de la Communauté d'Afrique de l'Est (CAE) (72,3 %) et de la Communauté économique des États de l'Afrique Centrale (CEEAC) (68,6 %). Au Niger, la quasi-totalité des emplois est informelle et en Guinée, ces emplois informels sont estimés à 96 % des emplois du pays en 2019 (Direction générale du Trésor, 2024, 2025).

Section 2 : Évolution du concept de simulation des politiques

L'utilisation des modèles d'équilibre général calculable (MEGC). En effet, malgré leurs propres limites, ces derniers restent particulièrement appropriés pour étudier les répercussions des politiques macroéconomiques sur un pays et son économie.

Eustache et al. (2007) ont fait une étude sur l'impact des dépenses d'infrastructures au Mali par l'analyse en équilibre général calculable. C'est ainsi qu'une augmentation de 20 % de l'investissement public dans les infrastructures a entraîné une augmentation du PIB de 0,84 point de pourcentage et du salaire de 0,76 point de pourcentage de même qu'ici, compte tenu des gains de productivité. Cette augmentation de salaire est une conséquence de l'augmentation de la production du secteur de la construction à forte intensité de main-d'œuvre.

Dumont et Mesplé-Somps (2000) ont évalué l'impact des infrastructures publiques sur la compétitivité et la croissance au Sénégal à l'aide d'un MEGC dynamique séquentiel. Ils supposent que l'investissement public constitue une externalité positive sur la productivité totale des facteurs de production (PTF), dont l'effet se mesure à travers le rapport entre le stock de capital public et le stock de capital privé. Les auteurs concluent qu'en ce qui concerne le Sénégal, on notera que même si la dévaluation du franc CFA en 1994 a permis une reprise de la croissance de l'économie sénégalaise, essentiellement du fait du développement des secteurs du BTP et de la pêche, et de corriger une partie des handicaps de compétitivité, il n'en demeure pas moins que pour que son effet perdure il est nécessaire de combattre la baisse tendancielle de la productivité globale des facteurs. Ba et Sy (2015), analysent l'impact d'une réallocation des dépenses publiques dans le processus de transformation structurelle de l'économie sénégalaise sur la période 2015-2035. À l'aide d'un Modèle d'Équilibre général Calculable (MEGC) intertemporel, ils montrent qu'une réallocation des dépenses publiques entraînerait une augmentation de la croissance de 0,2 point de pourcentage de plus par rapport aux prévisions du Plan d'action prioritaire du PSE qui sont de 7,1 %, sur la période 2015-2018. En particulier, leurs résultats montrent une augmentation de la part de l'emploi du secteur secondaire qui passe successivement à 17,2 %, 20,7 %, 25,1 % et 26,7 % sur les périodes respectives de 2015-2020, 2021-2025, 2026-2030 et 2031-2035, au détriment des secteurs primaire et tertiaire.

Mboup et al. (2018) analysant l'impact des APE sur l'emploi des femmes au Sénégal à travers un MEGC dynamique ont simulé une politique d'accompagnement portant sur une augmentation des investissements publics de 10 %. Les résultats montrent que l'investissement public a des effets qui atténuent l'impact négatif des APE sur le marché du travail (une baisse du taux de chômage de 2, 98 %). La baisse du taux de chômage est respectivement de 2,84 % et 3,12 % pour les femmes et les hommes avec la politique d'accompagnement contre 1,73 % et 2,09 % avec les APE sans investissement publics.

Fall et al. (2013) ont étudié les effets de la politique agricole sur la croissance par le biais d'un accroissement de la productivité agricole à l'aide d'un MEGC. Leurs résultats montrent un accroissement annuel moyen de 10,7 % de l'activité agricole sur la période 2014-2023. Ces performances pourraient cependant être réduites de moitié si les dépenses d'investissement devenaient inefficaces ou si le mécanisme de suivi et d'entretien des investissements était défaillant.

Les investissements publics ont ainsi un impact non négligeable sur l'économie. Plus particulièrement, la littérature économique nous enseigne, avec les travaux d'Agénor (2007), que les infrastructures publiques jouent un rôle catalyseur de l'économie à travers leur effet positif sur la productivité des facteurs et la formation du capital privé. Ces effets combinés promeuvent la création d'emplois et par conséquent une politique sensible au genre devrait avoir pour résultat une augmentation du nombre d'emplois pour les femmes et les hommes. À cet effet, de nombreux travaux empiriques ont montré l'importance des investissements publics et plus particulièrement des infrastructures publiques sociales sur l'emploi des femmes notamment. Cependant, il n'existe pas de consensus sur l'effet positif des investissements physiques sur l'emploi des femmes, mais les études s'accordent sur la réduction du temps de travail domestique. Notre présente étude aborde la même démarche en se basant sur les évidences empiriques obtenues à travers les modèles d'équilibre général calculable. Par le canal des investissements publics du gouvernement sénégalais dans la deuxième phase du PSE, nous allons analyser empiriquement leurs effets sur la création d'emplois de façon générale, des femmes et des jeunes en particulier, en tenant compte de facteurs comme la pluviométrie.

Section 3 : Modèle de simulation macro-budgétaire

L'estimation des élasticités budgétaires constitue la septième étape du processus de budgétisation sensible au dividende démographique. Cette étape intervient après la spécification du modèle théorique macro-budgétaire. Il est important de préciser que le modèle théorique de base reste inchangé. Nous présentons ci-dessous la spécification du modèle théorique macro-budgétaire augmenté :

Spécification de la Modélisation Macro Budgétaire

Fonction de production

Soit Y, l'Indice synthétique de suivi du dividende démographique ou demographic dividend monitoring index (DDMI). Nous supposons que la production des biens et services publics prend la forme d'une fonction de Cobb Douglas. Ainsi :

$$Y = AK^{\alpha}L^{\beta}$$

Une fonction de production Cobb Douglas.

Nous considérons les fonctions économiques et budgétaires retenues dans la transformation budgétaire.

Encadré 5 : La fonction de production Cobb Douglass

En général, une fonction de production est une spécification de la façon dont la quantité de production se comporte en fonction des intrants utilisés dans la production. Ce concept peut être appliqué au niveau des entreprises individuelles, des industries ou des économies entières.

En économie, la forme fonctionnelle Cobb-Douglas des fonctions de production est largement utilisée pour représenter la relation entre une production et des intrants. Elle a été proposée par Knut Wicksell (1851 - 1926) et testée sur la base de données statistiques par Charles Cobb et Paul Douglas en 1928.

La fonction utilisée par les auteurs pour modéliser la production se présente comme suit :

$$P(L, K) = AL^{\alpha}K^{\beta}$$

où :

– P = production totale (la valeur monétaire de tous les biens produits au cours d'une année)

– L = facteur travail (le nombre total d'heures-personnes travaillées au cours d'une année)

– K = apport en capital (la valeur monétaire de toutes les machines, de tous les équipements et de tous les bâtiments)

– À la productivité totale des facteurs

– α *et* β sont les élasticités de production du travail et du capital, respectivement. Ces valeurs sont des constantes déterminées par la technologie disponible.

L'élasticité de la production mesure la réactivité de la production à un changement des niveaux de travail ou de capital utilisés dans la production, toutes choses égales par ailleurs.

Du capital utilisé dans la production, toutes choses égales par ailleurs. Par exemple, si $\alpha = 0{,}15$, une augmentation de 1 % du travail entraînera une augmentation d'environ 0,15 % de la production.

De plus, si :

$\alpha + \beta = 1$ la fonction de production a des rendements d'échelle constants. En d'autres termes, si L et K augmentent chacun de 20 %, P augmente de 20 %.

Les rendements d'échelle sont une propriété technique de la production qui permet d'examiner les changements dans la production à la suite d'un changement proportionnel dans la production de tous les intrants (où tous les intrants augmentent d'un facteur constant).

Si la production augmente dans la même proportion, alors il y a des rendements d'échelle constants, parfois appelés simplement rendements d'échelle. Si la production augmente moins que cette variation proportionnelle, il y a des rendements d'échelle décroissants. Si la production augmente de plus de cette proportion, il y a des rendements d'échelle croissants (IRS).

Cependant, si

$\alpha + \beta < 1$, les rendements d'échelle sont décroissants, et si

$\alpha + \beta > 1$, les rendements d'échelle sont croissants.

Dans l'hypothèse d'une concurrence parfaite, on peut montrer que α et β sont les parts du travail et du capital dans la production.

Pour chaque fonction, il sera retenu la fonction de production suivante $Y = AK^{\alpha}L^{\beta}$

Plus précisément pour la fonction :

Fonction 1 : modélisation macrobudgétaire du secteur de la Santé

$$Y_1 = A_1\, K_{1Pr}^{\lambda 1}\, K_{1Pu}^{\alpha 1}\, L_1^{\beta 1} \qquad \textbf{(1)}$$

$\boldsymbol{K_{1Pr}}$Représente les investissements privés dans la fonction économique (1).

$\boldsymbol{K_{1Pu}}$Représente les investissements publics dans la fonction économique (1).

Ainsi, la production de bien-être dans une fonction particulière est conditionnée par l'allocation de ressources permettant de produire les biens et services permettant de dériver le bien-être. On peut alors écrire :

$$Y_1 = A_1\, K_{1Pr}^{\lambda_1}\, K_{1Pu}^{\alpha 1}\, L_1^{\beta_1}$$

Au niveau public, les dépenses (DEP) sont caractérisées par 03 natures budgétaires notamment :

- Fonctionnement *(Fonc)*
- Investissement *(Inv)*
- Transferts *(Trf)*

En considérant ces trois natures budgétaires, l'équation (1) devient :

$$Y_1 = A_1\, K_{1Pr}^{\lambda_1}\, Fonc_1^{\alpha_{11}}\, Inv_1^{\alpha_{12}}\, Trf_1^{\alpha_{12}}\, L_1^{\beta_1} \qquad \textbf{(2)}$$

En linéarisant, nous obtenons :

$\log Y_1 = \log A_1 + \lambda_1 logK_{1Pr} + \alpha_1 logFonc_1 + \alpha_2 logInv_1 + \alpha_3 logTrf_1 + \beta_1 \log L_1$ **(3)**

Avec : λ_1 ; $\alpha_1; \alpha_2;\ \alpha_3\ et\ \beta_1 > 0$

$$\mathrm{I}(Fon_1) = \frac{Fonc_1}{PIB} \times \frac{PIB}{DEP_1} \quad \textbf{(4)}$$

$$\mathrm{I}(Inv_1) = \frac{Inv_1}{PIB} \times \frac{PIB}{DEP_1} \quad \textbf{(5)}$$

$$\mathrm{I}(\mathrm{Trf}_1) = \frac{Trf_1}{PIB} \times \frac{PIB}{DEP_1} \quad \textbf{(6)}$$

$\log Y_1 = \log A_1 + \lambda_1 logK_{1Pr} + \alpha'_1 logDEP_1 + \beta_1 \log L_1$ **(7)**

$\alpha'_1 = \alpha_1 + \alpha_2 + \alpha_3$ **(8)**

$DEP_1 = Fonc_1 + Inv_1 + Trf_1$ **(9)**

Le DDMI est conçu comme une fonction de bien-être. Il est équivalent à un output (vérifié par un test de validité externe entre l'évolution à niveau DDMI/PIB ou évolution taux de croissance DDMI et PIB ou entre Log DDMI et LOG Pib.

De ce fait, la validation du test confirme l'équivalence DDMI et PIB. Ainsi, le DDMI peut être utilisé comme une fonction d'output globale. Ceci revient à dire que les fonctions de production de l'output global sont équivalentes à des fonctions d'output global de bien-être.

Toutefois, l'innovation dans ce modèle consiste à identifier la nature ou la source du bien-être.

De ce qui précède, on peut écrire :

$DDMI_1 \equiv Y_1$ **(10)**

Le DDMI est un indice compris entre 0 et 100 alors que les dépenses sont en unités monétaires. Pour respecter l'équivalence de l'équation (10), toutes les variables en valeurs monétaires seront transformées en indices. Ainsi, on aura :

$\log DDMI_1 = \log A_1 + \lambda_1 logI(K_{1Pr}) + \alpha_1 logI(Fonc_1) + \alpha_2 logI(Inv_1) + \alpha_3 logI(Trf_1) + \beta_1 \log I(L_1)$ **(11)**

$I(K_{1Pr})$= indice des dépenses privées dans la fonction (1) **(12)**

$I(L_1)$= indice du stock de main-d'œuvre dans la fonction (1). **(13)**

En remplaçant les équations (4), (5) et (6) dans l'équation 11, on obtient :

$$\log DDMI_1 = \log A_1 + \lambda_1 logI(K_{1Pr}) + \alpha_1 \log\left(\frac{Fonc_1}{PIB} \times \frac{PIB}{DEP_1}\right) + \alpha_2 \log\left(\frac{Inv_1}{PIB} \times \frac{PIB}{DEP_1}\right) + \alpha_3 \log\left(\frac{Trf_1}{PIB} \times \frac{PIB}{DEP_1}\right) + \beta_1 \log I(L_1) \quad \textbf{(14)}$$

$$\log DDMI_1 = \log A_1 + \lambda_1 logI(K_{1Pr}) + \alpha_1 \log\left(\frac{Fonc_1}{PIB}\right) + \alpha_1 \log\left(\frac{PIB}{DEP_1}\right) + \alpha_2 \log\left(\frac{Inv_1}{PIB}\right) + \alpha_2 \log\left(\frac{PIB}{DEP_1}\right) + \alpha_3 \log\left(\frac{Trf_1}{PIB}\right) + \alpha_3 \log\left(\frac{PIB}{DEP_1}\right) + \beta_1 \log I(L_1) \quad \textbf{(15)}$$

$$\log DDMI_1 = \log A_1 + \lambda_1 logI(K_{1Pr}) + \alpha_1 \log\left(\frac{Fonc_1}{PIB}\right) + \alpha_2 \log\left(\frac{Inv_1}{PIB}\right) + \alpha_3 \log\left(\frac{Trf_1}{PIB}\right) + (\alpha_1 + \alpha_2 + \alpha_3) \log\left(\frac{PIB}{DEP_1}\right) + \beta_1 \log I(L_1) \quad \textbf{(16)}$$

Si on pose :

$$\frac{Fonc_1}{PIB} = Fonc_1' \; ; \; \frac{Inv_1}{PIB} = Inv_1' \; ; \; \frac{Trf_1}{PIB} = Trf_1' \quad \textbf{(17)}$$

L'équation 16 devient :

$$\log DDMI_1 = \log A_1 + \lambda_1 logI(K_{1Pr}) + \alpha_1 \log(Fonc_1') + \alpha_2 \log(Inv_1') + \alpha_3 \log(Trf_1') + (\alpha_1 + \alpha_2 + \alpha_3) \log\left(\frac{PIB}{DEP_1}\right) + \beta_1 \log I(L_1) \quad \textbf{(18)}$$

Fonction 2 : modélisation macrobudgétaire du secteur de l'éducation

$$Y_2 = A_2 \, K_{2Pr}^{\lambda_2} \, Fonc_2^{\alpha_4} \, Inv_2^{\alpha_5} \, Trf_2^{\alpha_6} \, L_2^{\beta_2} \quad \textbf{(19)}$$

$$\log Y_2 = \log A_2 + \lambda_2 log K_{2Pr} + \alpha_4 log Fonc_2 + \alpha_5 log Inv_2 + \alpha_6 log Trf_2 + \beta_2 \log L_2 \quad \textbf{(20)}$$

$$\mathrm{I}(Fon_2) = \frac{Fonc_2}{PIB} \times \frac{PIB}{DEP_2} \quad \textbf{(21)}$$

$$\mathrm{I}(Inv_2) = \frac{Inv_2}{PIB} \times \frac{PIB}{DEP_2} \quad \textbf{(22)}$$

$$\mathrm{I}(\mathrm{Trf}_2) = \frac{Trf_2}{PIB} \times \frac{PIB}{DEP_2} \quad \textbf{(23)}$$

$$\log Y_2 = \log A_2 + \lambda_2 log K_{2Pr} + \alpha_2' log DEP_2 + \beta_2 \log L_2 \quad \textbf{(24)}$$

$\alpha'_2 = \alpha_4 + \alpha_5 + \alpha_6$ **(25)**

$DEP_2 = Fonc_2 + \ Inv_2 + \ Trf_2$ **(26)**

$DDMI_2 \ \equiv \ Y_2$ **(27)**

$\log DDMI_2 = \log A_2 + \lambda_2 logI(K_{2Pr}) + \ \alpha_4 logI(Fonc_2) + \alpha_5 logI(Inv_2) + \ \alpha_6 logI(Trf_2) + \beta_2 \log I(L_2)$ **(28)**

$I(K_{2Pr})$= indice des dépenses privées dans la fonction (14) **(29)**

$I(L_2)$= indice du stock de main-d'œuvre dans la fonction (14). **(30)**

En remplaçant les équations (21), (22) et (23) dans l'équation 11, on obtient :

$\log DDMI_2 = \log A_2 + \lambda_2 logI(K_{2Pr}) + \ \alpha_4 \log \left(\frac{Fonc_2}{PIB} \times \frac{PIB}{DEP_2}\right) + \alpha_5 \log \left(\frac{Inv_2}{PIB} \times \frac{PIB}{DEP_2}\right) + \ \alpha_6 \log \left(\frac{Trf_2}{PIB} \times \frac{PIB}{DEP_2}\right) + \beta_2 \log I(L_2)$ **(31)**

$\log DDMI_2 = \log A_2 + \lambda_2 logI(K_{2Pr}) + \ \alpha_4 \log\left(\frac{Fonc_2}{PIB}\right) + \alpha_4 \log\left(\frac{PIB}{DEP_2}\right) + \ \alpha_5 \log\left(\frac{Inv_2}{PIB}\right) + \alpha_5 \log\left(\frac{PIB}{DEP_2}\right) + \ \alpha_6 \log\left(\frac{Trf_2}{PIB}\right) + \alpha_6 \log \left(\frac{PIB}{DEP_2}\right) + \beta_2 \log I(L_2)$ **(32)**

$\log DDMI_2 = \log A_2 + \lambda_2 logI(K_{2Pr}) + \ \alpha_4 \log\left(\frac{Fonc_2}{PIB}\right) + \alpha_5 \log\left(\frac{Inv_2}{PIB}\right) + \alpha_6 \log\left(\frac{Trf_2}{PIB}\right) + (\alpha_4 + \alpha_5 + \alpha_6) \log \left(\frac{PIB}{DEP_2}\right) + \beta_2 \log I(L_2)$ **(32)**

$\log DDMI_2 = \log A_2 + \lambda_2 logI(K_{2Pr}) + \ \alpha_4 \log(Fonc'_2) + \alpha_5 \log(Inv'_2) + \alpha_6 \log(Trf'_2) + (\alpha_4 + \alpha_5 + \alpha_6) \log \left(\frac{PIB}{DEP_2}\right) + \beta_2 \log I(L_2)$ **(33)**

Fonction 3 : modélisation macrobudgétaire du secteur des institutions

$Y_3 = A_3 \ K_{3Pr}^{\lambda_3} \ Fonc_3^{\alpha_7} \ Inv_3^{\alpha_8} \ Trf_3^{\alpha_9} \ L_3^{\beta_3}$ **(34)**

$\log Y_3 = \log A_3 + \lambda_3 logK_{3Pr} + \ \alpha_7 logFonc_3 + \ \alpha_8 logInv_3 + \alpha_9 logTrf_3 + \beta_3 \log L_3$ **(35)**

$$\mathrm{I}(Fon_3) = \frac{Fonc_3}{PIB} \times \frac{PIB}{DEP_3} \quad \textbf{(35)}$$

$$\mathrm{I}(Inv_3) = \frac{Inv_3}{PIB} \times \frac{PIB}{DEP_3} \quad \textbf{(36)}$$

$$\mathrm{I}(\mathrm{Trf}_3) = \frac{Trf_3}{PIB} \times \frac{PIB}{DEP_3} \quad \textbf{(37)}$$

$\log Y_3 = \log A_3 + \lambda_3 logK_{3Pr} + \alpha_3' logDEP_3 + \beta_3 \log L_3$ **(38)**

$\alpha_3' = \alpha_7 + \alpha_8 + \alpha_9$ **(39)**

$DEP_3 = Fonc_3 + Inv_3 + Trf_3$ **(40)**

$DDMI_3 \equiv Y_3$ **(41)**

$\log DDMI_3 = \log A_3 + \lambda_3 logI(K_{3Pr}) + \alpha_7 logI(Fonc_3) + \alpha_8 logI(Inv_3) + \alpha_9 logI(Trf_3) + \beta_3 \log I(L_3)$ **(42)**

$I(K_{3Pr})$= indice des dépenses privées dans la fonction (26) **(43)**

$I(L_3)$= indice du stock de main-d'œuvre dans la fonction (26). **(44)**

$\log DDMI_3 = \log A_3 + \lambda_3 logI(K_{3Pr}) + \alpha_7 \log (\frac{Fonc_3}{PIB} \times \frac{PIB}{DEP_3}) + \alpha_8 \log (\frac{Inv_3}{PIB} \times \frac{PIB}{DEP_3}) + \alpha_9 \log (\frac{Trf_3}{PIB} \times \frac{PIB}{DEP_3}) + \beta_3 \log I(L_3)$ **(45)**

$\log DDMI_3 = \log A_3 + \lambda_3 logI(K_{3Pr}) + \alpha_7 \log\left(\frac{Fonc_3}{PIB}\right) + \alpha_7 \log\left(\frac{PIB}{DEP_3}\right) + \alpha_8 \log\left(\frac{Inv_3}{PIB}\right) + \alpha_8 \log\left(\frac{PIB}{DEP_3}\right) + \alpha_9 \log\left(\frac{Trf_3}{PIB}\right) + \alpha_9 \log (\frac{PIB}{DEP_3}) + \beta_3 \log I(L_3)$ **(46)**

$\log DDMI_3 = \log A_3 + \lambda_3 logI(K_{3Pr}) + \alpha_7 \log\left(\frac{Fonc_3}{PIB}\right) + \alpha_8 \log\left(\frac{Inv_3}{PIB}\right) + \alpha_9 \log\left(\frac{Trf_3}{PIB}\right) + (\alpha_7 + \alpha_8 + \alpha_9) \log (\frac{PIB}{DEP_3}) + \beta_3 \log I(L_3)$ **(47)**

$\log DDMI_3 = \log A_3 + \lambda_3 logI(K_{3Pr}) + \alpha_7 \log(Fonc_3') + \alpha_8 \log(Inv_3') + \alpha_9 \log(Trf_3') + (\alpha_7 + \alpha_8 + \alpha_9) \log (\frac{PIB}{DEP_3}) + \beta_3 \log I(L_3)$ **(48)**

Fonction 4 : modélisation macrobudgétaire du secteur de la sécurité

$Y_4 = A_4\, K_{4Pr}^{\lambda_4}\, Fonc_4^{\alpha_{10}}\, Inv_4^{\alpha_{11}}\, Trf_4^{\alpha_{12}}\, L_4^{\beta_4}$ **(49)**

$\log Y_4 = \log A_4 + \lambda_4 logK_{4Pr} + \alpha_{10} logFonc_4 + \alpha_{11} logInv_4 + \alpha_{12} logTrf_4 + \beta_4 \log L_4$**(50)**

$$\text{I}(Fon_4) = \frac{Fonc_4}{PIB} \times \frac{PIB}{DEP_4} \quad \textbf{(51)}$$

$$\text{I}(Inv_4) = \frac{Inv_4}{PIB} \times \frac{PIB}{DEP_4} \quad \textbf{(52)}$$

$$\text{I}(\text{Trf}_4) = \frac{Trf_4}{PIB} \times \frac{PIB}{DEP_4} \quad \textbf{(53)}$$

$\log Y_4 = \log A_4 + \lambda_4 logK_{4Pr} + \alpha'_4 logDEP_4 + \beta_4 \log L_4$ **(54)**

$\alpha'_4 = \alpha_{10} + \alpha_{11} + \alpha_{12}$ **(55)**

$DEP_4 = Fonc_4 + Inv_4 + Trf_4$ **(56)**

$DDMI_4 \equiv Y_4$ **(57)**

$\log DDMI_4 = \log A_4 + \lambda_4 logI(K_{4Pr}) + \alpha_{10} logI(Fonc_4) + \alpha_{11} logI(Inv_4) + \alpha_{12} logI(Trf_4) + \beta_4 \log I(L_4)$ **(58)**

$I(K_{4Pr})$= indice des dépenses privées dans la fonction («38) **(59)**

$I(L_4)$= indice du stock de main-d'œuvre dans la fonction (38). **(60)**

$\log DDMI_4 = \log A_4 + \lambda_4 logI(K_{4Pr}) + \alpha_{10} \log (\frac{Fonc_4}{PIB} \times \frac{PIB}{DEP_4}) + \alpha_{11} \log (\frac{Inv_4}{PIB} \times \frac{PIB}{DEP_4}) + \alpha_{12} \log (\frac{Trf_4}{PIB} \times \frac{PIB}{DEP_4}) + \beta_4 \log I(L_4)$ **(61)**

$\log DDMI_4 = \log A_4 + \lambda_4 logI(K_{4Pr}) + \alpha_{10} \log \left(\frac{Fonc_4}{PIB}\right) + \alpha_{10} \log \left(\frac{PIB}{DEP_4}\right) + \alpha_{11} \log \left(\frac{Inv_4}{PIB}\right) + \alpha_{11} \log \left(\frac{PIB}{DEP_4}\right) + \alpha_{12} \log \left(\frac{Trf_4}{PIB}\right) + \alpha_{12} \log (\frac{PIB}{DEP_4}) + \beta_4 \log I(L_4)$ **(62)**

$\log DDMI_4 = \log A_4 + \lambda_4 logI(K_{4Pr}) + \alpha_{10} \log \left(\frac{Fonc_4}{PIB}\right) + \alpha_{11} \log \left(\frac{Inv_4}{PIB}\right) + \alpha_{12} \log \left(\frac{Trf_4}{PIB}\right) + (\alpha_{10} + \alpha_{11} + \alpha_{12}) \log (\frac{PIB}{DEP_4}) + \beta_4 \log I(L_4)$ **(63)**

$\log DDMI_4 = \log A_4 + \lambda_4 logI(K_{4Pr}) + \alpha_{10} \log(Fonc'_4) + \alpha_{11} \log(Inv'_4) + \alpha_{12} \log(Trf'_4) + (\alpha_{10} + \alpha_{11} + \alpha_{12}) \log (\frac{PIB}{DEP_4}) + \beta_4 \log I(L_4)$ **(64)**

Fonction 5 : modélisation macrobudgétaire du secteur des réseaux professionnels

$Y_5 = A_5 \, K_{5Pr}^{\lambda_5} \, Fonc_5^{\alpha_{13}} \, Inv_5^{\alpha_{14}} \, Trf_5^{\alpha_{15}} \, L_5^{\beta_5}$ **(65)**

$\log Y_5 = \log A_5 + \lambda_5 logK_{5Pr} + \alpha_{13} logFonc_5 + \alpha_{14} logInv_5 + \alpha_{15} logTrf_5 + \beta_5 \log L_5$**(66)**

$$\mathrm{I}(Fon_5) = \frac{Fonc_5}{PIB} \times \frac{PIB}{DEP_5} \quad \textbf{(67)}$$

$$\mathrm{I}(Inv_5) = \frac{Inv_5}{PIB} \times \frac{PIB}{DEP_5} \quad \textbf{(68)}$$

$$\mathrm{I(Trf_5)} = \frac{Trf_5}{PIB} \times \frac{PIB}{DEP_5} \quad \textbf{(69)}$$

$\log Y_5 = \log A_5 + \lambda_5 logK_{5Pr} + \alpha'_5 logDEP_5 + \beta_5 \log L_5$ **(70)**

$\alpha'_5 = \alpha_{13} + \alpha_{14} + \alpha_{15}$ **(71)**

$DEP_5 = Fonc_5 + Inv_5 + Trf_5$ **(72)**

$DDMI_5 \equiv Y_5$ **(73)**

$\log DDMI_5 = \log A_5 + \lambda_5 logI(K_{5Pr}) + \alpha_{13} logI(Fonc_5) + \alpha_{14} logI(Inv_5) + \alpha_{15} logI(Trf_5) + \beta_5 \log I(L_5)$ **(74)**

$I(K_{5Pr})$= indice des dépenses privées dans la fonction (50) **(75)**

$I(L_5)$= indice du stock de main-d'œuvre dans la fonction (50). **(76)**

$\log DDMI_5 = \log A_5 + \lambda_5 logI(K_{5Pr}) + \alpha_{13} \log\left(\frac{Fonc_5}{PIB} \times \frac{PIB}{DEP_5}\right) + \alpha_{14} \log\left(\frac{Inv_5}{PIB} \times \frac{PIB}{DEP_5}\right) + \alpha_{15} \log\left(\frac{Trf_5}{PIB} \times \frac{PIB}{DEP_5}\right) + \beta_5 \log I(L_5)$ **(77)**

$\log DDMI_5 = \log A_5 + \lambda_5 logI(K_{5Pr}) + \alpha_{13} \log\left(\frac{Fonc_5}{PIB}\right) + \alpha_{13} \log\left(\frac{PIB}{DEP_5}\right) + \alpha_{14} \log\left(\frac{Inv_5}{PIB}\right) + \alpha_{14} \log\left(\frac{PIB}{DEP_5}\right) + \alpha_{15} \log\left(\frac{Trf_5}{PIB}\right) + \alpha_{15} \log\left(\frac{PIB}{DEP_5}\right) + \beta_5 \log I(L_5)$ **(78)**

$\log DDMI_5 = \log A_5 + \lambda_5 logI(K_{5Pr}) + \alpha_{13} \log\left(\frac{Fonc_5}{PIB}\right) + \alpha_{14} \log\left(\frac{Inv_5}{PIB}\right) + \alpha_{15} \log\left(\frac{Trf_5}{PIB}\right) + (\alpha_{13} + \alpha_{14} + \alpha_{15}) \log\left(\frac{PIB}{DEP_5}\right) + \beta_5 \log I(L_5)$ **(79)**

$\log DDMI_5 = \log A_5 + \lambda_5 logI(K_{5Pr}) + \alpha_{13}\log(Fonc_5') + \alpha_{14}\log(Inv_5') + \alpha_{15}\log(Trf_5') + (\alpha_{13}+\alpha_{14}+\alpha_{15})\log\left(\frac{PIB}{DEP_5}\right) + \beta_5 \log I(L_5)$ **(80)**

Fonction 6 : modélisation macrobudgétaire du secteur des réseaux sociaux

$Y_6 = A_6\, K_{6Pr}^{\lambda_6}\, Fonc_6^{\alpha_{16}}\, Inv_6^{\alpha_{17}}\, Trf_6^{\alpha_{18}}\, L_6^{\beta_6}$ **(81)**

$\log Y_6 = \log A_6 + \lambda_6 logK_{6Pr} + \alpha_{16} logFonc_6 + \alpha_{17} logInv_6 + \alpha_{18} logTrf_6 + \beta_6 \log L_6$ **(82)**

$$\mathrm{I}(Fon_6) = \frac{Fonc_6}{PIB} \times \frac{PIB}{DEP_6} \quad \textbf{(83)}$$

$$\mathrm{I}(Inv_6) = \frac{Inv_6}{PIB} \times \frac{PIB}{DEP_6} \quad \textbf{(84)}$$

$$\mathrm{I}(\mathrm{Trf}_6) = \frac{Trf_6}{PIB} \times \frac{PIB}{DEP_6} \quad \textbf{(85)}$$

$\log Y_6 = \log A_6 + \lambda_6 logK_{6Pr} + \alpha_6' logDEP_6 + \beta_6 \log L_6$ **(86)**

$\alpha_6' = \alpha_{16} + \alpha_{17} + \alpha_{18}$ **(87)**

$DEP_6 = Fonc_6 + Inv_6 + Trf_6$ **(88)**

$DDMI_6 \equiv Y_6$ **(89)**

$\log DDMI_6 = \log A_6 + \lambda_6 logI(K_{6Pr}) + \alpha_{16} logI(Fonc_6) + \alpha_{17} logI(Inv_6) + \alpha_{18} logI(Trf_6) + \beta_6 \log I(L_6)$ **(90)**

$I(K_{6Pr})$= indice des dépenses privées dans la fonction (62) **(91)**

$I(L_6)$= indice du stock de main-d'œuvre dans la fonction (62). **(92)**

$\log DDMI_6 = \log A_6 + \lambda_6 logI(K_{6Pr}) + \alpha_{16}\log\left(\frac{Fonc_6}{PIB} \times \frac{PIB}{DEP_6}\right) + \alpha_{17}\log\left(\frac{Inv_6}{PIB} \times \frac{PIB}{DEP_6}\right) + \alpha_{18}\log\left(\frac{Trf_6}{PIB} \times \frac{PIB}{DEP_6}\right) + \beta_6 \log I(L_6)$ **(93)**

$\log DDMI_6 = \log A_6 + \lambda_6 logI(K_{6Pr}) + \alpha_{16}\log\left(\frac{Fonc_6}{PIB}\right) + \alpha_{16}\log\left(\frac{PIB}{DEP_6}\right) + \alpha_{17}\log\left(\frac{Inv_6}{PIB}\right) + \alpha_{17}\log\left(\frac{PIB}{DEP_6}\right) + \alpha_{18}\log\left(\frac{Trf_6}{PIB}\right) + \alpha_{18}\log\left(\frac{PIB}{DEP_6}\right) + \beta_6 \log I(L_6)$ **(94)**

$\log DDMI_6 = \log A_6 + \lambda_6 log I(K_{6Pr}) + \alpha_{16} \log\left(\frac{Fonc_6}{PIB}\right) + \alpha_{17} \log\left(\frac{Inv_6}{PIB}\right) + \alpha_{18} \log\left(\frac{Trf_6}{PIB}\right) + (\alpha_{16} + \alpha_{17} + \alpha_{18}) \log\left(\frac{PIB}{DEP_6}\right) + \beta_6 \log I(L_6)$ **(95)**

$\log DDMI_6 = \log A_6 + \lambda_6 log I(K_{6Pr}) + \alpha_{16} \log(Fonc_6') + \alpha_{17} \log(Inv_6') + \alpha_{18} \log(Trf_6') + (\alpha_{16} + \alpha_{17} + \alpha_{18}) \log\left(\frac{PIB}{DEP_6}\right) + \beta_6 \log I(L_6)$ **(96)**

Fonction 7 : modélisation macrobudgétaire du secteur BTP & énergie

$Y_7 = A_7\, K_{7Pr}^{\lambda_7}\, Fonc_7^{\alpha_{19}}\, Inv_7^{\alpha_{20}}\, Trf_7^{\alpha_{21}}\, L_7^{\beta_7}$ **(97)**

$\log Y_7 = \log A_7 + \lambda_7 log K_{7Pr} + \alpha_{19} log Fonc_7 + \alpha_{20} log Inv_7 + \alpha_{21} log Trf_7 + \beta_7 \log L_7$ **(98)**

$$\mathrm{I}(Fon_7) = \frac{Fonc_7}{PIB} \times \frac{PIB}{DEP_7} \quad \textbf{(99)}$$

$$\mathrm{I}(Inv_7) = \frac{Inv_7}{PIB} \times \frac{PIB}{DEP_7} \quad \textbf{(100)}$$

$$\mathrm{I}(\mathrm{Trf}_7) = \frac{Trf_7}{PIB} \times \frac{PIB}{DEP_7} \quad \textbf{(101)}$$

$\log Y_7 = \log A_7 + \lambda_7 log K_{7Pr} + \alpha_7' log DEP_7 + \beta_7 \log L_7$ **(102)**

$\alpha_7' = \alpha_{19} + \alpha_{20} + \alpha_{21}$ **(103)**

$DEP_7 = Fonc_7 + Inv_7 + Trf_7$ **(104)**

$DDMI_7 \equiv Y_7$ **(105)**

$\log DDMI_7 = \log A_7 + \lambda_7 log I(K_{7Pr}) + \alpha_{19} log I(Fonc_7) + \alpha_{20} log I(Inv_7) + \alpha_{21} log I(Trf_7) + \beta_7 \log I(L_7)$ **(106)**

$I(K_{7Pr})$= indice des dépenses privées dans la fonction (74) **(107)**

$I(L_7)$= indice du stock de main-d'œuvre dans la fonction (74). **(108)**

$\log DDMI_7 = \log A_7 + \lambda_7 log I(K_{7Pr}) + \alpha_{19} \log\left(\frac{Fonc_7}{PIB} \times \frac{PIB}{DEP_7}\right) + \alpha_{20} \log\left(\frac{Inv_7}{PIB} \times \frac{PIB}{DEP_7}\right) + \alpha_{21} \log\left(\frac{Trf_7}{PIB} \times \frac{PIB}{DEP_7}\right) + \beta_7 \log I(L_7)$ **(109)**

$\log DDMI_7 = \log A_7 + \lambda_7 logI(K_{7Pr}) + \ \alpha_{19} \log\left(\frac{Fonc_7}{PIB}\right) + \alpha_{19} \log\left(\frac{PIB}{DEP_7}\right) + \ \alpha_{20} \log\left(\frac{Inv_7}{PIB}\right) + \alpha_{20} \log\left(\frac{PIB}{DEP_7}\right) + \ \alpha_{21} \log\left(\frac{Trf_7}{PIB}\right) + \alpha_{21} \log\left(\frac{PIB}{DEP_7}\right) + \beta_7 \log I(L_7)$ **(110)**

$\log DDMI_7 = \log A_7 + \lambda_7 logI(K_{7Pr}) + \ \alpha_{19} \log\left(\frac{Fonc_7}{PIB}\right) + \alpha_{20} \log\left(\frac{Inv_7}{PIB}\right) + \alpha_{21} \log\left(\frac{Trf_7}{PIB}\right) + (\alpha_{19} + \alpha_{20} + \alpha_{21}) \log\left(\frac{PIB}{DEP_7}\right) + \beta_7 \log I(L_7)$ **(111)**

$\log DDMI_7 = \log A_7 + \lambda_7 logI(K_{7Pr}) + \ \alpha_{19} \log(Fonc'_7) + \alpha_{20} \log(Inv'_7) + \alpha_{21} \log(Trf'_7) + (\alpha_{19} + \alpha_{20} + \alpha_{21}) \log\left(\frac{PIB}{DEP_7}\right) + \beta_7 \log I(L_7)$ **(112)**

Fonction 8 : modélisation macrobudgétaire du secteur de l'économie

$Y_8 = A_8 \, K_{8Pr}^{\lambda_8} \, Fonc_8^{\alpha_{22}} \, Inv_8^{\alpha_{23}} \, Trf_8^{\alpha_{24}} \, L_8^{\beta_8}$ **(113)**

$\log Y_8 = \log A_8 + \lambda_8 logK_{8Pr} + \alpha_{22} logFonc_8 + \ \alpha_{23} logInv_8 + \alpha_{24} logTrf_8 + \beta_8 \log L_8$**(114)**

$$\mathrm{I}(Fon_8) = \frac{Fonc_8}{PIB} \times \frac{PIB}{DEP_8} \quad \textbf{(115)}$$

$$\mathrm{I}(Inv_8) = \frac{Inv_8}{PIB} \times \frac{PIB}{DEP_8} \quad \textbf{(116)}$$

$$\mathrm{I}(\mathrm{Trf}_8) = \frac{Trf_8}{PIB} \times \frac{PIB}{DEP_8} \quad \textbf{(117)}$$

$\log Y_8 = \log A_8 + \lambda_8 logK_{8Pr} + \ \alpha'_8 logDEP_8 + \beta_8 \log L_8$ **(118)**

$\alpha'_8 = \alpha_{22} + \alpha_{23} + \alpha_{24}$ **(119)**

$DEP_8 = Fonc_8 + \ Inv_8 + \ Trf_8$ **(120)**

$DDMI_8 \ \equiv \ Y_8$ **(121)**

$\log DDMI_8 = \log A_8 + \lambda_8 logI(K_{8Pr}) + \ \alpha_{22} logI(Fonc_8) + \alpha_{23} logI(Inv_8) + \ \alpha_{24} logI(Trf_8) + \beta_8 \log I(L_8)$ **(122)**

$I(K_{8Pr})$= indice des dépenses privées dans la fonction (86) **(123)**

$I(L_8)$= indice du stock de main-d'œuvre dans la fonction (86). **(124)**

$$\log DDMI_8 = \log A_8 + \lambda_8 log I(K_{8Pr}) + \alpha_{22}\log\left(\frac{Fonc_8}{PIB} \times \frac{PIB}{DEP_8}\right) + \alpha_{23}\log\left(\frac{Inv_8}{PIB} \times \frac{PIB}{DEP_8}\right) + \alpha_{24}\log\left(\frac{Trf_8}{PIB} \times \frac{PIB}{DEP_8}\right) + \beta_8 \log I(L_8) \quad \textbf{(125)}$$

$$\log DDMI_8 = \log A_8 + \lambda_8 log I(K_{8Pr}) + \alpha_{22}\log\left(\frac{Fonc_8}{PIB}\right) + \alpha_{22}\log\left(\frac{PIB}{DEP_8}\right) + \alpha_{23}\log\left(\frac{Inv_8}{PIB}\right) + \alpha_{23}\log\left(\frac{PIB}{DEP_8}\right) + \alpha_{24}\log\left(\frac{Trf_8}{PIB}\right) + \alpha_{24}\log\left(\frac{PIB}{DEP_8}\right) + \beta_8 \log I(L_8) \quad \textbf{(126)}$$

$$\log DDMI_8 = \log A_8 + \lambda_8 log I(K_{8Pr}) + \alpha_{22}\log\left(\frac{Fonc_8}{PIB}\right) + \alpha_{23}\log\left(\frac{Inv_8}{PIB}\right) + \alpha_{24}\log\left(\frac{Trf_8}{PIB}\right) + (\alpha_{22} + \alpha_{23} + \alpha_{24})\log\left(\frac{PIB}{DEP_8}\right) + \beta_8 \log I(L_8) \quad \textbf{(127)}$$

$$\log DDMI_8 = \log A_8 + \lambda_8 log I(K_{8Pr}) + \alpha_{22}\log(Fonc'_8) + \alpha_{23}\log(Inv'_8) + \alpha_{24}\log(Trf'_8) + (\alpha_{22} + \alpha_{23} + \alpha_{24})\log\left(\frac{PIB}{DEP_8}\right) + \beta_8 \log I(L_8) \quad \textbf{(128)}$$

Bouclage du modèle

Pour chaque année, on doit avoir les identités de convergence suivantes :

$\sum_{J=1}^{8} DEP_j = Budget\ exécuté$ (129)

$\sum_{J=1}^{8} K_{jPr} = Dépenses\ privées$ (130)

$\sum_{J=1}^{8} L_j = Stock\ de\ main\ d'oeuvre$ (131)

$\prod_{J=1}^{8} DDMI_j = DDMI$ (132)

Section 4 : Analyse des simulations de chocs

Niger : simulation de 17 % de budget total de l'Éducation sur les fonctions de DDMI

De manière structurelle, de 2004 à 2020, les dépenses totales effectivement allouées à l'éducation ont varié en moyenne de 17 % au Niger. C'est pour cette raison que pour le cas de ce pays, il a été simulé une augmentation de 17 % du budget consacré à l'éducation.

L'analyse globale de l'effet d'une augmentation des ressources pour la production de services d'éducation permet d'observer la sensibilité des autres fonctions DDMI.

Année du choc (2015)

– L'allocation de 17 % du budget de l'éducation s'est traduite par une augmentation de 0,04 % de la fonction Education du DDMI. Quand on sait que l'essentiel du budget de l'éducation est destiné prioritairement au fonctionnement (50,6 %), au transfert (46,5 %) et subsidiairement à l'investissement (2,9 %), on peut conclure que cette répartition ne permet pas d'améliorer substantiellement la fonction éducation du DDMI, elle doit par conséquent être corrigée.

– Pour ce qui est de la fonction BTP-Energie du DDMI, l'augmentation de 17 % du budget de l'éducation conduit à une diminution de 2,92 % de sa valeur. Ceci laisse entrevoir une ponction du BTP-Energie à la suite de l'augmentation des dépenses de l'éducation.

– La fonction économie du DDMI a quant à elle enregistré une hausse de 0,37 % à la suite du choc sur l'éducation, traduisant que l'éducation, en tant qu'élément du capital humain, est un véritable vecteur d'amélioration de la fonction Économie du DDMI.

– La fonction réseau professionnel du DDMI a enregistré une baisse de 0,28 % à la suite de l'augmentation de 17 % des dépenses exécutées au profit de l'éducation. Cette situation montre, comme pour la fonction BTP-Energie du DDMI, que l'augmentation du budget de l'éducation est une forme de ponction qui agit négativement sur la fonction réseau professionnel du DDMI.

– Pour ce qui concerne la fonction sécurité du DDMI, l'augmentation de 17 % du budget de l'éducation s'est traduite par une hausse de 0,29 % de la fonction sécurité du DDMI. Ceci ne serait pas étranger à l'effet de l'éducation sur les composantes de la sécurité, tant pour ce qui est du fonctionnement, des investissements et des transferts.

– Pour la fonction institutions du DDMI, le choc sur les dépenses d'éducation a entraîné leur amélioration de 0,76 %, contre 0,42 % pour la santé. C'est dire qu'une fois de plus, l'éducation est un véritable élément d'amélioration de ces deux fonctions du DDMI. Ce qui n'est pas le cas du réseau social qui se trouve non significativement affecté par l'augmentation de 17 % des dépenses d'éducation.

Si, en 2015, l'augmentation de 17 % du budget alloué a impacté toutes les fonctions du DDMI, il n'en est pas de même un an après le choc.

Un an après le choc (2016)

Les effets d'une allocation de 17 % du budget de l'éducation un an après le choc ont affecté différemment les fonctions du DDMI.

– Si la fonction éducation est positivement et faiblement affectée, la fonction BTP-énergie du DDMI est la principale bénéficiaire de l'augmentation du budget de l'éducation. En effet, il est enregistré une amélioration de 1,04 %, montrant qu'au lieu que l'augmentation profite aux services d'éducation, c'est plutôt dans le bâtiment que l'effet s'est le plus développé. Une telle situation invite à orienter les investissements en éducation dans la formation des enseignants, l'acquisition de matériels didactiques et pédagogiques à tous les niveaux d'éducation. Les transferts en termes de financement de cantine scolaire faciliteraient le maintien des apprenants dans le système éducatif.

– Les fonctions du DDMI réseau professionnel, sécurité et santé sont également positivement affectées par l'augmentation de 17 % des dépenses consacrées à l'éducation, contrairement aux fonctions économie et institutions du DDMI qui sont négativement affectées.

Tableau 36 : Effets de l'augmentation de 17 % du budget de l'éducation

FONCTIONS DDMI	2015	2016
Education	0,04 %	0,02 %
BTP Énergie	-2,92 %	1,04 %
Affaires économiques	0,37 %	-0,20 %
Réseau professionnel	-0,28 %	0,19 %
Sécurité	0,29 %	0,20 %
Institution	0,76 %	-0,22 %
Santé	0,42 %	0,16 %
Réseau social	0,00 %	0,00 %

Source : CREG, 2025

Guinée : simulation de 10 % de budget d'investissement de chacun des secteurs sur les fonctions de DDMI

Le choc effectué dans cette simulation pour la Guinée a consisté à augmenter le budget d'investissement de chacun des huit secteurs simultanément de 10 % sur la période 2024-2027.

L'analyse globale de l'effet d'une augmentation des ressources pour l'investissement des huit secteurs permet d'observer la sensibilité des différentes fonctions DDMI.

1re et 2e période du choc (2024-2025 et 2025-2026)

Une augmentation de l'investissement de 10 % dans le budget des différents secteurs entraîne une variation différente du DDMI selon le secteur. De ce fait, il est spécifiquement observé que :

– Concernant le capital humain, une augmentation du budget d'investissement de 10 % entraîne instantanément une augmentation de 1,25 % du DDMI de l'éducation et de 0,51 % du DDMI de la santé. À la période suivante, les mêmes impacts observés à la première période sont de nouveau observés sur les deux secteurs (1,25 % pour l'éducation et 0,51 % pour la santé).

– Pour la composante de la structure de l'économie, une augmentation de l'investissement de 10 % dans le budget des différents secteurs entraîne instantanément une augmentation de 3,15 % du DDMI du BTP-Energie et de 2,54 % du DDMI de l'économie. Pour la deuxième période, cette hausse du budget engendre à la fois un accroissement des DDMI des secteurs BTP-Energie et Économie respectivement de 3,36 % et 2,45 %.

– S'agissant de la composante de la gouvernance, une augmentation simultanée de l'investissement de 10 % dans le budget des différents secteurs entraîne instantanément une augmentation de 0,59 % du DDMI de l'institution et de 0,69 % du DDMI de la sécurité. L'augmentation observée pour ces deux fonctions du DDMI demeure être la même à la deuxième période.

– Enfin, dans la composante des réseaux, une augmentation de l'investissement de 10 % dans le budget des différents secteurs est à l'origine d'une augmentation instantanée du DDMI du réseau professionnel de 1,91 % et du DDMI du réseau social de 1,09 %. À la deuxième période, l'impact est de l'ordre de 1,93 % pour le réseau professionnel et 1,09 % pour le réseau social.

3e période du choc (2026-2027)

– Au niveau du capital humain, le choc (augmentation du budget d'investissement de chaque secteur) entraîne une amélioration du DDMI du secteur de l'éducation de 2,19 % ; et du DDMI du secteur de la santé de 0,31 %. Au total, sur la période de simulation de 2024-2027, l'impact simultané du budget de l'investissement a un effet cumulé de 1,56 % et 0,44 % dans le secteur de l'éducation et de la santé respectivement.

– Dans la composante de la structure de l'économie, on note que l'augmentation des dépenses d'investissement de 10 % entraîne une progression du DDMI de 1,61 % et 2,28 % respectivement pour le BTP-

Energie et Économie. Au total, sur la période de simulation, l'impact simultané du budget de l'investissement a un effet cumulé de 2,71 % et 2,42 % dans les secteurs BTP-Energie et Économie.

– S'agissant de la gouvernance, la hausse du budget d'investissement se traduit à la troisième période, par une augmentation du DDMI de 1,43 % et 0,64 % respectivement dans le secteur des institutions et de la sécurité. Au total, sur la période de simulation, l'impact simultané du budget de l'investissement a un effet cumulé respectif de 0,87 % et 0,67 % sur ces deux secteurs des institutions et de la sécurité.

– Concernant la composante des réseaux, la hausse du budget d'investissement se traduit à la période 3 par une augmentation du bien-être de 1,81 % et 1,08 % respectivement dans le secteur professionnel et le secteur social. Sur la période de simulation, l'impact simultané du budget de l'investissement a un effet cumulé de 1,88 % dans le secteur de l'éducation et 1,09 % dans le secteur de la santé.

Tableau 37 : Effets de l'augmentation de 10 % du budget d'investissement de chaque secteur

Rang	FONCTIONS DDMI	2024-2025	2025-2026	2026-2027
1er	BTP-Energie	3,15 %	3,36 %	1,61 %
2ème	Économie	2,54 %	2,45 %	2,28 %
3ème	Réseau professionnel	1,91 %	1,93 %	1,81 %
4ème	Education	1,25 %	1,25 %	2,19 %
5ème	Réseau social	1,09 %	1,09 %	1,08 %
6ème	Institution	0,59 %	0,59 %	1,43 %
7ème	Sécurité	0,69 %	0,69 %	0,64 %
8ème	Santé	0,51 %	0,51 %	0,31 %

Source : CREG, 2025

Synthèse des résultats

Les résultats des analyses montrent que des suites d'un choc sur le budget, la tendance du DDMI est haussière de manière générale aussi bien au Niger qu'en Guinée. Ces résultats demeurent ainsi encourageants d'autant plus que, comme observé précédemment, le Dividende démographique n'est pas encore capturé dans ces deux pays. Il est primordial pour ces pays d'atteindre le niveau moyen pour le DDMI (0,5>DDMI<0,8).

Une prise en compte effective des changements dans le budget sur la base des simulations effectuées devrait, comme le montrent les résultats, permettre au Niger et à la Guinée de se rapprocher considérablement d'un niveau de DDMI favorable à la capture du dividende démographique. En effet, par une amélioration du budget de l'éducation de 17 % au Niger ; et une amélioration du budget d'investissement des huit secteurs de 10 % en Guinée, le niveau du DDMI de chaque secteur connaîtra une variation devant permettre une amélioration globale du bien-être.

Sur la base de ces simulations de choc, il est ainsi observé que :

Au Niger, la fonction DDMI de la santé est la fonction qui, en moyenne, connaît la plus grande amélioration avec 0,29 % sur la période, suivie de la fonction de l'institution avec en moyenne une amélioration de 0,27 %. L'amélioration du DDMI de la fonction de la sécurité vient au troisième rang avec une amélioration moyenne sur la période de 0,25 %. Il s'en suit respectivement les fonctions DDMI des affaires économiques (0,09 %), et de l'éducation (0,03 %). Enfin, alors que la fonction DDMI du réseau social n'est pas significativement affectée par cette augmentation du budget d'éducation, les fonctions DDMI du BTP-Energie et du réseau professionnel connaissent en moyenne une tendance baissière sur la période avec respectivement -0,94 % et -0,05 %.

Cependant, en Guinée, l'État devrait plutôt donner la priorité au secteur du BTP-Energie dont l'impact sur le DDMI, à la suite d'une amélioration du budget d'investissement de tous les secteurs, est estimé à 2,71 %. Le secteur de l'économie occupe le deuxième rang des priorités de l'État guinéen avec un impact sur le DDMI de 2,42 % suivi du secteur du réseau professionnel avec 1,88 % et du secteur de l'éducation avec 1,56 %. Enfin, les secteurs du réseau social (1,09 % d'impact sur le DDMI), de l'institution (0,87 % d'impact sur le DDMI), de la sécurité (0,67 % d'impact sur le DDMI) et de la santé (0,44 % d'impact sur le DDMI) viennent fermer la liste des priorités en Guinée.

Ces résultats mettent ainsi en évidence les secteurs prioritaires dans lesquels chacun de ces deux pays devrait investir pour une amélioration efficiente du niveau de bien-être global appréhendé par le DDMI.

Conclusion

La mise en œuvre du processus de la BSDD est importante pour nos dirigeants dans leur marche vers la capture voire l'exploitation du dividende démographique. Il permet non seulement de transformer le budget classique en budget fonctionnel, mais aussi une classification économique des dépenses en trois natures économiques à savoir l'investissement, le transfert et le fonctionnement, favorisant de facto une analyse simplifiée et efficace du budget en vue d'une orientation plus stratégique des ressources de l'État dans une perspective d'optimisation.

Les résultats du Niger sont révélateurs d'une stratégie d'allocation des ressources au profit de l'éducation peu favorable à la recherche de la capture du dividende démographique. En effet, l'essentiel du budget du secteur est affecté au fonctionnement et au transfert au détriment de l'investissement.

Une tendance qui doit impérativement changer au regard même les ambitions du gouvernement traduites dans les documents nationaux de stratégie (SDDCI 2035, DPG, PDES 2022-2026).

Le PDES 2022-2026 prévoit une allocation de 22 % des ressources budgétaires à l'éducation.

Dans le cadre du budget programme, il est recommandé de respecter l'arrimage entre la planification et la budgétisation, autrement dit les orientations du PDES doivent être rigoureusement reflétées par la budgétisation, afin d'assurer une mise en œuvre réussie des politiques publiques.

En Guinée, les résultats des simulations prônent quant à eux une priorisation de l'investissement dans les secteurs du BTP-Energie, de l'économie, du réseau professionnel et de l'éducation. Ce qui est en phase avec les actions majeures entreprises dans le BTP-Energie telles que la mise en œuvre des schémas directeurs du Grand Conakry vision 2040 et de réaménagement de Kaloum et des iles de Loos ; dans le secteur de l'économie comme le développement des chaînes de valeur des principales filières agricoles (agriculture, élevage, halieutique, sylviculture), la relance des transports urbains visant à mettre les actifs de l'ex-Société Générale des Transports de Guinée (SOGETRAG) à la disposition des investisseurs privés afin de développer le transport urbain et interurbain, mais encore l'affectation d'un site de 30 ha pour implantation du projet pilote du parc industriel à Forécariah ; et dans le secteur de l'éducation avec l'acquisition d'importants matériels roulants et non roulants y compris des manuels scolaires et des équipements pour les centres professionnels.

Avec de telles volontés politiques, le Niger et la Guinée peuvent espérer la capture du dividende démographique comme prévu dans le profil DDMI.

Références bibliographiques

Decaluwé, B., Dissou, Y., & Patry, A. (2001). Union douanière au sein de l'UEMOA. Revue économique, 52(4), 811-830.

Adelman, I., & Robinson, S. (1978). Income distribution policy in developing countries: A case study of Korea.

Shoven, J. B., & Whalley, J. (1984). Applied general-equilibrium models of taxation and international trade: An introduction and survey. Journal of Economic literature, 22(3), 1007-1051.

Decaluwé, B., & Martens, A. (1988). CGE modeling and developing economies: A concise empirical survey of 73 applications to 26 countries. Journal of Policy Modeling, 10(4), 529-568.

Bloom, D. E., Canning, D., & Graham, B. (2003). Longevity and life-cycle savings. The Scandinavian Journal of Economics, 105(3), 319-338.

Dumont, J. C., & Mesplé-Somps, S. (2000). L'impact des infrastructures publiques sur la compétitivité et la croissance : une analyse en EGC appliquée au Sénégal (No. DT/2000/08).

Mboup, S. D., Diédhiou, B. Y., Joshi, C. L., & Beaumais, O. (2018). Libéralisation, investissements publics, et emploi des femmes au Sénégal/Liberalization, public investment, and the employment of women in Senegal.

CONCLUSION GÉNÉRALE

Ce livre traite de l'importance de la budgétisation sensible au dividende démographique dans le contexte du développement durable. Il met en évidence la feuille de route de l'Union africaine pour capter le dividende démographique, qui se concentre sur quatre piliers stratégiques : la santé et le bien-être, l'éducation et le développement des compétences, l'emploi des jeunes et l'entrepreneuriat, et la gouvernance, la paix et la sécurité. Ces piliers visent à créer les conditions favorables à une croissance inclusive et durable. Le document souligne la nécessité d'investissements stratégiques dans des domaines clés tels que l'éducation, la santé et l'emploi des jeunes afin de maximiser les avantages de la transition démographique. Il souligne également le rôle de la budgétisation soucieuse de l'égalité des sexes pour assurer une allocation équitable des ressources et répondre aux besoins spécifiques des différents groupes de populations. Le document fournit un cadre complet pour aligner les dépenses publiques sur les priorités démographiques afin d'atteindre les objectifs de développement à long terme.

Ce document est organisé en neuf chapitres distincts. Le premier chapitre aborde l'analyse économique du budget national en présentant la structure et la composition du budget de l'État, les instruments de politiques budgétaires et leurs rôles dans la stabilité économique puis l'impact social de la politique budgétaire. Le deuxième chapitre a traité du principe de budgétisation sensible au genre et au dividende démographique en mettant un accent particulier sur les concepts clés et fondements du dividende démographique, son processus de mise en œuvre et les principes qui encadrent le retraitement des dépenses budgétaires selon l'indice de suivi du dividende démographique (DDMI). Dans le troisième chapitre, nous avons introduit la notion de profil du dividende démographique en présentant les profils de quelques pays d'Afrique de l'Ouest et du Centre. Le chapitre suivant (quatrième chapitre) a présenté pour ces pays les indices du DDMI et du GDDI ainsi que leurs sous-dimensions. Le cinquième chapitre a exposé la méthodologie et les résultats des séries du DDMI obtenu à la suite d'un processus de rétropolation. Cette méthode qui est une technique courante de rebasage des comptes nationaux a permis de calibrer l'indice du DDMI pour les années entre deux enquêtes nationales. Nous avons étudié en détail dans le sixième chapitre la méthodologie de la transformation du budget classique de l'État en budget fonctionnel selon les sous-composantes du DDMI. Le septième chapitre a introduit le modèle de contrôle optimal pour l'allocation du budget de l'État, en proposant des méthodes d'optimisation des ressources publiques pour maximiser les bénéfices du dividende démographique. Le huitième chapitre, a mis l'accent sur l'arrimage sectoriel du budget au DDMI, avec une analyse de la sensibilité du budget de l'État à l'indice du dividende démographique dans un modèle d'équilibre partiel et, enfin, le dernier chapitre présente un cas de simulation de politique économique dans un contexte d'équilibre global, en illustrant les effets potentiels de différentes stratégies sur la capture du dividende démographique et l'équilibre budgétaire. À travers cette structuration, le document fournit une analyse complète du dividende démographique et de son impact sur le développement économique et social, en particulier en Afrique. Il traite de l'importance d'une budgétisation sensible au dividende démographique et de la mise en œuvre de politiques qui s'alignent sur les changements démographiques afin de maximiser les avantages économiques.

Le document définit le dividende démographique comme la croissance économique résultant des changements dans la structure par âge d'une population, en mettant l'accent sur la nécessité d'investir dans le capital humain, la création d'emplois et la bonne gouvernance pour réaliser ce potentiel. Piliers clés pour capter le dividende démographique, la feuille de route de l'Union africaine identifie quatre piliers stratégiques : la santé et le bien-être, l'éducation et le développement des compétences, l'emploi et l'entrepreneuriat, et la gouvernance, la paix et la sécurité, qui sont essentiels pour favoriser une croissance inclusive et durable.

Plusieurs pays africains ont élaboré des feuilles de route nationale pour capter le dividende démographique, en mettant l'accent sur les investissements stratégiques dans l'éducation, la santé, l'emploi des jeunes et l'autonomisation des femmes. Dans des régions comme le Sahel, la croissance démographique rapide entraîne des taux de dépendance élevés, ce qui met à rude épreuve les ressources publiques et familiales, et nécessite une réorientation de l'allocation budgétaire vers des investissements à long terme dans le capital humain et la création d'emplois. La transition démographique offre une occasion unique d'accélérer une croissance économique inclusive et accélérée, à condition que les pays puissent créer suffisamment d'emplois pour la main-d'œuvre jeune en augmentation. Des outils comme l'Indice de suivi du dividende démographique (DDMI) développé par le Consortium régional pour la recherche en économie générationnelle (CREG) aident à suivre les progrès réalisés dans la capture du dividende démographique en cernant les secteurs qui ont besoin d'investissements accrus pour optimiser les résultats économiques et sociaux.

Le budget national est un outil essentiel pour l'allocation des ressources, influençant le succès des politiques publiques visant à maximiser le dividende démographique grâce à des investissements sectoriels cohérents et intégrés. En analysant la structure et la composition du budget national dans le premier chapitre, nous avons examiné la répartition des ressources et des dépenses, ainsi que la classification des différents postes budgétaires. Cette première étape nous a permis de comprendre comment les fonds sont alloués et quels secteurs bénéficient d'un financement prioritaire.

La budgétisation sensible au genre permet de s'assurer que les ressources financières sont distribuées équitablement, en répondant aux divers besoins des hommes et des femmes et en favorisant le bien-être social et économique. En reconnaissant et en répondant aux besoins spécifiques des hommes et des femmes dans la planification et l'allocation des ressources, les gouvernements peuvent contribuer à réduire les inégalités de genre, à promouvoir l'autonomisation des femmes et à renforcer la cohésion sociale. De plus, une approche sensible au genre peut favoriser une croissance économique plus inclusive et durable, en exploitant pleinement le potentiel de toute la population active. En investissant dans l'autonomisation des femmes, en éliminant les discriminations de genre et en renforçant l'analyse sexospécifique dans le processus budgétaire, les pays peuvent véritablement exploiter le potentiel du dividende démographique pour un développement durable et équitable.

L'analyse des structures budgétaires effectuée révèle que les dépenses de fonctionnement dominent largement dans les huit pays étudiés, représentant 44 % du budget total en moyenne. Eu égard aux résultats de la transformation fonctionnelle du budget, il est souhaitable d'accorder une place de choix non seulement à la structure de l'économie, mais également aux investissements dans les secteurs sociaux de base (Santé, éducation, niveau de vie) ; intégrer l'analyse économique du budget fonctionnel dans le processus de prise de décision de l'État ; promouvoir l'utilisation de l'outil BSDD dans les conférences budgétaires pour la mise en œuvre et l'évaluation des politiques publiques ; rehausser les investissements en lien avec le capital humain (santé, éducation, etc.) dans le budget de l'État.

En nous basant sur les théories du contrôle optimal de Pontryagin (1959), nous avons conçu un programme d'optimisation avec contrôle optimal, sous contrainte budgétaire pour générer des solutions de structures globales optimales équilibrées du budget fonctionnel du

Sénégal. Ce programme a permis au terme de plusieurs itérations de retenir quatre solutions possibles. L'analyse comparée des trois solutions montre qu'il n'existe pas une grande marge de manœuvre dans la restructuration du budget d'un scénario à un autre, car les structures du budget sont rigides. Les résultats des solutions montrent également qu'il y a une convergence dans la structure optimale des fonctions budgétaires. De plus, il faut souligner qu'il n'existe pas de « best solution », car la solution statistiquement intuitive peut s'avérer inefficace sur le plan politique et social. Ainsi, le scénario à retenir devrait être celui qui réalise au mieux les objectifs de développement du pays. Cette solution doit être alors compatible au programme de développement du gouvernement et à la vision des dirigeants.

L'analyse économique de la dépense publique en équilibre partiel a été évoquée. L'utilisation d'un modèle macro-budgétaire a permis l'évaluation de la sensibilité des allocations budgétaires par rapport à l'indicateur de bien-être (DDMI). Évaluer l'efficacité des politiques publiques consiste à analyser comment les dépenses gouvernementales dans divers secteurs influencent la qualité des services publics, et par extension, le bien-être de la population. L'importance, l'étendue et la pertinence des variations mesurées par les élasticités budgétaires sont utilisées pour apprécier les politiques publiques qui améliorent efficacement le bien-être de la population, celles qui le font moins et celles qui dégradent le bonheur des individus. Le constat général est que la structure de la nature budgétaire est déterminante pour l'efficacité de la politique. Ainsi, des politiques de financement sectorielles spécifiques (budget de fonctionnement, budget d'investissement et budget de transfert) et ciblées (Affaires économiques, Énergie-BTP, santé, éducation, institution, sécurité, réseau social, et réseau professionnel) sont plus efficaces et préférables aux politiques globalisantes et mal orientées.

La réalité étant généralement plus complexe que la représentation d'un modèle, mieux les politiques publiques ne s'exécutant pas dans un contexte cloisonné, par secteur nous avons trouvé utile dans le sixième chapitre de simuler des politiques dans un contexte proche des conditions de l'économie réelle. Dans la réalité politique, économique et sociale, les dimensions (secteurs) de la vie d'une nation sont interconnectées et interdépendantes. Ainsi, pour engager des réformes ou mettre en œuvre de nouvelles politiques sur la base de ces évidences, nous avons complété l'analyse en équilibre partiel par une analyse en équilibre global. Ce postulat convient mieux à la prévision et aux réformes et favorise la mise en œuvre de politiques publiques réalistes pour la capture du dividende démographique en Afrique.

ANNEXE 1 : Classification selon les fonctions principales

Étiquettes de lignes	Fonctions principales	Code Section
Présidence de La République	Institution	1
Primature	Institution	2
Ministère de la Défense nationale	Sécurité	3
Ministère de l'Administration du territoire et de la Décentralisation	Sécurité	4
Ministère de la Sécurité et de la Protection civile	Sécurité	5
Ministère de la Justice	Institution	6
Ministère des Affaires étrangères et des Guinéens de l'étranger	Institution	7
Ministère du Plan et du Développement économique	Économie	8
Ministère de l'Économie et des Finances	Économie	9
Ministère de la Fonction publique et du Travail	Institution	10
Ministère élevage	Économie	11
Ministère de la Pêche, de l'Aquaculture et de l'Économie maritime	Économie	12
Ministère des Mines et de la Géologie	Économie	13
Ministère des Travaux publics	BTP-Energie	14
Ministère du Commerce de l'industrie et des PME	Économie	16
Ministère de la Santé	Santé	18
Ministère de l'Action sociale, de la promotion féminine et de l'enfance	Réseau social	19
Ministère de l'Enseignement préuniversitaire et de l'Alphabétisation	Education	20
Ministère de l'Enseignement technique, de la Formation professionnelle et de l'Emploi	Education	21
Ministère de l'Information et de la Communication	Réseau professionnel	22

Étiquettes de lignes	**Fonctions principales**	**Code Section**
Ministère de la Jeunesse et de l'Emploi Jeune	Économie	23
Assemblée nationale	Institution	24
Cour Suprême	Institution	25
Haute autorité de la Communication	Institution	26
Conseil économique et social	Institution	27
Secrétariat général du Gouvernement	Institution	28
Ministère de la Coopération et de l'Intégration africaine	Institution	29
Secrétariat général des Affaires religieuses	Réseau social	30
Ministère de L'Environnement, Des Eaux et forêts	Économie	31
Ministère Transports	Économie	32
Grande Chancellerie des Ordres nationaux Guinée	Institution	33
Ministère de L'Enseignement supérieur et de la Recherche scientifique	Education	34
Administration et Contrôle des Grands Projets	Institution	35
Ministère de L'Énergie et de L'Hydraulique	BTP-Energie	36
Ministère Des Postes, Telecommunications et de l'économie Numerique	Économie	37
Min.Audi.Cont.Econ.F	Institution	38
Min.dec.deve.loca	Institution	39
Min.ElevaProtec.anim	Économie	40
Ministère de L'Industrie, des PME et de la Promotion du Secteur privé	Économie	41
Min.MFin.Empl.Jeu.Fe	Économie	42
Ministère du Tourisme, de L'Hôtellerie et de l'Artisanat	Économie	43
Min.Délégué Guin.Etr	Institution	44
Secrétariat général A La Présidence Chargé des Services spéciaux, de La Lutte contre La Drogue	Securité	46

Annexe 1 : Classification selon les fonctions principales

Étiquettes de lignes	**Fonctions principales**	**Code Section**
Min. Sécurit. Présid	Sécurité	47
Min. Sec Perm. CNDD	Sécurité	48
Min. Contrôle d'État	Institution	49
Région Administrative de Boké	Institution	51
Région Administrative de Faranah	Institution	52
Région Administrative de Kankan	Institution	53
Région Administrative de Kindia	Institution	54
Région Administrative de Labé	Institution	55
Région Administrative de Mamou	Institution	56
Région Administrative de N'Zérékoré	Institution	57
S.E. Mission Quest.	Institution	60
Min. Alph., promo. Lan	Education	61
Min. Commun.près PRG	Réseau professionnel	62
Ministère du Budget	Économie	64
Min;Del.Aff.Soci	Réseau social	65
Min. Deleg.Secur Ref	Sécurité	66
Médiateur de La République	Institution	67
Haut Commissariat	Institution	68
Commission nationale électorale indépendante	Institution	69
Min.Droit.Homme	Institution	70
La Cour Constitutionnelle	Institution	72
La Cour des comptes	Institution	73
La Haute Cour de Justice	Institution	74
Le Haut Conseil des Collectivites Locales	Institution	75
Institution Nationale indépendante des Droits Humains	Institution	76
Ministère de la Citoyenneté et de l'Unité nationale	Réseau social	77
Ministère en charge des investissements et des Partenariats publics prives	Économie	78
Ministère des Hydrocarbures	Économie	79

Étiquettes de lignes	**Fonctions principales**	**Code Section**
Ministère de l'Assainissement et de l'Hydraulique	Santé	80
Ministère en charge des Invest et du Part. Public privé	Économie	81
Ministère des Droits et de l'Autonomisation des femmes	Institution	82
Structures Rattachées PRG	Institution	98
Dépenses communes de L'État	Institution	99

ANNEXE 2 : Classification selon les fonctions secondaires

CD_SECTION	LB_CHAPITRE	FONCTIONS PRINCIPALES	FONCTIONS SECONDAIRES	LB_SOUS-CHAPITRE
18	Min. Santé Publique	Santé	Santé	Renf.Syst.Santé-Ens.N.V.---Contrib.natio.BND
18	Min. Santé Publique	Santé	Économie	Lut.Cont.Onchoc- - -Contrib.natio.BND
18	Min. Santé Publique	Santé	BTP-Energie	Pjt.Santé nut- - -Contrib.natio.BND
18	Min. Santé Publique	Santé	Santé	Pjt.Santé nut- - -Contrib.natio.BND
18	Min. Santé Publique	Santé	Institution	Pjt.Santé nut- - -Contrib.natio.BND
18	Min. Santé Publique	Santé	Économie	Pjt.Santé nut- - -Contrib.natio.BND
18	Min. Santé Publique	Santé	Education	Pjt.Santé nut- - -Contrib.natio.BND
18	Min. Santé Publique	Santé	Institution	Renf.Syst.Santé-Ens.N.V.---Contrib.natio.BND

CD_SECTION	LB_CHAPITRE	FONCTIONS PRINCIPALES	FONCTIONS SECONDAIRES	LB_SOUS-CHAPITRE
18	Min. Santé Publique	Santé	Santé	Renf.Syst.Santé-Ens.N.V.--- Contrib.natio.BND
18	Min. Santé Publique	Santé	BTP-Energie	Renf.Syst.Santé-Ens.N.V.--- Contrib.natio.BND
18	Min. Santé Publique	Santé	Santé	Renf.Syst.Santé-Ens.N.V.--- Contrib.natio.BND
18	Min. Santé Publique	Santé	Institution	Min.Santé Pub.-Déconc.Cky---FdC éventuel.h.pjt
18	Min. Santé Publique	Santé	Santé	Min.Santé Pub.-Déconc.Cky---FdC éventuel.h.pjt
18	Min. Santé Publique	Santé	Réseau professionnel	Pjt.Santé nut- - -Contrib.natio.BND
18	Min. Santé Publique	Santé	Économie	Pjt.Santé nut- - -Contrib.natio.BND
18	Min. Santé Publique	Santé	Institution	Pjt.Santé nut- - -Contrib.natio.BND

Annexe 2 : Classification selon les fonctions secondaires

CD_SECTION	LB_CHAPITRE	FONCTIONS PRINCIPALES	FONCTIONS SECONDAIRES	LB_SOUS-CHAPITRE
18	Min. Santé Publique	Santé	Education	Lut.Cont.Onchoc- - -Contrib.natio.BND
18	Min. Santé Publique	Santé	Santé	Lut.Cont.Onchoc- - -Contrib.natio.BND
18	Min. Santé Publique	Santé	Institution	Lut.Cont.Onchoc- - -Contrib.natio.BND
18	Min. Santé Publique	Santé	Santé	Réh.Hop. -Ens.N.V.- - -Contrib.natio.BND-
18	Min. Santé Publique	Santé	Santé	SMI/Plan Fam.- - -Contrib.natio.BND
18	Min. Santé Publique	Santé	BTP-Energie	SMI/Plan Fam.- - -Contrib.natio.BND
18	Min. Santé Publique	Santé	Santé	Renf.Syst.Santé-Ens.N.V.---Contrib.natio.BND
18	Min. Santé Publique	Santé	BTP-Energie	Min.Santé Pub.-Déconc.Cky---FdC éventuel.h.pjt

CD_SECTION	LB_CHAPITRE	FONCTIONS PRINCIPALES	FONCTIONS SECONDAIRES	LB_SOUS-CHAPITRE
18	Min. Santé Publique	Santé	Santé	Renf.Syst.Santé-Ens.N.V.---Contrib.natio.BND
18	Min. Santé Publique	Santé	Santé	Réh.Hop.- - -Contrib.natio.BND
18	Min. Santé Publique	Santé	Education	Pjt.Santé nut- - -Contrib.natio.BND
18	Min. Santé Publique	Santé	Santé	Renf.Syst.Santé-Ens.N.V.---Contrib.natio.BND
18	Min. Santé Publique	Santé	Santé	Lut. Cont. pal.- - -Contrib.natio.BND
18	Min. Santé Publique	Santé	Institution	Lut. Cont. pal.- - -Contrib.natio.BND
18	Min. Santé Publique	Santé	BTP-Energie	Lut. Cont. pal.- - -Contrib.natio.BND
18	Min. Santé Publique	Santé	Institution	SMI/Plan Fam.- - -Contrib.natio.BND
18	Min. Santé Publique	Santé	Education	Renf.Syst.Santé-Ens.N.V.---Contrib.natio.BND

Annexe 2 : Classification selon les fonctions secondaires

CD_SECTION	LB_CHAPITRE	FONCTIONS PRINCIPALES	FONCTIONS SECONDAIRES	LB_SOUS-CHAPITRE
18	Min. Santé Publique	Santé	Institution	Renf.Syst.Santé-Ens.N.V.---Contrib.natio.BND
18	Min. Santé Publique	Santé	Économie	Lut.Cont.Onchoc- - -Contrib.natio.BND
18	Min. Santé Publique	Santé	BTP-Energie	Lut.Cont.Onchoc- - -Contrib.natio.BND
18	Min. Santé Publique	Santé	Réseau professionnel	SMI/Plan Fam.- - -Contrib.natio.BND
18	Min. Santé Publique	Santé	Économie	SMI/Plan Fam.- - -Contrib.natio.BND
18	Min. Santé Publique	Santé	Santé	Centr santé urb-Déconc.Cky---FdC éventuel.h.pjt
18	Min. Santé Publique	Santé	Santé	Fonds d'indigen-Ens.N.V.---Hors proj.init. PPTE
18	Min. Santé Publique	Santé	Institution	Serv.Administ.-Déconc.Cky- -FdC éventuel.h.pjt

CD_SECTION	LB_CHAPITRE	FONCTIONS PRINCIPALES	FONCTIONS SECONDAIRES	LB_SOUS-CHAPITRE
18	Min. Santé Publique	Santé	Santé	Serv.Administ.-Déconc.Cky- -FdC éventuel.h.pjt
18	Min. Santé Publique	Santé	BTP-Energie	Serv.Administ.-Déconc.Cky- -FdC éventuel.h.pjt
18	Min. Santé Publique	Santé	Institution	Serv.Administ.-Déconc.Cky- -FdC éventuel.h.pjt
18	Min. Santé Publique	Santé	Santé	Serv.Administ.-Déconc.Cky- -FdC éventuel.h.pjt
18	Min. Santé Publique	Santé	Institution	Serv.Administ.-Déconc.Cky- -FdC éventuel.h.pjt
18	Min. Santé Publique	Santé	Education	Serv.Administ.-Déconc.Cky- -FdC éventuel.h.pjt
18	Min. Santé Publique	Santé	BTP-Energie	Centr santé urb-Déconc.Cky---FdC éventuel.h.pjt

Annexe 2 : Classification selon les fonctions secondaires

CD_SECTION	LB_CHAPITRE	FONCTIONS PRINCIPALES	FONCTIONS SECONDAIRES	LB_SOUS-CHAPITRE
18	Min. Santé Publique	Santé	Économie	Renf.Syst.Santé-Ens.N.V.--- Contrib.natio.BND
18	Min. Santé Publique	Santé	Santé	Renf.Syst.Santé-Ens.N.V.--- Contrib.natio.BND
18	Min. Santé Publique	Santé	Institution	Renf.Syst.Santé-Ens.N.V.--- Contrib.natio.BND
18	Min. Santé Publique	Santé	Santé	Renf.Syst.Santé-Ens.N.V.--- Contrib.natio.BND
18	Min. Santé Publique	Santé	BTP-Energie	Renf.Syst.Santé-Ens.N.V.--- Contrib.natio.BND
18	Min. Santé Publique	Santé	BTP-Energie	Serv.Administ.-Déconc.Cky- -FdC éventuel.h.pjt
18	Min. Santé Publique	Santé	Réseau professionnel	Renf.Syst.Santé-Ens.N.V.--- Contrib.natio.BND

CD_SECTION	LB_CHAPITRE	FONCTIONS PRINCIPALES	FONCTIONS SECONDAIRES	LB_SOUS-CHAPITRE
18	Min. Santé Publique	Santé	Santé	Renf.Syst.Santé-Ens.N.V.---Contrib.natio.BND
18	Min. Santé Publique	Santé	Économie	Renf.Syst.Santé-Ens.N.V.---Contrib.natio.BND
18	Min. Santé Publique	Santé	Education	Renf.Syst.Santé-Ens.N.V.---Contrib.natio.BND
18	Min. Santé Publique	Santé	Institution	Renf.Syst.Santé-Ens.N.V.---Contrib.natio.BND
18	Min. Santé Publique	Santé	Santé	Renf.Syst.Santé-Ens.N.V.---Contrib.natio.BND
18	Min. Santé Publique	Santé	Institution	Opér.équip.imag-Ens.N.V.---Hors proj.init. PPTE
18	Min. Santé Publique	Santé	BTP-Energie	Serv.Administ.-Déconc.Cky- -FdC éventuel.h.pjt

Annexe 2 : Classification selon les fonctions secondaires

CD_SECTION	LB_CHAPITRE	FONCTIONS PRINCIPALES	FONCTIONS SECONDAIRES	LB_SOUS-CHAPITRE
18	Min. Santé Publique	Santé	Santé	Prog.N.L.Buruli-Ens.N.V.- -Contrib.natio.BND-
18	Min. Santé Publique	Santé	Institution	Prog.N.L.Buruli-Ens.N.V.- -Contrib.natio.BND-
18	Min. Santé Publique	Santé	Réseau professionnel	Prog.N.L.Buruli-Ens.N.V.- -Contrib.natio.BND-
18	Min. Santé Publique	Santé	Économie	Prog.N.L.Buruli-Ens.N.V.- -Contrib.natio.BND-
18	Min. Santé Publique	Santé	BTP-Energie	Prog.N.L.Buruli-Ens.N.V.- -Contrib.natio.BND-
18	Min. Santé Publique	Santé	Education	Prog.N.L.Buruli-Ens.N.V.- -Contrib.natio.BND-
18	Min. Santé Publique	Santé	Santé	Prog.lutte SIDA-Ens.N.V.- -Contrib.natio.BND-

CD_SECTION	LB_CHAPITRE	FONCTIONS PRINCIPALES	FONCTIONS SECONDAIRES	LB_SOUS-CHAPITRE
18	Min. Santé Publique	Santé	Institution	Prog.lutte SIDA-Ens.N.V.- - Contrib.natio.BND-
18	Min. Santé Publique	Santé	Education	Prog.lutte SIDA-Ens.N.V.- - Contrib.natio.BND-
18	Min. Santé Publique	Santé	Réseau professionnel	Prog.lutte SIDA-Ens.N.V.- - Contrib.natio.BND-
18	Min. Santé Publique	Santé	Économie	Prog.lutte SIDA-Ens.N.V.- - Contrib.natio.BND-
18	Min. Santé Publique	Santé	BTP-Energie	Prog.lutte SIDA-Ens.N.V.- - Contrib.natio.BND-
18	Min. Santé Publique	Santé	Santé	Appui PNDS---
18	Min. Santé Publique	Santé	Institution	Appui PNDS---
18	Min. Santé Publique	Santé	BTP-Energie	Appui PNDS---

Annexe 2 : Classification selon les fonctions secondaires

CD_SECTION	LB_CHAPITRE	FONCTIONS PRINCIPALES	FONCTIONS SECONDAIRES	LB_SOUS-CHAPITRE
18	Min. Santé Publique	Santé	Santé	Med. du Travail-Déconc.Cky---Ress.propres h.pjt
18	Min. Santé Publique	Santé	Institution	Jour Nati. Vacc-Sces centrx---FdC éventuel.h.pjt
18	Min. Santé Publique	Santé	Santé	Centr santé urb-Déconc.Cky---FdC éventuel.h.pjt
18	Min. Santé Publique	Santé	BTP-Energie	Centr santé urb-Déconc.Cky---FdC éventuel.h.pjt
18	Min. Santé Publique	Santé	BTP-Energie	Santé réproduct-Ens.N.V.- -Contrib.natio.BND-
18	Min. Santé Publique	Santé	Santé	Med. du Travail-Déconc.Cky---Ress.propres h.pjt
18	Min. Santé Publique	Santé	Santé	INSE Fd.D'Indi.-Déconc.Cky---Hors proj.init. PPTE
18	Min. Santé Publique	Santé	Institution	Morta.Infantile---

CD_SECTION	LB_CHAPITRE	FONCTIONS PRINCIPALES	FONCTIONS SECONDAIRES	LB_SOUS-CHAPITRE
18	Min. Santé Publique	Santé	Santé	Morta.Infantile---
18	Min. Santé Publique	Santé	Santé	Prog.N.L.Buruli-Ens.N.V.- -Contrib.natio.BND-
18	Min. Santé Publique	Santé	Institution	Prog.N.L.Buruli-Ens.N.V.- -Contrib.natio.BND-
18	Min. Santé Publique	Santé	Santé	Renf.Syst.Santé-Ens.N.V.---Contrib.natio.BND
18	Min. Santé Publique	Santé	Économie	Renf.Syst.Santé-Ens.N.V.---Contrib.natio.BND
18	Min. Santé Publique	Santé	BTP-Energie	Prog.N.L.Buruli-Ens.N.V.- -Contrib.natio.BND-
18	Min. Santé Publique	Santé	Santé	Santé réproduct-Ens.N.V.- -Contrib.natio.BND-
18	Min. Santé Publique	Santé	Institution	Santé réproduct-Ens.N.V.- -Contrib.natio.BND-

Annexe 2 : Classification selon les fonctions secondaires

CD_SECTION	LB_CHAPITRE	FONCTIONS PRINCIPALES	FONCTIONS SECONDAIRES	LB_SOUS-CHAPITRE
18	Min. Santé Publique	Santé	Économie	Santé réproduct-Ens.N.V.- - Contrib.natio.BND-
18	Min. Santé Publique	Santé	BTP-Energie	Santé réproduct-Ens.N.V.- - Contrib.natio.BND-
18	Min. Santé Publique	Santé	Santé	Prise CS SIDA-Ens.N.V.- - Contrib.natio.BND-
18	Min. Santé Publique	Santé	Institution	Prise CS SIDA-Ens.N.V.- - Contrib.natio.BND-
18	Min. Santé Publique	Santé	Santé	Prise CS SIDA-Ens.N.V.- - Contrib.natio.BND-
18	Min. Santé Publique	Santé	Education	Prise CS SIDA-Ens.N.V.- - Contrib.natio.BND-
18	Min. Santé Publique	Santé	Réseau professionnel	Prise CS SIDA-Ens.N.V.- - Contrib.natio.BND-

CD_SECTION	LB_CHAPITRE	FONCTIONS PRINCIPALES	FONCTIONS SECONDAIRES	LB_SOUS-CHAPITRE
18	Min. Santé Publique	Santé	Économie	Prise CS SIDA-Ens.N.V.- -Contrib.natio.BND-
18	Min. Santé Publique	Santé	Santé	Prise CS SIDA-Ens.N.V.- -Contrib.natio.BND-
18	Min. Santé Publique	Santé	BTP-Energie	Prise CS SIDA-Ens.N.V.- -Contrib.natio.BND-
18	Min. Santé Publique	Santé	Education	Prise CS SIDA-Ens.N.V.- -Contrib.natio.BND-
18	Min. Santé Publique	Santé	Institution	Santé mentale---
18	Min. Santé Publique	Santé	Education	Santé mentale---
18	Min. Santé Publique	Santé	Réseau professionnel	Santé mentale---
18	Min. Santé Publique	Santé	Économie	Santé mentale---
18	Min. Santé Publique	Santé	BTP-Energie	Santé mentale---

Annexe 2 : Classification selon les fonctions secondaires

CD_SECTION	LB_CHAPITRE	FONCTIONS PRINCIPALES	FONCTIONS SECONDAIRES	LB_SOUS-CHAPITRE
71	Min.Del.Sant	Santé	Institution	Cab MDSP-Sces centrx---Ress.propres h.pjt
71	Min.Del.Sant	Santé	Education	Cab MDSP-Sces centrx---FdC éventuel.h.pjt
71	Min.Del.Sant	Santé	Santé	Cab MDSP-Sces centrx---FdC éventuel.h.pjt
71	Min.Del.Sant	Santé	btp-Energie	Cab MDSP-Sces centrx---FdC éventuel.h.pjt
71	Min.Del.Sant	Santé	Institution	Serv.Administ.-Déconc.int---FdC éventuel.h.pjt
71	Min.Del.Sant	Santé	Santé	Serv.Administ.-Ens.N.V.---Ress.propres h.pjt
71	Min.Del.Sant	Santé	Education	Serv.Administ.-Ens.N.V.---Ress.propres h.pjt

CD_SECTION	LB_CHAPITRE	FONCTIONS PRINCIPALES	FONCTIONS SECONDAIRES	LB_SOUS-CHAPITRE
71	Min.Del.Sant	Santé	btp-Energie	Serv.Administ.-Ens.N.V.---FdC éventuel.h.pjt
71	Min.Del.Sant	Santé	Santé	Cab MDSP-Sces centrx---FdC éventuel.h.pjt
71	Min.Del.Sant	Santé	btp-Energie	Cab MDSP-Sces centrx---FdC éventuel.h.pjt
71	Min.Del.Sant	Santé	Santé	Serv.Administ.-Ens.N.V.---FdC éventuel.h.pjt
71	Min.Del.Sant	Santé	Institution	Serv.Administ.-Ens.N.V.---Ress.propres h.pjt
71	Min.Del.Sant	Santé	btp-Energie	Cab MDSP-Sces centrx---FdC éventuel.h.pjt
71	Min.Del.Sant	Santé	Institution	Cab MDSP-Sces centrx---FdC éventuel.h.pjt

Annexe 2 : Classification selon les fonctions secondaires

CD_SECTION	LB_CHAPITRE	FONCTIONS PRINCIPALES	FONCTIONS SECONDAIRES	LB_SOUS-CHAPITRE
71	Min.Del.Sant	Santé	Santé	Cab MDSP-Sces centrx---FdC éventuel.h.pjt
71	Min.Del.Sant	Santé	Économie	Cab MDSP-Sces centrx---FdC éventuel.h.pjt
71	Min.Del.Sant	Santé	Institution	Aut servi.centr-Sces centrx---FdC éventuel.h.pjt
80	Ministère de l'Hydraulique et de l'Assainissement	Santé	Santé	GIR/ Bassin Fleuve Superieur L-Services Deconcentres Interie
80	Ministère de l'Hydraulique et de l'Assainissement	Santé	Santé	Agence Nationale de l'assainissement et de la salubrité publique
80	Ministère de l'Hydraulique et de l'Assainissement	Santé	Santé	Assainissement Ville de Conakry-Déc-Ckry

CD_SECTION	LB_CHAPITRE	FONCTIONS PRINCIPALES	FONCTIONS SECONDAIRES	LB_SOUS-CHAPITRE
80	Ministère de l'Hydraulique et de l'Assainissement	Santé	Santé	AEP des 5 Villes (Gaou, Toug,Lélou, Lola et Yom) -Déc-Int
80	Ministère de l'Hydraulique et de l'Assainissement	Santé	Santé	Prog. Gest. Intég. Res. Eau Fle. Sénég. II -Déc-Int
80	Ministère de l'Hydraulique et de l'Assainissement	Santé	Santé	Prog Accélérat. Accès Eau/Tous-Déc-Int
80	Ministère de l'Hydraulique et de l'Assainissement	Santé	Santé	Hydrau. Villag. N'zérékoré-Lola-Yomou -Déc-Int
80	Ministère de l'Hydraulique et de l'Assainissement	Santé	btp-Energie	Réhabilitation AEP de la Ville de Kankan-Déc-Int

Annexe 2 : Classification selon les fonctions secondaires

CD_SECTION	LB_CHAPITRE	FONCTIONS PRINCIPALES	FONCTIONS SECONDAIRES	LB_SOUS-CHAPITRE
80	Ministère de l'Hydraulique et de l'Assainissement	Santé	Santé	Eau/Assainissement Boké - Télémélé-Déc-Int
80	Ministère de l'Hydraulique et de l'Assainissement	Santé	btp-Energie	Réalisation 500 Forages en HA.G-Déc-Int
80	Ministère de l'Hydraulique et de l'Assainissement	Santé	btp-Energie	Réalisation 400 Forages en G.MA-Déc-Int
80	Ministère de l'Hydraulique et de l'Assainissement	Santé	Santé	4ième Pj Eau de Ckry (1ère phase)-Déc-Ckry
80	Ministère de l'Hydraulique et de l'Assainissement	Santé	btp-Energie	4ième Pj Eau de Ckry (1ère phase)-Déc-Ckry

CD_SECTION	LB_CHAPITRE	FONCTIONS PRINCIPALES	FONCTIONS SECONDAIRES	LB_SOUS-CHAPITRE
80	Ministère de l'Hydraulique et de l'Assainissement	Santé	Santé	4ième Pj Eau de Ckry (1ère phase)-Déc-Ckry
80	Ministère de l'Hydraulique et de l'Assainissement	Santé	Education	Renf. Cap. Prod/Dist Eau Potable.-Déc-Int
80	Ministère de l'Hydraulique et de l'Assainissement	Santé	btp-Energie	Projet Urbain Eau de Guinée-Déc-Int
80	Ministère de l'Hydraulique et de l'Assainissement	Santé	Santé	Prog Assaimissement et Eau pour Tous-TTC
80	Ministère de l'Hydraulique et de l'Assainissement	Santé	btp-Energie	Prog Assaimissement et Eau pour Tous-TTC

Annexe 2 : Classification selon les fonctions secondaires

CD_SECTION	LB_CHAPITRE	FONCTIONS PRINCIPALES	FONCTIONS SECONDAIRES	LB_SOUS-CHAPITRE
80	Ministère de l'Hydraulique et de l'Assainissement	Santé	btp-Energie	Hydraupur Phase II -Déc-Int
80	Ministère de l'Hydraulique et de l'Assainissement	Santé	Santé	Programme Aménagement Massifs du Fouta Djallon -Déc-Int
80	Ministère de l'Hydraulique et de l'Assainissement	Santé	Santé	Assainissement Ville de Conakry-Déc-Ckry
80	Ministère de l'Hydraulique et de l'Assainissement	Santé	Institution	Programme Aménagement Massifs du Fouta Djallon -Déc-Int
80	Ministère de l'Hydraulique et de l'Assainissement	Santé	Économie	Programme Aménagement Massifs du Fouta Djallon -Déc-Int

CD_SECTION	LB_CHAPITRE	FONCTIONS PRINCIPALES	FONCTIONS SECONDAIRES	LB_SOUS-CHAPITRE
80	Ministère de l'Hydraulique et de l'Assainissement	Santé	Santé	Programme Aménagement Massifs du Fouta Djallon -Déc-Int
80	Ministère de l'Hydraulique et de l'Assainissement	Santé	Education	Programme Aménagement Massifs du Fouta Djallon -Déc-Int
80	Ministère de l'Hydraulique et de l'Assainissement	Santé	Institution	Programme Aménagement Massifs du Fouta Djallon -Déc-Int
80	Ministère de l'Hydraulique et de l'Assainissement	Santé	Institution	Assainissement Ville de Conakry-Déc-Ckry
80	Ministère de l'Hydraulique et de l'Assainissement	Santé	Santé	Service Traitement Salaire-Services Centraux

Annexe 2 : Classification selon les fonctions secondaires

CD_SECTION	LB_CHAPITRE	FONCTIONS PRINCIPALES	FONCTIONS SECONDAIRES	LB_SOUS-CHAPITRE
80	Ministère de l'Hydraulique et de l'Assainissement	Santé	Réseau Social	Service Traitement Salaire-Services Centraux
80	Ministère de l'Hydraulique et de l'Assainissement	Santé	Économie	AEP des 5 Villes (Gaou, Toug,Lélou, Lola et Yom) -Déc-Int
80	Ministère de l'Hydraulique et de l'Assainissement	Santé	Institution	AEP des 5 Villes (Gaou, Toug,Lélou, Lola et Yom) -Déc-Int
80	Ministère de l'Hydraulique et de l'Assainissement	Santé	Économie	AEP des 5 Villes (Gaou, Toug,Lélou, Lola et Yom) -Déc-Int
80	Ministère de l'Hydraulique et de l'Assainissement	Santé	btp-Energie	AEP des 5 Villes (Gaou, Toug,Lélou, Lola et Yom) -Déc-Int

CD_SECTION	LB_CHAPITRE	FONCTIONS PRINCIPALES	FONCTIONS SECONDAIRES	LB_SOUS-CHAPITRE
80	Ministère de l'Hydraulique et de l'Assainissement	Santé	Institution	4ième Pj Eau de Ckry (1ère phase)-Déc-Ckry
80	Ministère de l'Hydraulique et de l'Assainissement	Santé	Économie	4ième Pj Eau de Ckry (1ère phase)-Déc-Ckry
80	Ministère de l'Hydraulique et de l'Assainissement	Santé	Education	4ième Pj Eau de Ckry (1ère phase)-Déc-Ckry
80	Ministère de l'Hydraulique et de l'Assainissement	Santé	Institution	Programme Aménagement Massifs du Fouta Djallon-Déc-Int
80	Ministère de l'Hydraulique et de l'Assainissement	Santé	Institution	Direction Nationale De L'Hydraulique-Sce Centrx

Annexe 2 : Classification selon les fonctions secondaires

CD_SECTION	LB_CHAPITRE	FONCTIONS PRINCIPALES	FONCTIONS SECONDAIRES	LB_SOUS-CHAPITRE
80	Ministère de l'Hydraulique et de l'Assainissement	Santé	Institution	Bases Régionales du Service Na-Services Centraux
80	Ministère de l'Hydraulique et de l'Assainissement	Santé	Institution	Cabinet-Sce Centrx
80	Ministère de l'Hydraulique et de l'Assainissement	Santé	Institution	Direction Nationale De L'Hydraulique-Sce Centrx
80	Ministère de l'Hydraulique et de l'Assainissement	Santé	Institution	Bases Régionales du Service Na-Services Centraux
80	Ministère de l'Hydraulique et de l'Assainissement	Santé	Institution	Bases Régionales du Service Na-Services Centraux

CD_SECTION	LB_CHAPITRE	FONCTIONS PRINCIPALES	FONCTIONS SECONDAIRES	LB_SOUS-CHAPITRE
80	Ministère de l'Hydraulique et de l'Assainissement	Santé	Santé	GIR/ Bassin Fleuve Superieur L-Services Deconcentres Interie
80	Ministère de l'Hydraulique et de l'Assainissement	Santé	Santé	P/Intég. Dv. Adapt. Chang. Cl - Services Deconcentres Interie
80	Ministère de l'Hydraulique et de l'Assainissement	Santé	Santé	Assmt 4 Capitales/Rég et Ckry-Services Centraux
80	Ministère de l'Hydraulique et de l'Assainissement	Santé	Santé	Hydraupur Phase II -Déc-Int
80	Ministère de l'Hydraulique et de l'Assainissement	Santé	Santé	Agence Nationale de l'assainissement et de la salubrité publique

Annexe 2 : Classification selon les fonctions secondaires

CD_SECTION	LB_CHAPITRE	FONCTIONS PRINCIPALES	FONCTIONS SECONDAIRES	LB_SOUS-CHAPITRE
80	Ministère de l'Hydraulique et de l'Assainissement	Santé	Santé	P/Intég. Dv. Adapt. Chang. Cl - Services Deconcentres Interie
80	Ministère de l'Hydraulique et de l'Assainissement	Santé	Santé	Assmt 4 Capitales/Rég et Ckry-Services Centraux
80	Ministère de l'Hydraulique et de l'Assainissement	Santé	Santé	Hydraupur Phase II -Déc-Int
80	Ministère de l'Hydraulique et de l'Assainissement	Santé	Santé	AEP des 5 Villes (Gaou, Toug,Lélou, Lola et Yom) -Déc-Int
80	Ministère de l'Hydraulique et de l'Assainissement	Santé	Santé	4ième Pj Eau de Ckry (1ère phase)-Déc-Ckry

CD_SECTION	LB_CHAPITRE	FONCTIONS PRINCIPALES	FONCTIONS SECONDAIRES	LB_SOUS-CHAPITRE
80	Ministère de l'Hydraulique et de l'Assainissement	Santé	Santé	Programme Aménagement Massifs du Fouta Djallon -Déc-Int
80	Ministère de l'Hydraulique et de l'Assainissement	Santé	Santé	Programme Aménagement Massifs du Fouta Djallon -Déc-Int
80	Ministère de l'Hydraulique et de l'Assainissement	Santé	Institution	Service National d'Aménagement-Services Centraux
80	Ministère de l'Hydraulique et de l'Assainissement	Santé	Économie	Fonds De L'Hydraulique-Services Centraux
80	Ministère de l'Hydraulique et de l'Assainissement	Santé	Santé	AEP des 5 Villes (Gaou, Toug,Lélou, Lola et Yom) -Déc-Int

Annexe 2 : Classification selon les fonctions secondaires

CD_SECTION	LB_CHAPITRE	FONCTIONS PRINCIPALES	FONCTIONS SECONDAIRES	LB_SOUS-CHAPITRE
80	Ministère de l'Hydraulique et de l'Assainissement	Santé	Santé	Prog. Gest. Intég. Res. Eau Fle. Sénég. II -Déc-Int
80	Ministère de l'Hydraulique et de l'Assainissement	Santé	Santé	Prog Accélérat. Accès Eau/Tous-Déc-Int
80	Ministère de l'Hydraulique et de l'Assainissement	Santé	Santé	Hydrau. Villag. N'zérékoré-Lola-Yomou -Déc-Int
80	Ministère de l'Hydraulique et de l'Assainissement	Santé	Santé	4ième Pj Eau de Ckry (1ère phase)-Déc-Ckry
80	Ministère de l'Hydraulique et de l'Assainissement	Santé	btp-Energie	4ième Pj Eau de Ckry (1ère phase)-Déc-Ckry

CD_SECTION	LB_CHAPITRE	FONCTIONS PRINCIPALES	FONCTIONS SECONDAIRES	LB_SOUS-CHAPITRE
80	Ministère de l'Hydraulique et de l'Assainissement	Santé	Santé	4ième Pj Eau de Ckry (1ère phase)-Déc-Ckry
80	Ministère de l'Hydraulique et de l'Assainissement	Santé	Santé	4ième Pj Eau de Ckry (1ère phase)-Déc-Ckry
80	Ministère de l'Hydraulique et de l'Assainissement	Santé	btp-Energie	Projet Urbain Eau de Guinée-Déc-Int
80	Ministère de l'Hydraulique et de l'Assainissement	Santé	Institution	Assainissement Ville de Conakry-Déc-Ckry
80	Ministère de l'Hydraulique et de l'Assainissement	Santé	Santé	Assainissement Ville de Conakry-Déc-Ckry

Annexe 2 : Classification selon les fonctions secondaires

CD_SECTION	LB_CHAPITRE	FONCTIONS PRINCIPALES	FONCTIONS SECONDAIRES	LB_SOUS-CHAPITRE
80	Ministère de l'Hydraulique et de l'Assainissement	Santé	Santé	Assainissement Ville de Conakry-Déc-Ckry
80	Ministère de l'Hydraulique et de l'Assainissement	Santé	Santé	Assainissement Ville de Conakry-Déc-Ckry
80	Ministère de l'Hydraulique et de l'Assainissement	Santé	Santé	Assainissement Ville de Conakry-Déc-Ckry
80	Ministère de l'Hydraulique et de l'Assainissement	Santé	Santé	Service Traitement Salaire-Services Centraux
80	Ministère de l'Hydraulique et de l'Assainissement	Santé	Santé	Action Riposte covid-19-Sce Centrx

CD_SECTION	LB_CHAPITRE	FONCTIONS PRINCIPALES	FONCTIONS SECONDAIRES	LB_SOUS-CHAPITRE
80	Ministère de l'Hydraulique et de l'Assainissement	Santé	Santé	P/Intég. Dv. Adapt. Chang. Cl Niger -Sce Centrx
80	Ministère de l'Hydraulique et de l'Assainissement	Santé	Institution	Cabinet-Sce Centrx
80	Ministère de l'Hydraulique et de l'Assainissement	Santé	Education	Cabinet-Sce Centrx
80	Ministère de l'Hydraulique et de l'Assainissement	Santé	Réseau Professionnel	Cabinet-Sce Centrx
80	Ministère de l'Hydraulique et de l'Assainissement	Santé	Réseau Social	Cabinet-Sce Centrx

Annexe 2 : Classification selon les fonctions secondaires

CD_SECTION	LB_CHAPITRE	FONCTIONS PRINCIPALES	FONCTIONS SECONDAIRES	LB_SOUS-CHAPITRE
80	Ministère de l'Hydraulique et de l'Assainissement	Santé	Santé	Cabinet-Sce Centrx
80	Ministère de l'Hydraulique et de l'Assainissement	Santé	btp-Energie	Cabinet-Sce Centrx
80	Ministère de l'Hydraulique et de l'Assainissement	Santé	Institution	Cabinet-Sce Centrx
80	Ministère de l'Hydraulique et de l'Assainissement	Santé	Institution	Direction Nationale De L'Hydraulique-Sce Centrx
80	Ministère de l'Hydraulique et de l'Assainissement	Santé	Institution	Direction Nationale de l'Assai-Services Centraux

CD_SECTION	LB_CHAPITRE	FONCTIONS PRINCIPALES	FONCTIONS SECONDAIRES	LB_SOUS-CHAPITRE
80	Ministère de l'Hydraulique et de l'Assainissement	Santé	Santé	Prog d'appui au développement urbain durable
80	Ministère de l'Hydraulique et de l'Assainissement	Santé	Santé	Agence Nationale de l'assainissement et de la salubrité publique
80	Ministère de l'Hydraulique et de l'Assainissement	Santé	Institution	Service National d'Aménagement-Services Centraux
80	Ministère de l'Hydraulique et de l'Assainissement	Santé	Économie	Fonds De L'Hydraulique-Services Centraux
80	Ministère de l'Hydraulique et de l'Assainissement	Santé	btp-Energie	Réhabilitation AEP de la Ville de Kankan-Déc-Int

Annexe 2 : Classification selon les fonctions secondaires

CD_SECTION	LB_CHAPITRE	FONCTIONS PRINCIPALES	FONCTIONS SECONDAIRES	LB_SOUS-CHAPITRE
80	Ministère de l'Hydraulique et de l'Assainissement	Santé	Santé	Assainissement Ville de Conakry-Déc-Ckry
80	Ministère de l'Hydraulique et de l'Assainissement	Santé	Santé	Assainissement Ville de Conakry-Déc-Ckry
80	Ministère de l'Hydraulique et de l'Assainissement	Santé	btp-Energie	Assainissement Ville de Conakry-Déc-Ckry
80	Ministère de l'Hydraulique et de l'Assainissement	Santé	Santé	Eau/Assainissement Boké - Télémélé-Déc-Int
80	Ministère de l'Hydraulique et de l'Assainissement	Santé	Santé	Projet Urbain Eau de Guinée-Déc-Int

CD_SECTION	LB_CHAPITRE	FONCTIONS PRINCIPALES	FONCTIONS SECONDAIRES	LB_SOUS-CHAPITRE
80	Ministère de l'Hydraulique et de l'Assainissement	Santé	Santé	Service Traitement Salaire-Services Centraux
80	Ministère de l'Hydraulique et de l'Assainissement	Santé	Réseau Social	Service Traitement Salaire-Services Centraux
80	Ministère de l'Hydraulique et de l'Assainissement	Santé	Institution	Bases Régionales du Service Na-Services Centraux
80	Ministère de l'Hydraulique et de l'Assainissement	Santé	Santé	Assainissement Ville de Conakry-Déc-Ckry

ANNEXE 3 : Note explicative des annexes 1 et 2

Les annexes 1 et 2 présentent des extraits du budget fonctionnel après la classification des lignes budgétaires selon les fonctions principales et secondaires. Le budget de l'Etat est réalisé et géré par la direction du budget du ministère en charge de l'économie et des finances suivant la nomenclature de la comptabilité publique. Cette nomenclature permet de ranger et classer les crédits budgétaires par rubrique. Cette classification distingue deux grandes rubriques du budget à savoir : les recettes et les dépenses. En effet, la loi de finance établit le cadre légal pour la mobilisation des recettes et l'engagement des dépenses publiques.

Dans le cadre de la transformation fonctionnelle du budget classique de l'Etat, c'est la loi de règlement qui est utilisée. Cette loi est privilégiée car, contrairement à la loi de finance initiale à visée programmatique, elle reflète les actions réelles de l'État durant l'exercice. Néanmoins, en l'absence de disponibilité de la loi de règlement lors de certaines opérations de transformation budgétaire, il est possible de recourir au budget ordonnancé.

L'utilisation de la rubrique dépense pour la transformation budgétaire repose sur le principe d'équilibre budgétaire, selon lequel l'ensemble des recettes doit être égal à l'ensemble des dépenses au cours d'un exercice budgétaire. Le fichier du budget exécuté d'un pays pour la période analysée se présente généralement sous forme Excel, avec des centaines ou milliers de lignes selon la taille du budget. En colonne, on observe généralement les éléments de la nomenclature budgétaire des dépenses. Nous avons, d'une part les éléments de la classification par destination (Section, chapitre ou sous-chapitre) et ceux de la classification par nature de dépense (Titre, Article, Paragraphe et Nature économique).

La section désigne les ministères ou les institutions de l'Etat qui reçoivent les crédits budgétaires. Le chapitre comporte les services ou groupes de services gestionnaires ou bénéficiaires de la dotation, à l'intérieur d'un même ministère ou d'une institution. Le sous-chapitre étant une codification plus détaillée du chapitre.

Le titre regroupe les opérations de dépenses en trois catégories : dépenses ordinaires, dépenses en capital, budgets annexes et comptes spéciaux. L'article ventile les crédits au niveau des subdivisions de la section, tandis que le paragraphe précise la dépense pour chaque chapitre.

La classification utilisée dans l'annexe 1 se fonde sur la colonne section du budget, à partir d'une analyse croisée entre l'objet de la lettre de mission du ministère ou de l'institution concernée et les huit fonctions économiques du DDMI. La classification de la fonction secondaire dans l'annexe 2 est un peu plus complexe. Elle se base généralement sur les chapitres et sous-chapitres. Cependant, il peut arriver que des éléments tels que l'article ou le paragraphe fournissent des informations pertinentes pour déterminer la fonction secondaire, notamment lorsque le libellé du chapitre ou du sous-chapitre manque de clarté. L'annexe 2 montre un extrait de la classification secondaire pour les institutions du secteur de la santé.

LEXIQUE DES MOTS CLÉS

Actifs : Les actifs fixes sont des actifs corporels ou incorporels issus d'un processus de production et utilisés de façon répétée dans d'autres processus de production. Les améliorations importantes d'un actif existant, correspondant à une décision d'investissement, et qui augmentent sensiblement les performances ou la capacité de production de l'actif existant, sont enregistrées en Formation brute de Capital fixe (FBCF).

Algorithme : c'est un ensemble de règles opératoires dont l'application permet de résoudre un problème énoncé au moyen d'un nombre fini d'opérations. Un algorithme peut être traduit, grâce à un langage de programmation, en un programme exécutable par un ordinateur.

Altruisme : L'altruisme désigne une attitude qui consiste à vouloir faire le bien pour autrui de manière totalement désintéressée. Il s'agit d'adopter une attitude généreuse dans le but d'aider. L'altruisme est opposé à l'égoïsme.

Analyse de covariance : Procédure d'analyse dans laquelle les effets d'une ou plusieurs variables exogènes (appelées covariables) sont retirés de l'analyse avant de procéder à une analyse de variance.

Analyse de régression : Technique d'analyse de données multivariées visant à expliquer les variations d'une variable endogène (ou variable expliquée), par des variables exogènes (ou explicatives).

Analyse de variance : Technique d'analyse de données permettant de faire apparaître les relations entre une variable dépendante quantitative et une ou plusieurs variable(s) exogène(s) non métrique(s) (nominale(s) ou ordinale(s)).

Analyses bivariées : Techniques statistiques consistant à étudier les relations entre deux variables ; l'étude de la relation entre deux variables pourra amener à calculer des indicateurs d'association entre les deux variables (la formulation et les modalités de calcul de ces indicateurs variant selon les mesures des variables concernées).

Analyses multivariées : Analyse des données développées pour permettre le traitement simultané de plusieurs variables. On distingue deux groupes de méthodes multivariées selon que l'on cherche à structurer ou résumer un groupe de variables (méthodes descriptives) ou à étudier les relations entre groupes de variables (méthodes dites "explicatives", en fait descriptives aussi).

Analyses univariées : Analyse de données qui consistent à examiner la distribution d'une variable.

Approche exploratoire : Démarche de recherche visant à générer ou à sélectionner des dimensions ou des hypothèses.

Arrimage : c'est une étape de la BSDD qui permet d'analyser la sensibilité budgétaire pour juger des élasticités budgétaires et des fonctions auxiliaires pour une allocation budgétaire optimale.

Auto-emploi : ce terme met un accès sur la dimension réflexive où l'employé comme l'employeur désigne une même personne physique. On désigne également l'auto-emploi à travers les expressions de « travail indépendant » ou de « travail autonome. »

Autres impôts sur la production : sont ceux liés à l'activité économique, comme les taxes nettes sur les facteurs de production.

Base de sondage : Liste exhaustive des individus d'une population.

Benchmarking : technique de gestion et de marketing consistant à comparer son entreprise à une ou plusieurs autres qui font référence dans un domaine spécifique.

Budgétisation sensible au dividende démographique (BSDD) : c'est un processus d'évaluation de la prise en compte du dividende démographique (DD) dans les allocations budgétaires. Il s'agit d'une approche visant à intégrer les préoccupations de la capture du DD et du genre dans la conception, la mise en œuvre, le suivi et l'évaluation des politiques et des programmes. Le terme ''sensible'' renvoie au fait que l'exécution du budget doit pouvoir produire des changements positifs sur les secteurs intervenant dans la capture du dividende démographique.

Calibrage d'un modèle : C'est toute procédure permettant d'obtenir de l'information sur la valeur des paramètres du modèle à partir des observations que ce modèle synthétise. En fonction des objectifs poursuivis, on a recours à des méthodes statistiques, économétriques ou simplement subjectives.

Capital humain : ensemble des aptitudes, talents, qualifications, expériences accumulées par un individu et qui déterminent en partie sa capacité à travailler ou à produire pour lui-même ou pour les autres

Chômages naturels : c'est le taux de chômage auquel l'économie fluctue dans le long terme.

Classification fonctionnelle du budget : c'est la classification des transactions des dépenses en fonction des fins auxquelles ces transactions sont réalisées. Une classification fonctionnelle ne dépend pas des unités qui réalisent les activités concernées.

Cohérence interne : Qualité d'un instrument ou d'une échelle de mesure dont les différentes questions sont censées contribuer à mesurer le même phénomène ou les mêmes dimensions de ce phénomène.

Comptabilité nationale : elle fournit une représentation simplifiée, agrégée et quantifiée de l'économie nationale.

Concept (ou construit ou trait) : construction de l'esprit permettant d'organiser des perceptions et des connaissances. Exemple de construits : l'attitude, l'implication, le risque perçu, les émotions.

Consommation de capital fixe (CCF) : elle est l'investissement supplémentaire nécessaire au maintien en fin d'exercice du capital initial. C'est un coût de production qui représente l'usure normale du stock de capital fixe détenu par le producteur.

Consommation finale marchande : ce sont les achats en biens et services des ménages (au sens strict). Elle exclut les biens stockés et les biens de construction classés en Formation brute de capital fixe (FBCF).

Consommation finale non marchande : elle est égale à la production non marchande des administrations et à la consommation finale des ménages en produits non marchands (autoconsommation).

Consommation finale : les dépenses effectivement réalisées par les ménages résidents pour acquérir des biens et des services destinés à la satisfaction de leurs besoins. Les produits correspondants ne sont pas stockés, mais considérés comme consommés au moment de leur achat, même s'ils sont durables (voitures, électroménagers, meubles, etc.).

Consommation intermédiaire : Elle correspond à la valeur des biens et services consommés comme entrées au cours d'un processus de production à l'exclusion des actifs fixes. La consommation intermédiaire inclut les loyers d'actifs fixes de même que les redevances sur actifs produits, commissions et autres à verser aux titres d'accord de licence. Le calcul des consommations intermédiaires est fait en utilisant des coefficients techniques ou des comptes types.

Consommation (cf.) : elle est la valeur des biens et services utilisés pour la satisfaction des besoins. Elle se décompose en consommation intermédiaire et en consommation finale

Cours mondiaux : prix de vente d'une matière première agricole ou minière, sur le marché mondial, à un moment donné.

Croissance économique : variation positive de la production de biens et de services dans une économie sur une période de référence, généralement une période d'une année.

Croissance inclusive : une croissance au profit de toutes les couches de la société, y compris les pauvres, les proches pauvres avec de faibles revenus, la classe moyenne et même les riches.

Déficit budgétaire : Situation dans laquelle les dépenses de l'État sont supérieures à ses recettes.

Déficit de cycle de vie : Situation dans laquelle la consommation d'un individu est supérieure à son revenu du travail.

Demande de travail : quantité de travail dont les entreprises ont besoin pour pouvoir produire des biens et services.

Demande du bien composite : on appelle alors le bien composite le bien considéré comme le numéraire de l'économie.

Démarche hypothético-déductive : Approche consistant à partir des connaissances acquises – théories – concepts pour émettre des hypothèses qui seront ensuite testées à l'épreuve des faits (en revanche, une démarche purement déductive consiste à tirer les conséquences logiques d'un système d'axiomes et de règles).

Démarche inductive : Approche qui consiste à partir d'observations limitées, à construire des schémas prétendant à une certaine généralité.

Densité (de la population) : C'est le nombre moyen de personnes qui occupent une unité d'aire géographique donnée, généralement le kilomètre carré.

Dépendance économique : Situation d'un individu ayant peu ou pas de revenu, qui est obligé de recourir à des transferts publics et/ou privés pour satisfaire ses besoins de consommation.

Développement durable : Le développement durable est une nouvelle conception de la croissance économique, pensée d'emblée dans une perspective de long terme et qui intègre les contraintes liées à l'environnement et au fonctionnement de la société

Développement économique : le développement économique consiste un élargissement des possibilités des réussites à ceux qui ont le désir d'échapper à l'équilibre de la pauvreté de masse et ses cultures » le développement implique une hausse du bien-être social, des changements des structures et des mentalités de la société tout entière. Il passe par l'urbanisation, l'industrialisation, l'alphabétisation et la formation et ainsi que par la destruction des sociétés rurales.

Dividende démographique : accélération de la croissance économique qui peut résulter d'une baisse rapide de la fécondité d'un pays et l'évolution ultérieure de la structure par âge de la population.

Données qualitatives : Données correspondant à des variables mesurées sur des échelles nominales et ordinales. Ne pas confondre avec études qualitatives.

Données quantitatives : Données correspondant à des variables mesurées sur des échelles cardinales (réelles ou entières). Ne pas confondre avec études quantitatives.

Échelle de mesure : Ensemble de référence ordonnée dans lequel une variable prend des valeurs.

Échelle nominale : Échelle de mesure permettant seulement d'identifier l'appartenance de l'objet étudié à une classe (d'où l'expression souvent utilisée de variable de classe ou de groupe), c'est-à-dire exprimer une caractéristique permettant de le distinguer des autres, de le "nommer" (d'où l'expression de variable nominale).

Échelle ordinale : Échelle de mesure permettant d'établir une relation d'ordre entre les modalités de réponse. On classe les gendarmes par grade, du plus gradé au moins gradé.

Emploi c'est « l'ensemble de tâches et de fonctions exécutées, ou censées être exécutées, par une personne, que ce soit pour un employeur ou en tant que travailleur indépendant ».

Emploi indépendant : c'est un emploi dont la rémunération est directement liée aux bénéfices et dont le titulaire prend les décisions de gestion affectant l'entreprise ou est tenu pour responsable de la bonne santé de l'entreprise »

Entreprises : c'est une unité organisationnelle de production de biens et de services jouissant d'une certaine autonomie de décision à partir de l'affectation des ressources courantes.

Équité générationnelle : plus précisément, l'équité intergénérationnelle est la prise en compte nouvelle du dilemme intrinsèque qui caractérise le rapport entre les générations. L'équité entre générations vivantes, d'une part, est mise en péril par le fait que celles-ci ne sont liées entre elles par aucun contrat qui assurerait une créance aux générations âgées sur les ressources futures de leur progéniture, en contrepartie des efforts consentis pour leur éducation : même altruistes, les plus âgés sont dès lors enclins à rechercher le maintien de leurs droits acquis. L'équité entre générations présentes et générations futures, d'autre part, est affectée par l'irréversibilité temporelle qui entrave l'action des successeurs, incapables de modifier les décisions prises aujourd'hui ou de réclamer leur dû après coup. CG : désigne la comptabilité générationnelle, cette comptabilité qui prend en compte les relations entre les différentes générations dans les politiques publiques.

ÈRE ou Équilibre Ressources Emplois : montrent que, pour un groupe de produits ou pour l'ensemble des produits, le total des ressources est égal au total des utilisations (les emplois). Les ERE mettent en relations différentes grandeurs.

Exportations de biens : elles se définissent comme des sorties de marchandises du territoire économique en direction du reste du monde. Elles sont comptabilisées aux prix FOB (free on board). Le prix FOB exprime la valeur de sortie du territoire hors coût de transport et d'assurance.

Formation brute de capital fixe (FBCF) : elle enregistre la valeur des acquisitions diminuée des cessions d'actifs fixes. Elle concerne les biens dont la durée de vie du cycle de production dépasse l'année.

Formation brute de capital fixe : flux annuel d'investissements réalisés dans le pays. C'est la somme des investissements, essentiellement matériels, réalisés pendant l'année sur un territoire.

GRG : La méthode du gradient réduit (également appelée Gradient Réduit Généralisé ou GRG) est une technique d'optimisation qui permet de trouver des solutions à des problèmes d'optimisation comportant des contraintes d'inégalités non linéaires.

Hypothèse : Proposition obtenue par induction ou observation et destinée à être vérifiée ou infirmée par expérimentation. La recherche en Sciences sociales consiste fréquemment en la vérification d'hypothèses, propositions déduites de la littérature scientifique (ou induite de l'observation) sur le sujet étudié et dont le choix repose sur la possibilité de mesure.

Importations de biens : elles représentent la valeur des marchandises entrant dans le territoire économique. Elles sont comptabilisées en valeur CAF (coût d'assurance fret). La valeur CAF est la valeur d'entrée dans le territoire économique. Elle inclut les coûts d'acheminement jusqu'à la frontière.

Impôts sur la production et les importations : Les impôts sont des paiements sans contrepartie, en nature ou en espèces, effectués par les unités institutionnelles au service des administrations. Ils comprennent les impôts sur les produits et les autres impôts sur la production.

Impôts sur les produits : sont payables sur les biens et services lorsqu'ils sont produits, fournis, transférés ou autrement mis à la disposition par les producteurs. Ils incluent les droits et impôts sur les importations. Ils comprennent les taxes du type TVA, les impôts et droits sur les importations (à l'exclusion de la TVA), les impôts à l'exportation et les impôts sur les produits à l'exclusion de la TVA et des impôts sur les importations et les exportations.

Indicateur synthétique : un indice qui mesure la variation de la valeur d'une grandeur complexe définie comme agrégation d'un ensemble de grandeurs élémentaires.

Inférence statistique : Extrapolation de résultats obtenus sur un échantillon (50 % des personnes de l'échantillon préfèrent A à B) aux caractéristiques de l'ensemble de la population-mère (50 % des personnes de l'ensemble de la population préfèrent A à B). L'inférence n'est qu'une opération logique, mais probabiliste. Elle se fonde sur la notion de vraisemblance.

Investissement : Action d'acquérir de nouveaux moyens de production, d'améliorer leur rendement ou de placer des capitaux dans une activité économique, dans une entreprise, etc.

Investissements directs étrangers : investissements internationaux par lesquels des entités résidentes d'une économie acquièrent ou ont acquis un intérêt durable dans une entité résidente d'une économie autre que celle de l'investisseur

Le taux de chômage de prospection : c'est un taux de chômage volontaire qui relèverait d'une stratégie individuelle. Il s'agit d'un chômage incompressible qui correspond au temps de recherche d'un autre emploi pour un travailleur qui quitte volontairement son emploi à la recherche d'un autre.

Les services non marchands : c'est la production des administrations ; elle est mesurée au coût de production.

Loi : Règle précisant la relation entre des concepts (ou des quantités). Exemple, la loi de Weber qui explique que plus l'intensité initiale d'un stimulus n'est forte, plus l'augmentation de ce stimulus doit être forte pour être perçue par un sujet.

Loyer imputé aux propriétaires : loyer fictif calculé à partir de la valeur locative des logements occupés par leurs propres propriétaires.

Ménage : il se compose d'une personne vivant seule ou d'un groupe de personnes non obligatoirement liées par un lien de parenté résidant à la même adresse et consommant collectivement certains biens ou services, c'est-à-dire partageant au moins un repas par jour ou partageant un salon ou une pièce de séjour.

Ménages : Ensemble des occupants d'un même logement sans que ces personnes soient nécessairement unies par des liens de parenté (en cas de cohabitation, par exemple). Un ménage peut être composé d'une seule personne.

Modalités : Valeurs possibles d'une variable. Exemple de modalités possibles d'une variable : les différentes réponses possibles à une question – oui, non, ne sait pas – constituent les différentes modalités de la variable mesurée par la question « possédez-vous une carte de visite ? ».

Modèle : représentation simplifiée de la réalité mettant en relation des variables explicatives et des variables à expliquer, permettant de comprendre un phénomène complexe.

Modèle descriptif : Modèle dont l'objet est de simplifier la structure d'un système afin d'en faciliter la compréhension et la communication.

Modèle normatif ou prescriptif : Modèle qui comporte une recommandation d'action et/ou identifie la ou les solutions les meilleures.

Modèle prédictif : Modèle permettant à l'utilisateur d'anticiper l'évolution d'un système, en fonction de différentes hypothèses concernant les variables explicatives.

Mortalité infantile : Les décès d'enfants âgés de moins d'un an.

Non paramétriques (tests et analyses) : Analyses et tests n'imposant de contrainte sur la distribution des données, adaptés en particulier lorsque les données sont non métriques (nominales ou ordinales) et/ou que les échantillons sont de petite taille.

Offre de travail : Quantité de travail que fournissent les travailleurs, en échange d'une rémunération.

On distingue : le taux de dépendance des jeunes (individus de moins de 20 ans) et le taux de dépendance des personnes âgées (65 ans et plus), les deux calculés par rapport au nombre d'individus de 20 à 64 ans. Ensemble, ces ratios renseignent sur les évolutions démographiques des pays et sur les tendances futures.

Opérationnalisation d'un concept : Passage de ce concept de l'univers abstrait au monde empirique par l'intermédiaire de variables permettant des mesures.

Opérations avec le reste du monde : Les échanges de biens et services constituent les différentes opérations avec le reste du monde. Ces échanges sont, soit en exportation, soit en importation.

Optimisation de l'allocation du budget de l'État : Optimiser l'allocation budgétaire, c'est déterminer la structure fonctionnelle du budget qui maximise la fonction de production des biens et services publics dans une économie ou dans un pays, sous contrainte budgétaire.

Paiements des échanges extérieurs : c'est la somme de l'ensemble des échanges entre les résidents et le reste du monde. Ils sont reproduits dans la balance de paiement et concernent les comptes des transactions courantes (portant sur les biens, les services et les revenus), les opérations en capital, financières et monétaires.

Paradigme : Corpus de problèmes et de techniques propres à leur étude. Constellation entière de croyance, valeurs, etc. Partagées par les membres d'une communauté donnée. Exemple le paradigme cognitif expliquant le processus de persuasion par une articulation de deux phases (réception et acceptation) et une hiérarchie des effets (modification de la structure cognitive – rôle médiateur des croyances – comportement).

Paramétriques (tests et analyses) : Techniques d'inférence adoptées au cas où les variables suivent des distributions paramétriques.

Pauvreté : Un individu (ou un ménage) est considéré comme pauvre lorsqu'il vit dans un ménage dont le niveau de vie est inférieur au seuil de pauvreté.

Processus : Déroulement dans le temps d'un phénomène comportant des étapes en relation les unes avec les autres.

Production auto consommée : Il s'agit de la production pour usage propre. Elle est consommée par le producteur lui-même.

Production de services domestiques est égale aux rémunérations du personnel domestique.

Production de services immobiliers est égale au montant des loyers sur les bureaux et logements.

Production des assurances : Elle est égale à la différence entre les primes acquises et les indemnités dues, corrigées des variations de réserves techniques.

Production domestique totale : la production effectuée à l'intérieur des ménages, et qui n'est pas rémunérée. Elle intègre l'autoconsommation des ménages et des entreprises individuelles.

Production marchande du commerce : Elle est mesurée par la valeur totale des marges commerciales générées par la revente en l'état. Par marge, on entend la différence entre le prix effectif de vente et le prix d'achat au moment où le bien est vendu ou utilisé.

Production marchande : elle provient des branches d'activités marchandes. Ces branches sont constituées d'unités de production dont les ressources principales proviennent des ventes de biens et services sur un marché à un prix économiquement significatif.

Production non marchande : elle provient des branches d'activités non marchandes constituées d'unités produisant des services collectifs à titre gratuit ou quasi gratuit. La production est déterminée pour chaque branche et sous-branche d'activité.

Production pour compte propre : à la production autoconsommée au sens classique s'ajoute la production de biens et services des ménages pour eux-mêmes.

Production : elle se définit comme l'activité qui consiste à utiliser des inputs (entrées) pour produire des outputs (produits finis).

Productivité : Le rapport, en volume, entre une production et les ressources mises en œuvre pour l'obtenir. La productivité mesure l'efficacité d'un processus à transformer un ou des facteurs entrants en un résultat.

Produit intérieur brut au prix du marché (PIB) : C'est la somme de la valeur ajoutée brute totale et des taxes nettes sur les produits. Ce mode de détermination du PIB correspond à l'approche production.

Ratio de dépendance démographique : Le ratio de dépendance démographique est fonction de la structure par âge de la population. C'est le rapport du nombre d'individus supposés « être dépendants » des autres pour leur vie quotidienne – jeunes et personnes âgées – et le nombre d'individus capables de supporter cette charge. En ce sens, ce ratio représente un potentiel. Puisqu'en introduisant dans les pays en développement la problématique du travail des enfants et du travail des séniors, on se rend compte rapidement que ce ratio peut porter à confusion dans les analyses fines.

Ratio de soutien économique : Rapport entre le nombre de producteurs effectifs et le nombre de consommateurs effectifs. C'est une mesure synthétique de la structure de la production et de la consommation en fonction de l'âge. Il existe aussi le **ratio de soutien intrinsèque** qui se calcule sur une entité géographique infranationale en considérant que celle-ci en en autarcie.

Recettes de l'État : ce sont des recettes hors dons composées des recettes fiscales et non fiscales du gouvernement central, des administrations publiques et des collectivités locales. On inclut les prélèvements des organismes sociaux, des recettes issues de l'exploitation des ressources naturelles et perçues par l'État qu'elles soient fiscales ou non fiscales. Les recettes fiscales sont la somme des recettes émanant des différentes catégories d'impôts et de taxes en vigueur dans le pays (impôts directs, taxes sur la consommation et taxes sur le commerce international). Les recettes non fiscales sont principalement les revenus du patrimoine de l'État, le produit de diverses redevances d'usage du domaine public et le produit des amendes.

Résidence : une unité institutionnelle est résidente quand elle a un centre d'intérêt sur le territoire économique du pays. Ce qui signifie qu'elle y exerce des activités économiques durant une période excédant l'année.

Revenu des entreprises : le revenu d'entreprise représente toutes les activités économiques, commerciales, industrielles ou financières capables de générer un bénéfice et qui sont plus que de la détention ou de la propriété passive. À ne pas confondre avec le revenu.

Revenu des ménages : c'est l'ensemble des droits sur les ressources disponibles qui sont attribués aux ménages au cours d'une période donnée sans prélèvement sur leur patrimoine.

Revenu du facteur capital : il correspond à la rémunération en nature, en espèce de l'ensemble des biens à valeurs mobilières, patrimoine foncier ou immobilier, argent liquide qui entre dans la production des biens et services.

Revenu du facteur travail : il correspond à la rémunération en nature, en espèce sans prélever sur le patrimoine de l'effort physique ou intellectuel qui doit être accompli pour faire quelque chose dans la production. Il peut être une allocation, un gain, une pension, un produit, une rente, une rétribution, ou un salaire.

Science : corps de connaissance classé et systématique, composé d'une ou de plusieurs théories centrales et d'un certain nombre de principes généraux, habituellement en terme quantitatif ; cet ensemble de connaissances permet la prédiction et, dans certaines circonstances, le contrôle d'événements futurs.

Secteur agricole : Au sens le plus large, ce secteur de l'économie comprend les cultures, l'élevage, la chasse, la pêche et la sylviculture.

Secteur formel : il est constitué des entreprises déclarées officiellement, qui se conforment aux lois et règlements, et payent leurs impôts. Il est composé du secteur du commerce, du secteur des BTP, du secteur de l'industrie et du secteur des services.

Secteur informel : c'est l'ensemble des activités économiques qui se réalisent en marge de législation pénale, sociale et fiscale ou qui échappent à la Comptabilité nationale.

Secteur informel : défini comme des entreprises qui ne sont enregistrées au niveau d'une chambre de commerce donc n'ont de NINEA.

Secteur moderne : Secteur de l'économie regroupant des entreprises constituées et fonctionnant conformément à la loi. C'est un secteur légal, déclaré et comptabilisé dans les statistiques qui sont soumises à des obligations fiscales et sociales.

Secteur privé : Domaine d'activité constitué des entreprises, associations ou organisations qui ne dépendent pas directement de l'État, de son administration et/ou des collectivités territoriales et où les fonds publics ne sont pas ou peu investis.

Subventions : Les subventions sont des versements sans contrepartie opérés par les administrations, éventuellement non-résidentes, au profit des sociétés. Elles comprennent les subventions sur les produits locaux ou à l'importation exclusivement sur les produits au niveau de l'équilibre sur les biens et services. Elles excluent donc les subventions d'équilibre aux sociétés publiques.

Tableau des Ressources et des Emplois (TRE) : Le TRE décrit la structure de la production nationale. Elle offre une présentation synthétique des comptes de production et d'exploitation des branches d'une part et des équilibres ressources emplois des produits, d'autre part.

Taux de bancarisation : Pourcentage de la population ayant accès au service bancaire.

Théorie : Ensemble de concepts abstraits plus ou moins organisés appliqués à un domaine particulier. La place de la théorie dans la dynamique de la recherche peut s'apprécier par le mot de Claude Bernard « la théorie est l'hypothèse vérifiée après qu'elle a été soumise au contrôle du raisonnement et de la critique expérimentale ». Exemple de la théorie des sondages, théorie statistique qui lie les concepts de choix aléatoire des sujets d'un échantillon, de précision et de significativité des résultats obtenus.

Théorie des investissements de formes : elle stipule que la qualification des salariés joue un rôle prépondérant dans le fonctionnement du marché de travail, mais dans le cadre des institutions qui forgent des systèmes de hiérarchies verticales et d'équivalences horizontales.

Transformation budgétaire : c'est un processus qui vise à réorganiser les données du budget national et à les faire correspondre à une structure définie par la BSDD (08 fonctions liées à DDMI) : Education, Santé, Sécurité, Institution, Réseau professionnel, Réseau social, BTP/Énergie et Affaires économiques.

Une économie de « partage » : qui établit une relation entre les rémunérations des salariés et les résultats de leurs entreprises. Ainsi le salaire des travailleurs sera scindé en deux parties : une qui est fixée et l'autre qui dépend de la performance de l'entreprise.

Valeur ajoutée brute se définit comme la différence entre la production de la branche et le montant des consommations intermédiaires utilisées.

Validité convergente : Qualité d'un instrument de mesure où les indicateurs supposés mesurer un même phénomène sont effectivement corrélés.

Validité de trait (ou de construit) : Qualité d'un instrument de mesure où les indicateurs construits sont une bonne représentation du phénomène étudié.

Validité discriminante : Qualité d'un instrument de mesure où des indicateurs mesurant des phénomènes différents et indépendants doivent être faiblement corrélés entre eux.

Validité externe : Possibilité d'extrapoler les résultats et les conclusions de la recherche à l'ensemble du domaine qui a été l'objet de l'investigation ou, éventuellement, à un domaine plus vaste.

Validité faciale (ou de contenu) : Qualité d'un instrument de mesure qui donne des résultats acceptés par l'intuition.

Validité interne : Assurance que les variations de la variable de réponse (ou variable dépendante ou variable à expliquer) sont causées uniquement par les variations de la variable indépendante.

Validité prédictive (validité nomologique) : Qualité d'un instrument de mesure tel que la liaison entre les mesures d'un concept et celle d'autres concepts est en conformité avec les prédictions issues de la théorie fondée sur les recherches antérieures.

Variables : Construction de l'esprit, pouvant prendre des valeurs, servant à mesurer un concept (une variable s'appréhende souvent par une question). Exemple de variable simple : l'âge d'une personne ; de variable composite : sa catégorie socioprofessionnelle.

Variations de stocks : c'est la différence entre les stocks en fin d'exercice et les stocks en début d'exercice. Les produits concernés sont les biens à l'exception des biens d'équipement classés en Formation Brute de Capitale fixe (FBCF) ou des services associés.

Vulnérabilité : faible capacité de se prémunir contre le risque élevé de connaître l'état de pauvreté.

INDEXATION DES MOTS CLÉS

BIOGRAPHIE DES AUTEURS ET CONTRIBUTEURS

Pr Latif DRAMANI

Agrégé en Économie et titulaire d'un doctorat en Économie de l'Université Cheikh Anta Diop de Dakar, Sénégal, Latif Dramani est Professeur titulaire en Économie à l'Université Iba Der THIAM de Thiès et Coordonnateur du Centre de Recherche en Économie et Finances appliquées de Thiès (CREFAT). Représentant Afrique du réseau NTA, il est également le Coordonnateur du Consortium régional pour la Recherche en Économie générationnelle (CREG). Il est le représentant Afrique du réseau NTA et actuel chaire dudit réseau. Affilié à plusieurs universités à travers le monde (Université de Manchester, Université de Berkeley, Université de Parakou, Université de Cape Town, Université d'Hawaï à Manoa). Auteur de plusieurs ouvrages scientifiques et programmatiques, Prof Latif Dramani effectue ses recherches dans les principaux domaines suivants : la problématique du développement durable sous le prisme du Dividende démographique et l'Économie générationnelle ; les dynamiques de pauvreté ; le Care Economy, le travail domestique non rémunéré et la contribution des femmes aux PIB ; et enfin l'intégration nationale et locale des économies.

Mme Oumy LAYE

Mme Oumy Laye, économiste est membre de l'équipe de recherche du CREG depuis dix ans. Elle a contribué aux travaux sur le Dividende démographique et sur l'évaluation et la valorisation du travail domestique non rémunéré des femmes dans l'économie. Avant de travailler au CREG, elle était en fonction à l'ANSD comme chef de Service régional de la statistique et de la démographie de la région de Thiès mettant à son actif 10 ans d'expérience en économie du développement au niveau régional. Elle a publié avec le Professeur Dramani en 2011 dans journal of Science, technology, innovation & development vol 3: « link between ICT investments, growth and job creation in Senegal ».

Monsieur Edem Kossi AKPO

Monsieur Edem Kossi AKPO est un ingénieur statisticien économiste (ISE) diplômé de l'Ecole nationale de la Statistique et de l'Analyse économique (ENSAE) de Dakar. Il dirige actuellement la Knowledge and Policy (KPD) au CREG. Il bénéficie d'une large expérience dans l'accompagnement des pays dans la mise en œuvre de politiques publiques favorisant la capture du dividende démographique et plus généralement le développement durable.

Mme Mame Coura NDIAYE KAMA

Mme Mame Coura NDIAYE KAMA est cheffe de Cabinet du président coordonnateur du Consortium régional pour la Recherche en Économie générationnelle (CREG) où elle a apporté 12 ans d'expérience dans le domaine de la gestion administrative. Elle est titulaire d'une maîtrise en langues étrangères Appliquées-Option Affaires et commerce. Elle est aussi titulaire d'un master in Business Administration (MBA). Elle est également formatrice en anglais des Affaires, marketing et Techniques d'accueil. Doctorante en Sciences de Gestion, elle s'intéresse particulièrement à la pratique du marketing communication dans les organisations publiques en général et les Établissements Publics de Santé en particulier. Elle a travaillé respectivement à l'ISM Dakar et à l'ISM Thiès. Elle a significativement contribué au rayonnement de l'ISM à Thiès. Elle a visité plus de 12 pays en Afrique, les États-Unis, ce qui a considérablement renforcé son expérience culturelle.

Dr Camille Dètondji GUIDIME

Dr Camille Dètondji GUIDIME est Maître-assistant des Sciences Economiques et Enseignant-chercheur à l'Université de Parakou au Bénin. Il est membre chercheur associé au Centre d'excellence Régional de Recherche en Economie Générationnelle (CREG). Il est membre de l'équipe de recherche du réseau « Comptes Nationaux de Transferts », du réseau des Feminist Economics et de l'Unité de recherche sur le commerce international. Il mène des travaux de recherche en économie de la population, économie internationale focalisée sur les pays en développement.

Monsieur Seukap Roger

Seukap Roger, Directeur des Programmes du CREG, à la base ingénieur de nutrition, est un leader senior en matière de population, de développement et de santé/santé de la reproduction, très performant et visionnaire, possédant une vaste expérience en développement de programmes de santé au sein d'organisations gouvernementales et diverses organisations non gouvernementales aux niveaux national et international. Professionnel analytique compétent pour diriger avec succès des équipes vers l'excellence afin de mener des activités de santé, de population et de développement pour des populations variées, y compris des données pour la prise de décision stratégique.

Dr Jean-Baptiste OGA

Jean-Baptiste OGA, de nationalité béninoise, est enseignant-chercheur à la Faculté des Sciences Economiques et de Gestion de l'Université de Parakou au Bénin. Il a obtenu un PhD en Science économique à l'Université Mohammed V de Rabat (Maroc) en 2017 et un Master Recherche en Economie du développement au Centre d'Etudes et de Recherches sur le Développement International (CERDI, France), en 2008. Il est membre du Laboratoire de Recherche en Economie et Gestion (LAREG) de l'Université de Parakou et chercheur associé au Consortium Régional pour la recherche en Economie Générationnelle (CREG), basé à Thiès au Sénégal. Il est aussi enseignant du programme de Master en Economie générationnelle et politique publique (EGPP) du CREG et du Programme doctoral de l'Université Africaine de Développement Coopératif (UADC) basée à Cotonou au Bénin.

Madame Edmée Ndoye

Edmée Ndoye est Economiste au Consortium Régional pour la Recherche en Économie Générationnelle (CREG). Diplômée du programme de Troisième Cycle interuniversitaire (PTCI), elle capitalise une expérience de plus de 5 ans dans la recherche Démo-économique, les dynamiques de population, le genre et la protection sociale. Doctorante en fin de formation à l'Université Iba Der Thiam de Thiès, elle est auteur et coauteur d'articles scientifiques, d'ouvrages et de policy briefs dans le cadre de ses activités de recherche. Elle est également Alumni en communication pour les politiques dans le cadre du projet PACE (Policy, Advocacy, and Communication Enhanced for Population and Reproductive Health) du Population Reference Bureau (PRB) et fait partie du réseau des chercheurs du Partnership for Economic Policy (PEP) dans le cadre du programme Modeling Policy and Impact Analysis. Ses centres d'intérêt portent principalement sur la recherche, la musique la lecture et les voyages.

Dr Mame Sangoné DIOP

Mame Sangoné DIOP est actuellement assistant de recherche au CREG (Centre d'excellence pour la Recherche en Économie Générationnelle). Il est titulaire d'un doctorat en Sciences économiques et sociales à l'Université Iba Der Thiam de Thiès depuis février 2023 et d'un master en ingénierie du Développement territorial à l'Université

Alioune Diop de Bambey en 2016. Il travaille sur les questions de capital humain et utilise des approches microéconomiques et macroéconomiques pour appréhender le bien-être.

Dr Faoziatou G. TOSSOUNON

Faoziatou G. TOSSOUNON : Économiste – chercheure affiliée au Consortium régional pour la Recherche en Économie générationnelle (CREG). Je suis membre du Réseau des jeunes en Afrique de la Commission économique pour l'Afrique (CEA). Alumini du African Economic Research Consortium (AERC) de Nairobi et du Programme de Troisième cycle interuniversitaire (PTCI). Je suis titulaire d'un doctorat obtenu à l'université Cheikh Anta Diop de Dakar au Sénégal qui aborde les « ESSAIS SUR LA PROTECTION SOCIALE AU BÉNIN ». Mes recherches portent principalement sur les questions d'économie publique et de développement, notamment le dividende démographique, le capital humain, le Care Economy, la protection sociale et le genre au sein du CREG. De plus, des travaux sur l'intégration des marchés et l'économie internationale font l'objet d'investigation et de réflexion par l'auteure au sein du CREG.

Dr Boubacar DIALLO

Docteur en économie de l'École Doctorale Développement durable et Société (ED2DS) de l'Université Iba Der Thiam de Thiès, j'ai consacré ma thèse à l'analyse du profilage et des déterminants de la pauvreté au Sénégal. Auparavant, j'ai obtenu un DEA en Macroéconomie appliquée, avec une spécialisation en Économie monétaire, bancaire et Finance publique, dans le cadre du Programme de Troisième Cycle interuniversitaire (PTCI). Actuellement, je suis chercheur affilié au Consortium régional pour la Recherche en Économie générationnelle (CREG), et mes travaux portent principalement sur les questions de pauvreté, d'inégalités sociales et de protection sociale.

Dr Rachidou YOROU

Docteur Rachidou YOROU est Économiste Béninois ayant fait sa thèse à l'Université Thomas SANKARA du Burkina Faso. Économiste au Consortium régional pour la Recherche en Économie générationnelle (CREG) au Sénégal depuis 2019 et Enseignant-Chercheur associé à la Faculté des Sciences économiques et de Gestion de l'Université de Parakou au Bénin depuis 2016. Il est associé à la rédaction des Rapports Pays sur le Dividende démographique. Il est auteur de plusieurs travaux publiés dans le domaine de l'économie du développement.

Dr Pierre Aloyse Mundor NDIAYE

Pierre Aloyse Mundor NDIAYE est un économiste/chercheur actuel-lement affilié au CREG (Centre d'excellence pour la Recherche en Économie Générationnelle). Il est titulaire d'un doctorat en Sciences économiques et sociales de l'Université Iba Der Thiam de Thiès depuis avril 2025 et a travaillé sur l'effet du financement bancaire comme levier de développement de l'économie du Sénégal. Il est un spécialiste de la finance bancaire.

Monsieur Olaniran Franck BALOGOUN

Olaniran Franck BALOGOUN est économiste financier et doctorant à l'Université Iba Der Thiam de Thiès au Sénégal. Titulaire du grade de master en banque et marchés financiers, il est actuellement économiste de recherche au Consortium régional pour la recherche en économie générationnelle (CREG). Il participe activement aux projets de recherche sur l'économie générationnelle et les politiques publiques, ainsi que sur l'économie financière du changement climatique en vue de la formulation et l'évaluation des politiques économiques dans les pays de l'Union africaine.

Monsieur Ibrahima MBALLO

Ibrahima MBALLO est actuellement assistant de recherche au Consortium régional pour recherche en économie générationnelle (CREG), et doctorant à l'école doctorale du développement durable et société (ED2DS). Il travaille sur les questions d'évaluation de politiques et de programmes économiques. Il est également assistant pédagogique et chargé de cours à l'Université Iba Der Thiam de Thiès.

POSTFACE

Budgétisation sensible au dividende démographique pour un avenir prospère

Alors que nous parvenons à la conclusion de cet ouvrage, une réflexion s'impose sur l'ampleur du sujet que nous avons exploré : la budgétisation sensible au dividende démographique. Ce concept, porteur d'espoir, nous invite à reconsidérer la manière dont les ressources publiques sont allouées pour accroître les bénéfices que les dynamiques démographiques peuvent offrir. Plus qu'un simple outil de gestion budgétaire, il s'agit d'une véritable stratégie pour transformer les défis en opportunités et bâtir des sociétés plus équitables et résilientes.

Le dividende démographique, avec ses promesses liées à la hausse du nombre de travailleurs effectifs par rapport aux personnes dépendantes, représente un levier de développement sans précédent. Toutefois, comme cet ouvrage l'a démontré, maximiser ce potentiel exige une planification rigoureuse et des politiques stratégiques. Cela implique d'investir dans l'éducation, la santé, l'emploi et le bien-être social, tout en favorisant un cadre économique propice à la croissance inclusive.

En adoptant une approche sensible au dividende démographique, les décideurs économiques et politiques peuvent aligner leurs priorités budgétaires sur des résultats à long terme. Comment ignorer l'impact qu'une jeunesse bien formée et en bonne santé peut avoir sur la prospérité d'un pays ? Ou encore, l'importance d'un système de santé robuste pour garantir une productivité durable ? Ces questions, qui ont traversé les différents chapitres, mettent en lumière les implications directes d'une budgétisation centrée sur ce concept.

Cependant, il serait illusoire de penser que ce modèle ne comporte pas de défis majeurs. L'un des principaux obstacles reste une gestion budgétaire souvent contrainte par des ressources limitées et des priorités concurrentes. Combien de fois avons-nous observé des initiatives prometteuses s'essouffler par manque de moyens ?

Il est également essentiel d'adopter une perspective intégrant les dimensions de genre, de ruralité et d'accès aux services de base. Les inégalités structurelles, si elles ne sont pas réduites, pourraient compromettre les bénéfices attendus du dividende démographique, en limitant la participation de segments entiers de la population à la vie économique et sociale.

Ce livre a souligné que la réalisation des promesses du dividende démographique repose sur un effort collectif. Les gouvernements jouent évidemment un rôle central, mais ils ne peuvent agir seuls. Le secteur privé, les organisations internationales et la société civile doivent unir leurs forces pour créer un écosystème favorable à une transformation en profondeur.

En lisant les pages de cet ouvrage, il devient évident que la budgétisation sensible au dividende démographique n'est pas une solution unique, mais un cadre d'action dynamique. Chaque pays, avec ses particularités historiques, économiques et culturelles, devra adapter les principes exposés à sa propre réalité.

Ce livre représente un appel à l'action, un rappel que les choix budgétaires faits aujourd'hui définiront les opportunités de demain. En investissant de manière stratégique, en favorisant l'équité et en anticipant les besoins des générations futures, nous avons le pouvoir de transformer la structure démographique actuelle en un moteur de prospérité et de développement durable.

Alors que nous tournons la dernière page, une question persiste : comment allons-nous, en tant que communauté internationale, nationale et locale, tirer le meilleur parti de cette précieuse fenêtre d'opportunité qu'est le dividende démographique ? Ce livre a fourni des outils, des idées et des exemples concrets, mais la responsabilité de leur mise en œuvre repose sur chacun d'entre nous.

Que cette postface serve d'élan pour poursuivre les discussions, innover dans les politiques et, surtout, agir. La budgétisation sensible au dividende démographique n'est pas simplement une approche technique. Elle incarne une vision de justice, de progrès et d'espoir pour un avenir meilleur. À nous d'en faire une réalité.

Pr Barthélémy BIAO
Recteur de l'Université Africaine de Développement
Coopératif au Bénin

TABLE DES MATIÈRES

Structures éditoriales du groupe L'Harmattan

L'Harmattan Italie
Via degli Artisti, 15
10124 Torino
harmattan.italia@gmail.com

L'Harmattan Hongrie
Kossuth l. u. 14-16.
1053 Budapest
harmattan@harmattan.hu

L'Harmattan Sénégal
10 VDN SICAP AMITIE 3
BP 45034 Dakar-Fann
direction@senharmattan.com

L'Harmattan Cameroun
Tsinga/Derrière polyclinique FECAFOOT
BP 11486 Yaoundé
Jacques.koukam@harmattan.fr

L'Harmattan Burkina Faso
Villa 281, secteur 23 623, rue 14.32
Ouagadougou
zagbie@outlook.fr

L'Harmattan Guinée
Almamya, rue KA 028 OKB Agency
BP 3470 Conakry
harmattanguinee@yahoo.fr

L'Harmattan RDC
185, avenue Nyangwe
Commune de Lingwala - Kinshasa
matangilamusadila@yahoo.fr

L'Harmattan Congo
219, avenue Nelson Mandela
BP 2874 Brazzaville
deunovmikhael@gmail.com

L'Harmattan Mali
Immeuble Mgr Jean Marie Cissé
Aci Hamadallaye
BP 145 Bamako
syllaka@yahoo.fr

L'Harmattan Togo
Djidjole - Maison Amela
face EPP BATOME
02 BP 20680 Lomé
didieramela11@gmail.com

L'Harmattan Côte d'Ivoire
Résidence Karl - Cité des Arts
Abidjan-Cocody
03 BP 1588 Abidjan
harmattan.ivoire@gmail.com

L'Harmattan Bénin
Rue 604, (Immeuble à l'entrée
de la rue UCAO- Cite de Saint-Jean)
Cotonou
stepcorpus@gmail.com

Nos librairies en France

Librairie internationale
16, rue des Écoles
75005 Paris
librairie.internationale@harmattan.fr
01 40 46 79 11
www.librairieharmattan.com

Librairie des savoirs
21, rue des Écoles
75005 Paris
librairie.sh@harmattan.fr
01 46 34 13 71
www.librairieharmattansh.com

www.ingramcontent.com/pod-product-compliance
Lightning Source LLC
LaVergne TN
LVHW011148061026
849535LV00003B/649